DE GIRÓN A
LA CRISIS DE LOS COHETES

LA SEGUNDA DERROTA

LIBRERÍA IMPACTO
7149-55 S.W. 8th STREET
MIAMI, FL 33144
PH: 305-267-0522 FAX: 305-267-0544
impacto@bellsouth.net
www.libreriaimpacto.com

COLECCIÓN CUBA Y SUS JUECES

EDICIONES UNIVERSAL, Miami, Florida, 1995

ENRIQUE ROS

Nadiia A
1/22/08

DE GIRÓN A
LA CRISIS DE LOS COHETES

LA SEGUNDA DERROTA

EDICIONES UNIVERSAL

Primera edición, 1995

EDICIONES UNIVERSAL
P.O. Box 450353 (Shenandoah Station)
Miami, FL 33245-0353. USA
Tel: (305)642-3234   Fax: (305)642-7978

Library of Congress Catalog Card No.: 95-60655

I.S.B.N.: 0-89729-773-3

Diseño de la portada por Eduardo Fiol

ÍNDICE

PRÓLOGO

Enrique Ros nos ha dado una segunda y valiosísima aportación a la historia de los hechos que, en los años 1961 y 1962, dieron al traste con el valiente y gallardo esfuerzo de los patriotas cubanos que defendían la República, la libertad y la democracia y consolidaron el poder de Fidel Castro y el comunismo en Cuba extendiéndolos hasta nuestros días.

Ros utiliza el sugestivo título: «De Girón a la Crisis de los Cohetes: La Segunda Derrota». Ningún otro pudo ser más acertado. Octubre de 1962 es una fecha manchada de infamia donde un presidente norteamericano, J.F. Kennedy, inepto e irresoluto, cayó en la trampa hábilmente tendida por la Unión Soviética, comprometiéndose a respetar a Fidel Castro e impedir activamente cualquier ataque de los cubanos en contra de su régimen tiránico.

Mucho se ha escrito por parte de autores cubanos sobre el desastre de Playa Girón pero la crisis de los misiles de Octubre ha sido tema casi limitado a autores norteamericanos, la gran mayoría de ellos apologistas y funcionarios de la administración del Presidente Kennedy, y en los que la verdad histórica se sacrifica en aras del elogio leal al Presidente y el lamentable encubrimiento del fracaso.

Como en su primer libro, Ros interroga a muchos de los actores y testigos de aquel fiasco; revisa los textos ya escritos por norteamericanos y soviéticos incluyendo las distintas reuniones y conversaciones que bastante recientemente se llevaron a cabo entre los Estados Unidos y Rusia en revisión conmemorativa de aquel episodio de tan nefasta consecuencia para nuestra Patria. No contento con ello va a las fuentes originales y revisa los múltiples documentos, ya desclasificados, que le dan solidez documental a sus afirmaciones.

Tres diferentes comportamientos resaltan de la lectura de estas dolorosas páginas. Una, la de los cubanos, de admirable heroismo; otra, la del CIA y otros grupos planificadores mostrando ignorancia, insensibilidad y errática conducta, y, por último, la cúpula del gobierno norteamericano de aquel entonces, encabezada primordialmente por los dos hermanos Kennedy, J.F. el Presidente y Robert el Fiscal General, que dieron muestra de incapacidad, insinceridad, falsedad y claudicación permitiendo, por su ineptitud, que un problema que a tiempo pudo ser resuelto satisfactoriamente mostrando una política de firmeza se convirtiera en una crisis que, aunque propagandísticamente exagerada, pudo llevar a una confrontación nuclear, y que selló el destino de Cuba a continuar, al menos hasta ahora, bajo la tiranía de Fidel Castro.

Ros honra la memoria de toda esa pléyade de jóvenes cubanos, hombres y mujeres, que formaron distintas agrupaciones, unos con la ayuda y dirección del CIA y otros por su propia iniciativa y riesgo. Los cubanos sí pelearon con heroismo, denuedo y sacrificio hasta que fueron traidoramente abandonados e inmovilizados.

Ros reconoce la decidida y valiente aportación de las distintas agrupaciones revolucionarias que antes y después de Girón llevaron la lucha contra el régimen opresor: el Movimiento 30 de Noviembre, el Segundo Frente Nacional del Escambray, el Movimiento Revolucionario del Pueblo (MRP), el Movimiento de Recuperación Revolucionaria (MRR), el Movimiento Demócrata Cristiano (MDC), Alfa 66, el Directorio Revolucionario Estudiantil (DRE), Rescate Revolucionario y otros más. La narración nos deja ver el enorme patriotismo que animaba a todos esos grupos, sus acciones, sus logros, sus fracasos y sus racimos de mártires. El penoso fin del Consejo Revolucionario y del Frente Revolucionario Democrático, y la libertad negociada de los prisioneros de la Brigada 2506 son descritos con imparcial veracidad.

Descubre el autor como los cubanos nunca tuvieron acceso a la alta dirección del CIA. Los planes del Gobierno Norteamericano a través de la Agencia nunca fueron conocidos en detalle. No había una vinculación oficial ni contrato, todo entendimiento era verbal.

Como acertadamente señala Ros los planes de las agencias gubernamentales para derrocar a Castro abundaban: el 0-Plan 312 con especificaciones para un detallado ataque aéreo; el 0-Plan 314 y el 0-Plan 316 que señalaban los requerimientos para opciones militares a larga escala; otro, de la Oficina de la Comandancia en Jefe del Atlántico (CINCLANT); pero, como diría un asesor militar, hay que distinguir entre «planificación» e «intención», entre planes y acción. Uno de los planes más ambicioso y bizarro fue la llamada operación «Mongoose», autorizada ésta por John F. Kennedy y colocada bajo la dirección del Brigadier General Edward G. Lansdale.

Este plan, como todos los anteriores, mostró el conflicto entre el plan militar cuidadosamente diseñado y las verdaderas intenciones del gobierno norteamericano que limitarían grandemente el alcance del «Proyecto Cuba». Ros escribe con amargura: «Muchos cubanos perderán sus vidas, serán sometidos a crueles torturas y otros sufrirán largos años de prisión como consecuencia de las rencillas internas de la Administración y la falta de respaldo de las más altas esferas del gobierno». La misma inconsistencia se va a ver en la llamada Conspiración de Agosto y en los intentos de eliminar físicamente a Castro.

Lo más valioso de este libro es la narración del increíble comportamiento y manejo de la situación creada por la militarización soviética de Cuba que culminó con la instalación de los misiles de mediano alcance. Ros señala con el dedo acusador a los hermanos Kennedy y destruye el mito falsamente creado por sus apologistas. Como nos dice: ni liderazgo, ni visión, ni coraje, ni responsabilidad es la justa sentencia que queda en pie después de conocer en toda su dramática realidad los acontecimientos de aquel trágico octubre.

Todos los pormenores de la Crisis de los Misiles son minucio- samente relatados. Todos los que intervinieron en ella; las discusiones públicas y privadas; las distintas opciones y las negociaciones secretas de los Kennedy, a espaldas del Excomm, con el embajador de la Unión Soviética, Anatoly Dobrynin.

Señala la obra como durante los meses de Julio, Agosto y Septiembre se acumulaban las evidencias de cuan rápidamente los soviéticos estaban convirtiendo a Cuba en una fortaleza militar. Llovían los informes de los exiliados cubanos y de los que continuaban llegando de la Isla, más los reportes de inteligencia del CIA.

A medida que se acercaba el mes de octubre los informes eran más precisos y alarmantes. El día 16 McGeorge Bundy, asistente especial de seguridad del Presidente le muestra a éste la amenazante realidad. Ros escribe: «Había comenzado para Kennedy la Crisis de los Cohetes. Durante tres largos meses, Julio, Agosto y Septiembre, se había negado –este supuesto visionario– a admitir las claras evidencias; ahora andará un zigzagueante camino».

El Presidente trató por todos los medios de que estas informarciones no llegaran al público. Ordenó que sólo se le diera a conocer a sus más responsables asesores de seguridad y en la CIA sólo a un número mínimo de expertos. J.F. Kennedy quería que todo se ocultase hasta después de las elecciones. Basta el siguiente juicio del Presidente después de recibir el memorándum de John McCone, director del CIA, citado por Ros: «Si esta información llega a la prensa, un nuevo y más violento tema cubano sería inyectado en la campaña y ésto afectaría seriamente mi independencia de acción.»

«¡La política por encima de la seguridad nacional!» clama el autor.

Todo este dramático episodio es seguido por Ros día a día. Aparecen todos los protagonistas, las opiniones, las opciones, los memorándums, las notas cruzadas entre Kruschev y Kennedy; las entrevistas secretas de Robert Kennedy con el embajador soviético; la gestión, para salvar la cara, con U-Thant, el Secretario General de la ONU, y el trágico epílogo de la Operación Mongoose.

Cuando vemos cómo el Presidente Kennedy manipuló las informaciones de inteligencia que le llevaban, cómo mintió y le ocultó a la Nación la situación real de los eventos; cómo amordazó a sus funcionarios para evitar que la verdad llegase al gran público; cómo mantuvo en secreto, a través de su hermano, las negociaciones con los representantes de la Unión Soviética; cómo negó el intercambio con los misiles de Turquía e Italia; nos asalta una lacerante preocupación cuando vemos hoy cómo el Presidente Clinton, en forma secreta y a espaldas de otros funcionarios, negocia acuerdos con el tirano de Cuba y afirma que no ha habido cambio en la política norteamericana en relación con el régimen comunista de la Isla. Una dolorosa interrogación nos asalta: ¿Dice el Presidente la verdad?... ¿No nos están engañando de nuevo?

Yo comprendo el valor del mito y la leyenda que enriquece el acerbo cutural, ahonda el orgullo nacional y fortalece el patriotismo de los pueblos; pero cuando ese injustificado mito y leyenda ocultan el crimen de entregar un país como Cuba a sus opresores, el velo que cubre ese mito y esa leyenda debe ser descorrido para que se conozca la angustiosa y sangrante realidad.

¡El libro de Enrique Ros lo ha logrado a plenitud!

Virgilio I. Beato

INTRODUCCIÓN

Durante su vida pública, John F. Kennedy tuvo la habilidad de manejar magistralmente la prensa. lo que hacía, lo que decía, era embellecido por periodistas y escritores que se sentían atraídos por este gallardo caballero de la nueva Corte de Camelot. Sus palabras aparecían esculpidas en oro. Sus hechos se engrandecían. Sus errores se silenciaban o, por obra de los que lo rodeaban, se convertían en impresionantes aciertos.

Su actuación en lo que la historia ha recogido como la Crisis de los Cohetes es un vívido ejemplo de como una insegura, vacilante y temerosa actuación ha pasado, por años, como un modelo de coraje y decisión.

Las primeras obras sobre esta crisis –como antes sucedió con la «aventura» de Bahía de Cochinos– fueron escritas por funcionarios de su Administración o por periodistas o autores a quienes él y su séquito obsequiaban con útiles filtraciones de noticias y datos.

Para estos prolíferos escritores «el Presidente respondió magníficamente a la situación» (Robert Kennedy); «Kennedy estuvo siempre en control de sí mismo» (Salinger); «respondió supremamente bien a la crisis, combinando determinación, freno y dureza» (A. Schlesinger); «lució como una sólida roca de buen sentido e inquebrantable fortaleza y firmeza durante la confrontación» (O'Donnel); «fue ésta su hora suprema» (Sorensen).

Continúan los superlativos: «en forma responsable ejerció el poder de que estaba investido» (Newstadt); «Kennedy respondió espléndidamente a la crisis» (Abel); «las excepcionales cualidades de liderazgo mostradas por Kennedy en la crisis fueron su coraje, visión, resolución y humanidad» (McGeorge Bundy); «mostró sabiduría, capacidad analítica y buen sentido de estrategia. No fue sólo un líder fue un héroe» (Hilsman). «En resumen, el joven Presidente se consolidó como defensor del mundo libre » (Sidey).

Atravesar esta gruesa coraza de elogios en busca de la verdad histórica es tarea ardua, pero necesaria. Para un cubano que ha visto esclavizada a su patria como precio de un innoble compromiso, se convierte en una obligación.

Es ése el propósito de esta obra.

El viernes octubre 26, 1962 a las 9:00 de la noche quedó sellado el destino de Cuba. El Premier Kruschev aceptaba la proposición del Presidente Kennedy presentada por su hermano Robert Kennedy a través del Embajador soviético Anatoly Dobrynin. En la foto el Presidente Kennedy y el Premier Kruschev en la reunión celebrada en Viena en Junio de 1961 sobre la confrontación en Berlín.

QUEDA SELLADO EL DESTINO
DE CUBA

Viernes, Octubre 26, 1962. A las 10:00 A.M. está reunido el Comité Ejecutivo del Consejo Nacional de Seguridad. Participan todos sus miembros, más Adlai Stevenson y John McCloy, de la Delegación Norteamericana en las Naciones Unidas. El ambiente es bélico, guerrero.

John McCone, Director de la Agencia Central de Inteligencia, plantea dos problemas operacionales: enviar de inmediato a Cuba 10 teams de infiltración, y utilizar todos los medios de la CIA para respaldar la operación MONGOOSE, cuyo objetivo es derrocar a Castro. El plan contempla también la recolección de información para apoyar posibles actividades militares.

Tan solo dos días antes, en una reunión del Presidente con el Secretario de Estado, el Secretario de Defensa, el Director de la Agencia Central de Inteligenciay los líderes del Congreso, McNamara confirmó que los Jefes del Estado Mayor Conjunto aprobaban los planes para una invasión. Los dirigentes del Congreso estuvieron de acuerdo. El Senador Russell[1] demandó que se tomaran los pasos más enérgicos. El Senador Hickenlooper abogó por la acción militar directa. Vinson reclamó que, si atacábamos, el ataque militar se hiciese con la máxima fuerza. Fulbright, antes tan político y mesurado, consideró que lo mejor era realizar un ataque para eliminar las bases de Cuba. El Senador Russell abogó igualmente por una inmediata acción militar. El Presidente afirmó que toda acción conlleva un riesgo pero que «no hacer nada sería un gran error».[2]

El Ex-presidente Eisenhower, en reunión oficial con el Director de la Agencia Central de Inteligencia, había expuesto, el domingo 21, que la acción militar más aconsejable, sería una invasión. La operación

---

[1] Richard Russell, Presidente del Comité del Senado de las Fuerzas Armadas. J. William Fulbright, Presidente del Comité del Senado de Relaciones Exteriores; Bourke B. Hickenlooper, Presidente del Comité Republicano de Política; Carl Vinson, Presidente del Comité de la Cámara de las Fuerzas Armadas.

[2] Memorándum de Octubre 24, 1962. Documento #80. CIA. First Brassey's Edition. 1994.

que él considera consistiría en ataques aéreos y una invasión[3] . En igual sentido se manifiesta el vicepresidente Johnson. Como ya están emplazados en Cuba cohetes nucleares, afirma el Vicepresidente -antiguo ranchero de Texas–, que imponer ahora una cuarentena era como «cerrar el corral cuando el caballo ya se ha ido»[4] . En la reunión del Gabinete del Jueves 18, el antes tímido Dean Rusk consideró que un rápido ataque minimizaría los riesgos de un contrataque.[5] Ya el anterior día, en una de las dos reuniones celebradas, el Gral. Maxwell Taylor había hablado en favor de un ataque militar[6], posición similar a la expresada por el Director General de la Agencia Central de Inteligencia y por el antiguo Secretario de Estado Dean Acheson. Se respiran aires marciales en la Casa Blanca y en las agencias y departamentos que tienen a su cargo la evaluación de la «cuestión cubana». El espíritu bélico mantenido hasta horas tempranas del viernes 26 se disipa al anochecer.

A las 9:00 de la noche llega a Washington la respuesta de Kruschev largamente esperada. La carta citaba la disposición del Kremlin de retirar los proyectiles, si los Estados Unidos se compromete a no interferir en los asuntos internos de Cuba. A no invadir a esa nación ni permitir que el territorio norteamericano se utilice para violar la integridad territorial de la isla. Pide más la carta del Premier Kruschev: que los Estados Unidos restrinjan tanto desde el territorio de los Estados Unidos como del territorio de otros estados vecinos, a aquéllos que podrían contemplar la perpetración de agresiones contra Cuba.

El canje es bien claro: la retirada de los cohetes a cambio de no permitir agresión alguna al régimen de Castro. Las comunicaciones posteriores estarán destinadas al consumo de la galería. El destino de Cuba, la permanencia en el poder de Castro, había quedado sellado.

---

[3] Memorándum de Octubre 21, 1962. Documento #72. CIA. First Brassey's Edition. 1994.

[4] Robert Kennedy. "Thirteen Days", 1969 (Cita la frase pero no identifica al Vicepresidente).

[5] Memorándum de Octubre 19, 1962. Documento #60. Ibid.

[6] Memorándum de Octubre 19. Documento #57. Ibid.

CAPÍTULO I

TOMA PREFERENCIA LA CAMPAÑA ELECTORAL

Agosto y Septiembre habían sido meses de constante especulación pública sobre el continuo envío de armamentos y equipos militares soviéticos a Cuba. Las armas eran calificadas por la Casa Blanca, sistemáticamente, como «defensivas». Como tal las había considerado el Presidente Kennedy en sus declaraciones de Septiembre 4: «Los embarques rusos a Cuba no constituyen una seria amenaza a parte alguna de este Hemisferio». Estas insólitas declaraciones las formula el Presidente una semana después que los aviones U-2s de reconocimiento habían detectado –y fotografiado con precisión– ocho emplazamientos de misiles SAM-2.[7] Los mismos cohetes de tierra a aire que, en Mayo 1, 1960, habían derribado un U-2 norteamericano sobre territorio de la Unión Soviética.[8] El descubrimiento de los emplazamientos había puesto el tema cubano en la primera página de los periódicos.

Kennedy se encontraba en una contradicción que había sido claramente planteada por el New York Times en Septiembre 3: «El señor Kennedy se encuentra atrapado entre los cargos que le presenta el régimen de Castro de que está planeando invadir la isla y la creciente demanda del Congreso que le exige que haga precisamente eso».

Kruschev –que desde el desastre de Playa Girón y la posterior reunión en Viena sobre la cuestión de Berlín[9] había calibrado perfectamente la capacidad de Kennedy para el apaciguamiento– le

---

[7] Las fotos, tomadas el 29 de Agosto de 1962 sobre distintos sitios de la isla (Bahía Honda, La Habana, Mariel, Matanzas, San Julián, Cienfuegos, Santa Lucía y Santa Cruz del Norte), mostraban emplazamientos en distintas etapas de construcción. (Hubert S. Dinerstein, "The Making of a Missile Crisis", 1976).

[8] En mayo, 1960, -tan sólo 15 días antes de la programada Conferencia Cumbre (Estados Unidos, Gran Bretaña, Francia y la Unión Soviética)- en París, el U-2 piloteado por Gary Power fue derribado. Se creó una gran tensión. Kruschev exigía una disculpa oficial de Eisenhower. El General de Cinco Estrellas no ofreció disculpa alguna. La conferencia se celebró.

[9] En la Reunión de Viena (Junio 3 y 4, 1961) -en la que aún admiradores del Presidente admiten que Kruschev se impuso psicológicamente al un vacilante Kennedy- se discutieron varios temas, además de Berlín: los vuelos espaciales, la prohibición de pruebas nucleares, Laos y, aunque no incluida en la agenda preparada, Bahía de Cochinos.

envió un mensaje tranquilizador, entregado por el embajador soviético en Washington a su hermano Robert Kennedy.[10] Luego que Moscú anunció que la Unión Soviética había aceptado enviar más armas a Cuba junto con asesores y técnicos, el Embajador Soviético en Washington Anatoly Dobrynin, invitó a Robert Kennedy a la embajada soviética para asegurarle que las intenciones de la URSS en Cuba eran estrictamente defensivas. Dobrynin aseguraba a Kennedy que su gobierno no dejaría en manos de terceros el poder de envolver a la Unión Soviética en una guerra termonuclear.

Dos días después, Dobrynin extiende su invitación a Ted Sorensen para que éste le hiciese llegar al Presidente un mensaje que había llegado directamente de Kruschev en el que el Premier Soviético le daba seguridades de que nada haría la Unión Soviética antes de las elecciones congresionales que complicase la situación internacional. También había calibrado el Premier Soviético la fiebre electoral que consumía al Presidente norteamericano.

El Presidente comprende que son falsas las seguridades ofrecidas por el dirigente soviético. Pero le oculta al pueblo norteamericano la innegable evidencia. Está en plena campaña política y tiene que (o cree que debe) esforzarse al máximo para ayudar a elegir –en estas elecciones no presidenciales– candidatos cuyo respaldo habrá de necesitar dentro de, apenas, dos años. Considera que la histeria desatada por algunos órganos de prensa y por políticos de la oposición debe ser acallada. Se hace necesario calmar la injustificada inquietud.

Kennedy, que en el Congreso de 1961 había logrado la aprobación de sólo el 48% de sus iniciativas legislativas[11], estaba sumamente interesado en producir un Congreso (para él) más sólido. Para lograrlo tomó el camino de debatir los temas domésticos (Medicare, segregación, ayuda a los desempleados) y soslayar algunos temas internacionales como la cuestión cubana que los Republicanos se esforzaban en llevar al primer plano.[12]

---

[10] En Septiembre 4, 1962 Anatoly Dobrynin transmite el mensaje que "estaba autorizado a entregar sólo a través del hermano del Presidente". Hubert S. Dinerstein "The Making of a Missile Crisis".

[11] Thomas G. Paterson y William J. Brophy "November Elections. The Cuban Missile Crisis and American Politics, 1962". The Journal of American History 1978.

[12] El tema cubano le creaba a Kennedy nuevas grietas en la amplia pero frágil mayoría que mantenía su partido en el Congreso. Aunque en 1962 el Partido Demócrata tenía una aparente cómoda mayoría en la Cámara (263D-174R) y en el

GOLPEAN LOS REPUBLICANOS

El Senador Keating[13] es uno de los más acerbos críticos de la inacción del Presidente en el caso cubano. En la mañana de Septiembre 4 de 1962 Keating está siendo entrevistado por Martin Agronsky en el Programa de la NBC «Today». Entre otras cosas, Keating afirmó que tenía información confiable de que unos 1,200 hombres sin uniformes del ejército soviético habían llegado a Cuba en Agosto; y sugería que el pueblo norteamericano no había sido suficientemente informado de la peligrosa situación que existía tan solo a 90 millas de las costas de la Florida.

Tan pronto Keating abandonó el estudio, Pierre Salinger[14] llamó por teléfono para criticar duramente a Agronsky expresándole que a la Casa Blanca no le había gustado la forma en que había conducido el programa y que esto mostraba que Agronsky conocía poco sobre Cuba: «La Casa Blanca resentía los estimados erróneos de Keating sobre la amenaza cubana».

No era cierta la información de Salinger. Keating siempre ofreció la información correcta que el Presidente Kennedy le ocultó a la población norteamericana. Días antes, tomando por tribuna el hemiciclo del Senado, el 31 de Agosto de 1962 –el mismo día que Bobby Kennedy estaba recibiendo información sobre otros aspectos de la situación cubana– el Senador Keating, ante el asombro de todos, había dado datos sólidamente documentados, sobre la presencia militar en Cuba.

«He sido informado que entre Agosto 3 y Agosto 15 han llegado al puerto cubano Mariel de 10 a 12 barcos soviéticos de gran tonelaje que atracaron en los muelles de Mariel...cinco lanchas torpederas han sido descargadas...» El discurso, intenso y lleno de datos específicos sobre convoyes militares manejados por personal

---

Senado (65D-35R), la Administración no podía contar con una controlable mayoría para su agenda doméstica. Los Comités de la Cámara estaban presididos por sureños conservadores, y en el Senado los Republicanos y los Demócratas sureños se unían con frecuencia para rechazar proyectos de Kennedy. (Thomas G. Paterson. Obra citada).

[13] El Senador Kenneth B. Keating (R-NY) mantenía una intensa labor de información pública sobre el incesante ingreso de tropas y armas soviéticas en Cuba.

[14] Pierre Salinger, periodista de profesión, fue, desde el inicio de su Administración, el Secretario de Prensa de J.F. Kennedy.

soviético, número y tipo de los vehículos militares y lugares en que fueron descargados, no movió al Presidente a la pública admisión de la peligrosa situación que enfrentaba la nación.

Otros golpeaban tan recio como Keating. El Senador Capehart[15] afirmaba que tenía información fidedigna que probaba la presencia en Cuba de tropas soviéticas. En Agosto 29, en Rockville, Indiana, declaró que había de 3 a 5 mil soldados rusos en Cuba, que no eran técnicos sino tropas de combate, y exigía de la Administración la inmediata aplicación de la Doctrina Monroe. Lejos de investigar los hechos denunciados por Capehart para tomar las medidas defensivas adecuadas, el Presidente optó por enfrentar al Senador por Indiana en su campaña electoral. Respaldando enérgicamente al adversario demócrata (Birch Bayh), Kennedy atacó duramente al Senador por Indiana, llamándolo despectivamente uno de «los autodesignados generales y almirantes...» porque Capehart había pedido un bloqueo o invasión a Cuba a lo que, por supuesto, se oponía Kennedy.

No todos los que abogaban por el bloqueo o medidas enérgicas, eran Republicanos buscando ventajas políticas. Algunos dirigentes Demócratas estaban volviéndose cada vez más aprensivos sobre la inoperancia de la Administración de Kennedy hacia la Cuba de Castro. Dondequiera que iba Kennedy en sus viajes de campaña las pancartas se burlaban de la política de su Administración hacia Cuba: «Más perfil que coraje», «Castro quiere a los Demócratas».

El Senador Keating dejaba en el Senado constancia de su profunda preocupación: «Informes inquietantes sugieren que los soviéticos están construyendo bases de proyectiles en Cuba y enviando allí técnicos y expertos para manejarlos». No se limitó el Senador a dar este grito de alerta en la alta Cámara. En Septiembre 2 hizo un llamado, por radio y televisión, al Presidente y a toda la nación:

«Lo menos que los Estados Unidos puede hacer es pedirle a la Organización de Estados Americanos enviar una misión a Cuba a investigar los informes sobre las bases de cohetes».

El infatigable Senador de Nueva York volvió de nuevo al Senado ocho días después para hacer otra solemne advertencia denunciando que

---

[15] El Senador Homer Capehart (R-Indiana), aspiraba a su reelección.

«ha comenzado la construcción de por lo menos media docena de emplazamientos de cohetes de alcance intermedio. Mis propias fuentes han sustanciado este informe completamente».

ALARMA BIPARTIDISTA

En la arena política, los gritos de advertencia eran emitidos no sólo por la oposición sino, como hemos expuesto, por los propios senadores del gobierno. Thomas Dodd, Senador Demócrata por Connecticut, dijo: «Ya Cuba no es de Castro, Cuba es de Kruschev. Yo sugiero que comencemos con un bloqueo parcial y, si esto no es adecuado, pasemos a uno total...creo que la amenaza a que nos enfrentamos será una catástrofe si sigue avanzando». Más enérgico fue el Senador George Smathers, de la Florida, que consideró que un bloqueo, parcial o no, no era suficiente y propuso la creación de una «Organización del Tratado del Atlántico del Norte para el Hemisferio Occidental, compuesto por un grupo de naciones de mentalidad militar, que sienta hacia el comunismo lo que nosotros sentimos...».

Otro Senador Demócrata, Alexander Wiley, se unió a los dirigentes responsables que alzaban su voz de alarma, afirmando «yo le pido al Presidente que reconozca la clara urgencia requerida por esta situación. El pueblo americano está preocupado sobre la situación cubana... yo le pido que sea sincero no sólo con nosotros sino con su propia Administración». El Senado, sobre el que el Partido Demócrata mantenía una amplísima mayoría, estaba alarmado. El senador por Wisconsin exigía rescatar a Cuba de manos soviéticas. El Senador John Towers, de Texas, pedía una invasión.

Cuba se había convertido en el tema central de la campaña de 1962. Se repetía la situación observada en la anterior contienda. Pronto, dentro de pocos días, y de nuevo por razones enteramente políticas, Kennedy utilizaría el caso cubano para obtener ganancias electorales.

En 1960, durante los debates televisados en las últimas semanas de aquella campaña, Kennedy hizo uso del tema cubano para mostrarse más anticastrista que Nixon, culpando a aquella Administración por «permitir que Cuba se convirtiese en la primera base comunista en el Caribe» y demandando ayuda «para los rebeldes cubanos en su lucha contra Castro». Que aquellas promesas de 1960 eran palabras vacías los cubanos lo aprendieron amargamente en las arenas de Playa Girón.

En 1962, en la absorbente crisis de los cohetes, Kennedy habrá de utilizar la nueva situación que, con su falta de visión, él permitió que se convirtiese en una casi insalvable crisis, para lograr una espectacular solución que a los ojos de los más lucía un resonante triunfo, pero que representó, de hecho, una derrota para los Estados Unidos y una garantía de permanencia para el régimen de Castro.

No es que el Presidente, que contaba con los poderosos medios oficiales, ignorase el continuo flujo de armamentos soviéticos a Cuba. Kennedy conoció que durante Julio y Agosto los soviéticos habían empezado a embarcar hacia Cuba cantidades sustanciales de modernos equipos de guerra y técnicos militares.

La Oficina Nacional de Estimados de Inteligencia realiza en Julio 6 de 1962 un estudio en el que cuantificaba las fuerzas estratégicas soviéticas, comparándolas con las de los Estados Unidos. El documento, calificado por Sherman Kent, Director de la Oficina Nacional de Estimados, como «más que un estimado, un libro de hechos concretos», fue enviado al Presidente para ser usado en la formulación de la política exterior de los Estados Unidos.

En Agosto 24, fuentes de inteligencia del gobierno informaron que habían llegado 3,000 a 5,000 especialistas soviéticos y que cerca de las dos terceras partes de ellos eran técnicos militares. También reportaban el arribo de cohetes similares a los proyectiles antiaéreos norteamericanos NIKE; equipos de transporte, comunicación y electrónicos. Pero en Agosto 28, en una conferencia de prensa, Kennedy afirmó que «no tenemos evidencia de que existan tropas rusas allí»... Más tarde agregó dirigiéndose a un periodista:

«no sé quien le dijo a usted en el Departamento de Estado que «ellos», (los soviéticos), van a operar cohetes NIKE ya que nosotros no tenemos hoy esa información».

Las críticas a Kennedy seguían llegando de todas las esquinas. Pocos días después, era su amigo de varios años, militante de su propio partido y estrecho colaborador, el Senador George A. Smathers de la Florida quien pedía públicamente la invasión a Cuba. También la demandó el Senador Strom Thurmond, de Carolina del Sur, afirmando que «lo más que ésta se pospusiera, lo más difícil será efectuarla».[16] Kennedy lo comprendía, pero no le resultaba conveniente traer el tema cubano a un primer plano. Era, políticamente, prematuro. Debe esperar su momento.

Los políticos hablaban sobre Cuba, culpando al gobierno de tolerar una dictadura comunista a 90 millas de la Costa de la Florida. La oposición atacando al gobierno. Dos años atrás era Kennedy el que atacaba, porque no estaba en el poder. Hoy, Kennedy ridiculizaba al Senador Capehard, por abogar por una inmediata invasión a Cuba.

El Congreso había terminado sus sesiones el sábado 9 de Octubre en la tarde, la más extensa sesión desde la Guerra de Corea.

Concluyendo la sesión, el Senador Keating volvió a dar la voz de alarma al decir que sus propias fuentes de información, «que habían sido 100% confiables», habían sustanciado un informe de que seis bases de cohetes de alcance intermedio estaban en construcción en Cuba. Keating emplazó a la Administración de Kennedy a confirmar o negar estos reportes. A las tres de la tarde de ese domingo 14 de Octubre, McGeorge Bundy, Asistente Presidencial en Seguridad Nacional, era entrevistado por la ABC. A la pregunta obligada, Bundy respondió que no existía evidencia y que él consideraba muy improbable que los cubanos y el gobierno de Cuba y el gobierno soviético pudieran intentar instalar una base de capacidad ofensiva. Fue más allá el Asesor Presidencial:

«Hasta ahora, todo lo que ha sido entregado en Cuba cae dentro de la categoría de asistencia que la Unión Soviética ofrece a estados neutrales como Egipto o Indonesia...esto no va a convertir una isla de seis millones de personas, con cinco o seis mil técnicos y especialistas, en una gran amenaza para los Estados Unidos...eso no crea una amenaza mortal para nosotros».

Ignoraba el Asesor Presidencial que en los momentos en que hablaba, un avión U-2 de reconocimiento volaba sobre Cuba. Las fotos que tomaba confirmarían la presencia en Cuba de los misiles de alcance intermedio que el Presidente y su asesor se negaban a admitir.

---

[16] Dino A. Brugioni: "Eyeball to Eyeball".

El Presidente, comprometiendo aún más la seguridad nacional, se resistirá a tomar una acción inmediata.

EL SOFISMA DE LAS ARMAS DEFENSIVAS

A pesar del intenso debate originado por la admisión en agosto 24 de la existencia de cohetes en Cuba vuelve el Presidente Kennedy, días más tarde, en Septiembre 13, a afirmar que «sólo armas defensivas han sido enviadas por Rusia a Cuba») (H. Pachter «Collision Course»).

Los gritos de alarma, aún desde las filas Demócratas, eran cada vez más estruendosos. Pero el Presidente –que recibía los alarmantes mensajes de John McCone, Director de la Agencia Central de Inteligencia, y de las demás agencias de la comunidad de inteligencia– no quería admitir públicamente el peligro que se cernía sobre la nación.

Y no por falta de información o asesoramiento, repetimos, de los más altos funcionarios que tenían esa responsabilidad.

En agosto 22, 1962 McCone informa en detalle al Presidente la llegada a Cuba de personal soviético y el ingreso en territorio cubano de *«equipo electrónico para uso contra Cabo Cañaveral y equipo militar, incluyendo cohetes balísticos de mediano alcance».*[17]

Esa tarde se produce otra reunión con el Presidente. Esta vez estarán presentes sólo tres personas: el Presidente, el Jefe del Estado Mayor Conjunto, y el Director de la Agencia Central de Inteligencia. Tres cuartas partes de lo tratado sigue estando clasificado hoy –33 años después– como secreto sensitivo. Se sabe, en lo poco que ha sido publicado, que el Presidente volvió a ser informado de la alarmante situación cubana.

Al día siguiente, con la presencia de Rusk, McNamara, Gilpatrick (Sub-secretario de Defensa); Gral. Maxwell Taylor (Jefe del Pentágono), Bundy (Asistente del Presidente ante el Consejo Nacional de Seguridad) y otros, vuelve el Director de la CIA a informar al Presidente de las instalaciones de proyectiles que se están efectuando en Cuba.

---

[17] Memorándum de Octubre 31, 1962 de John McCone resumiendo distintas reuniones. Documento 4, Brassey's Edition 1994.

«Como los embarques rusos a Cuba no constituyen una seria amenaza a ninguna parte de este hemisferio», expresaba Kennedy, «la intervención militar de los Estados Unidos no es en estos momentos requerida ni puede estar justificada». Aviso en contrario le llegaba al Presidente desde las fuentes más cercanas a su pensamiento. «La creciente relación estrecha entre la Unión Soviética y el régimen del Primer Ministro Castro representa la más seria amenaza a la Doctrina Monroe...», editorializaba el NYT.

El Director de la Agencia Central de Inteligencia (John A. McCone) en Agosto 10, en una de las regulares sesiones del Grupo de Trabajo que trataba del tema cubano, había reportado sobre el acelerado suministro soviético a Cuba de personal y materiales y que había claras indicaciones de que estaban construyendo sitios para proyectiles.[18] Días después, el propio McCone presentó al grupo, el 21 de Agosto, un detallado estudio sobre «la reciente asistencia militar soviética a Cuba», mostrando una cronología de esa asistencia militar. La conclusión, una vez más ignorada por Kennedy, era dramática: «existe una opinión general de que la situación era crítica y requería de la más dinámica acción».

McGeorge Bundy, hablando con miembros de la Administración, expresó que había una definida interrelación entre Cuba y otros puntos de conflictos como Berlín. Consideraba que un bloqueo a Cuba podría, automáticamente, producir un bloqueo a Berlín; que una acción drástica sobre los emplazamientos de cohetes u otras instalaciones militares de los soviéticos en Cuba podrían traer acciones similares por parte de los rusos con relación a nuestras bases y emplazamientos de cohetes, particularmente en Turquía y el Sur de Italia.

John McCone, el silencioso y enigmático director de la CIA, al insistir, una y otra vez, en que los soviéticos estaban introduciendo en Cuba armamentos militares que eran a todas luces armas ofensivas, se encontraba prácticamente solo entre el grupo de funcionarios de la Administración que querían ignorar las claras evidencias que se les mostraban.

El Senador Keating –infatigable denunciador de la peligrosa situación– había vuelto a dar a conocer en Septiembre 5 que, por lo menos 1,200 soldados «usando uniformes soviéticos de fatiga»

---

[18] Memorándum de John McCone, de Agosto 21 de 1962.

habían llegado a Cuba. Los números eran muy superiores.[19] Fue entonces que Kennedy admitió, reduciendo la potencia de esos armamentos, que Rusia había llevado a Cuba cohetes «con un alcance de 25 millas similar a los primeros modelos de nuestro NIKE, y barcos torpederos con cohetes guiados de barco a barco, con un radio de acción de 15 millas» (Malcolm E. Smith). Aún en ese momento, el Presidente «insistió» que no había evidencia de ninguna capacidad ofensiva de significación ni en manos cubanas o bajo la dirección soviética. Las armas rusas eran, decía el Presidente Norteamericano, de naturaleza defensiva.

La revista Time hizo una mordaz crítica a la distinción que el mandatario norteamericano quería hacer entre armas ofensivas y defensivas. La diferencia, decía el semanario, dependía «de cómo las armas eran usadas, a quién estaban apuntando y qué móviles existían»; concluía el semanario con este comentario: «Es un amargo hecho que muchos tiranos –incluyendo a Hitler– han construido maquinarias guerreras agresivas mientras clamaban que se armaban tan solo para la defensa».

Pero el Presidente no escuchaba ni leía. Una vez más repitió que no había evidencia «de ninguna fuerza de combate organizada en Cuba procedente de ningún país del bloque soviético». Para el joven Presidente los rusos que se encontraban en Cuba eran tan sólo técnicos.

En Moscú, al hablar a editores de periódicos norteamericanos en Julio 16 de 1962 Kruschev alardeó de que sus proyectiles podrían hacer blanco en una mosca en el espacio y, luego, ofreció mostrar un documental fílmico de los cohetes soviéticos en el Congreso Mundial sobre el Desarme General y Paz; lo que le fue rechazado.[20] Otros cohetes, que serían emplazados más cerca de las costas norteamericanas, comenzarían en unos días su largo camino hacia el Mar Caribe.

---

[19] El Gral. Anatoly I. Gribkov admitió que en octubre 16 de 1962 ya habían ingresado en Cuba 42,000 soldados soviéticos. Conferencia de La Habana, enero 1992. James Blight, "Cuba on the Brink".

[20] Un informe bastante detallado de la conversación de Kruschev con Félix McKnight, Editor de The Dallas Time Herald, Vermont C. Royster, de The Wall Street Journal, Lee Hills, Presidente de la Sociedad Americana de Editores de Periódico y los demás editores puede encontrarse en la edición de The New York Times de Julio 17 de 1962.

CAPÍTULO II

EN MARCHA HACIA EL PARTIDO UNIDO DE LA REVOLUCIÓN SOCIALISTA

En la gran concentración del 26 de Julio de 1961, celebrada en la Plaza de la Revolución, y que tuvo como invitado de honor al cosmonauta Yuri Gagarín, Fidel Castro anunció que «los cuadros de las Organizaciones Revolucionarias Integradas marchan hacia la formación del Partido Unido de la Revolución Socialista de Cuba».

Pero ninguna organización unitaria surgió estructurada –en ese momento– de aquella aparente convocatoria. Ya, desde antes, se había hablado –sin que la idea cristalizase– de integrar en un solo organismo a las organizaciones revolucionarias como, el Partido Comunista, el Directorio Revolucionario 13 de Marzo, el Movimiento 26 de Julio, la Federación de Mujeres, y los Jóvenes Pioneros.

Poco después de la concentración del 26 de Julio, Aníbal Escalante se dió a la tarea de incorporar a los miembros de esos grupos en lo que comenzó a llamarse Organizaciones Revolucionarias Integradas (ORI).

Desde ese momento, cuando comenzaron a integrarse los grupos de extrema izquierda en una sola organización, Aníbal Escalanta pasa a ocupar en las Organizaciones Revolucionarias Integradas (ORI) una posición de mando en el gobierno y en las fuerzas armadas.

Escalante, que ya había comenzado a colocar a sus más estrechos colaboradores en posiciones importantes en el Partido, empezó a sustituir a oficiales del Ejército Rebelde de sus mandos militares alegando que carecían de convicciones ideológicas. Muchos de estos oficiales removidos habían luchado con Fidel Castro en la Sierra Maestra. Aníbal se equivocaba. Pronto se percataría.

Por supuesto, Aníbal Escalante, viejo y astuto militante del antiguo Partido Socialista Popular (nombre que tomó el Partido Unión Revolucionaria Comunista en 1943)[21] fue dándole a la nueva

---

[21] El Partido Unión Revolucionaria Comunista a su vez se había constituido con la fusión en 1939 de dos organizaciones "de izquierda": Unión Revolucionaria (compuesta fundamentalmente por intelectuales) y el Partido Comunista (integrado por viejos militantes marxistas). Dr. Antonio Alonso Avila. "Historia del Partido Comunista de Cuba."

organización una inclinación marcadamente prosoviética, al tiempo que el propio Escalante asumía poderes cada vez mayores dentro de la ORI. Ambos hechos, la estrecha vinculación de Aníbal Escalante con los jerarcas del Kremlin y el creciente poder que estaba adquiriendo dentro de la ORI, comenzó a preocupar a Fidel Castro.

Se le iba escapando a Fidel el férreo control que hasta ahora había tenido en la integración de los distintos grupos cuya existencia él, y sólo él, decretaba y aceptaba. Otro, y no él, pretendía asumir la dirección de la *única* organización revolucionaria. La situación era inaceptable para el dictador cubano. Totalmente inaceptable.

Mientras Aníbal Escalante estructuraba la nueva organización, Fidel Castro sorprendió a todos en su discurso del dos de Diciembre de 1961 al declarar que por años había ocultado sus opiniones radicales pero que él había sido siempre, y lo sería hasta su muerte, Marxista-leninista. Castro se adhería públicamente a una doctrina, enarbolaba su bandera, pero de la organización del nuevo partido se había encargado Escalante. El choque sería inevitable.

Porque esto sucedía cuando la dependencia de la Revolución Cubana de la Unión Soviética aumentaba, Castro tenía que buscar una fórmula para deshacerse de Aníbal sin que esto representase una seria fricción con la Unión Soviética a quien Escalante había servido fielmente.

LA CUBA DE CASTRO FUERA DE LA OEA Y LA SEGUNDA DECLARACIÓN DE LA HABANA

Soplan vientos inhóspitos para Castro. En el frente interno comienza a ahondársele la grieta de una incipiente escisión. Se ocupará de ella con toda energía, pero, antes, debe enfrentarse a una acción externa que, aunque esperada, no deja de ser irritante.

La Conferencia de Cancilleres Interamericanos, celebrada en Punta del Este, aprueba, en enero 30 de 1962, condenar al régimen de Castro como incompatible con el sistema norteamericano por «identificarse a sí mismo con los principios de la ideología marxista-leninista, haber establecido un sistema político, económico y social basado en esa doctrina, y aceptado asistencia militar de poderes comunistas extracontinentales».[22] Situación absurda. Escalante

---

[22] La Octava Conferencia de Consultas de Ministros del Exterior, sirviendo como órgano de consulta en la aplicación del Tratado Interamericano de Asistencia Mutua declaró:

pretende arrebatarle la bandera del marxismo y es, por afiliarse él a esa doctrina, que sus adversarios logran en enero del 62 en Punta del Este lo que ni siquiera se atrevieron a plantear en San José en Agosto de 1960. Realmente intolerable.

Castro sabía que en esta Octava Reunión de Consulta de los Ministros de Relaciones Exteriores del Hemisferio, se jugaba la supervivencia de Cuba como estado miembro de la OEA. Por eso, envió a Montevideo una nutrida Delegación compuesta por sus personeros más notables.

Presidida por Osvaldo Dorticós, formaban parte de la misma Raúl Roa, Carlos Lechuga, Carlos Rafael Rodríguez, Ramón Aja, Ada Kouri, Benito Besade, Sergio Restano, Miguel Brugueras y otros, hasta un total de 49 miembros.

Distintas instituciones del exilio envían representantivos en calidad de observadores. Su función será la de influenciar sobre los cancilleres latinoaemricanos: Miguel Angel Carcano, de Argentina; José Caicedo, de Colombia; Santiago Dantas, de Brasil; Marcos Falcón Briceñoh, de Venezuela; Luis Alvarado, de Perú; Francisco Acosta Yépez, de Ecuador; José Antonio Bonilla, de la República Dominicana; Rafael Equizábal, de El Salvador y los demás. El Presidente del Consejo de Gobierno del Urugüay se muestra distanciado de la representación de exiliados cubanos; no así el Consejero Nacional urugüayo Benito Nardoni que mantuvo pública-

---

1) Que, como consecuencia de repetidos actos de su gobierno, Cuba voluntariamente se ha colocado a si misma fuera del Sistema Interamericano.
2) Que esta situación demanda una vigilancia creciente de parte de los estados miembros de la Organización de Estados Americanos que reportarán al Consejo cualquier acto o situación que pudiera poner en peligro la paz y seguridad del hemisferio.
3) Que los Estados Americanos tienen un interés colectivo en fortalecer el Sistema Interamericano y reunirlo en una base de respeto a los derechos humanos y los principios y objetivos relativos de la democracia trazados en la Constitución de la Organización; y, por tanto, resuelve:
4) Que la adherencia de cualquier miembro de la Organización de Estados Americanos al marxismo-leninismo es incompatible con el Sistema Interamericano y la alineación de tal gobierno con el bloque comunista quiebra la unidad y solidaridad del hemisferio,
5) Que el presente gobierno de Cuba, que oficialmente se ha identificado a sí mismo con el gobierno marxista-leninista, es incompatible con los principios y objetivos del Sistema Interamericano.
6) Esta incompatibilidad excluye al presente gobierno de Cuba de participar en el Sistema Interamericano.
7) Que el Consejo de la Organización de Estados Americanos y de otros órganos y agencias del Sistema Interamericano adopta, sin demora, las medidas necesarias para llevar a efecto esta Resolución".

mente una posición anticastrista que lo hizo objeto de un atentado a su vida.[23]

Entre los exiliados que partieron hacia Punta del Este se encuentra una Comisión de Magistrados del Tribunal Supremo de Cuba y de antiguos profesores de la Universidad de La Habana. La Comisión la componen José Morell Romero, Eduardo Le Riverand, de la Judicatura Cubana Democrática; Luis Figueroa Miranda, del Colegio de Abogados de La Habana, y otros. Por el Consejo Revolucionario irán José Miró Cardona, Manuel Antonio de Varona y varios otros delegados.

En las semanas que precedieron a la Octava Reunión, la voz del Secretario General de la OEA, José A. Mora, se escuchó fuerte en distintas capitales del continente denunciando la penetración comunista en el continente. Las distintas delegaciones de exiliados cubanos en esas naciones (el Directorio Estudiantil Revolucionario, el Frente Obrero Revolucionario Democrático, la Asociación de Funcionarios del Poder Judicial, el Directorio Magisterial y otras) servirían de caja de resonancia a esas acusaciones.

Hubo dos resoluciones sobre Cuba. Una, de separación del organismo regional. La otra, de condena.

La decisión de separar al régimen de Cuba de la OEA fue tomada por el voto favorable de 14 naciones y 6 abstenciones. Los seis países que se abstuvieron fueron: Argentina, Bolivia, Brasil, Chile, Ecuador y México.[24] La condena del régimen marxista-leninista como incompatible con el sistema americano fue aprobada por la totalidad de las naciones que forman el sistema, con excepción de Cuba. La votación: 19 a 0, con la abstención técnica de Uruguay.

Así recuerda el Dr. Miró Cardona aquella Conferencia: «De inmediato partimos para el Uruguay. Se discutía allí el destino de nuestra patria. Contribuimos en la medida de nuestra capacidad y

---

[23] Avance Criollo, Febrero 9, 1962.

[24] La abstención de Argentina en la expulsión del régimen de Castro produjo una violenta confrontación entre el Presidente Arturo Frondizi y los militares, quienes presentaron un ultimátum a Frondizi demandando un rompimiento inmediato con Cuba y la renuncia del Canciller Miguel Angel Carcano que había encabezado la Delegación Argentina en la Conferencia Interamericana. Mientras el Viernes 2 de Febrero Frondizi pareció ceder ante la presión militar y haber aceptado modificar la débil posición que Argentina había tomado en Punta del Este, el presidente cambió nuevamente su posición el sábado 3 declarando que nunca encabezaría "un gobierno títere" y criticando a los que había votado por la expulsión de Cuba.

de nuestras posibilidades a unificar el pensamiento americano. El Hemisferio se solidarizó cerradamente con la Cuba del combate y del destierro; se consagró el derecho a la legítima defensa individual o colectiva de las naciones de América en peligro, a más de ser acordadas otras medidas. Fue una jornada brillante y fecunda en resultados. Regresamos con júbilo. Se había concluido un largo, completo y difícil capítulo, el de las negociaciones diplomáticas, para dar comienzo a otro nuevo: el de la acción militar. Todo indicaba que nos hallábamos en el umbral de los grandes acontecimientos».[25] Siempre iluso y confiado esperaban al Presidente del Consejo Revolucionario grandes decepciones.

Mientras estos hechos se producían en Punta del Este, los Estados Unidos decretaban la prohibición de las exportaciones cubanas, lo que representaba para Castro la pérdida de una tercera parte de los aproximadamente $100 millones de dólares que había obtenido el pasado año con estos ingresos. La medida, anunciada el 3 de Febrero de 1962, fue acordada, según informó el Presidente Kennedy, «de acuerdo con las decisiones de la reciente reunión de Ministros de Relaciones Exteriores en Punta del Este».[26]

LA SEGUNDA DECLARACIÓN DE LA HABANA

Al acuerdo adoptado en Punta del Este de separar al régimen de Castro de la OEA, Fidel Castro responde convocando a una gigantesca concentración el 4 de Febrero de 1962 a la que califica de Asamblea General Nacional del Pueblo de Cuba.[27] La Segunda Declaración de La Habana fue utilizada –tal vez era ese el verdadero

---

[25] Documento -renuncia del Dr. José Miró Cardona, Punto 10, de Abril 9, 1963. Archivo personal de Enrique Ros.

[26] Dos días antes, en una decisión no relacionada, el Senado Norteamericano había aprobado la designación de John A. McCone como Director de la Agencia Central de Inteligencia. Su designación fue confirmada por votación de 71 a 2.

[27] En preparación para esta "Segunda Declaración de La Habana", Castro citó en la capital cubana, en enero 23, una "Conferencia de los Pueblos" a la que asistieron figuras representativas de la extrema izquierda del continente: Salvador Allende, Volodia Teitelboim y Patricio Hurtado, de Chile; Jacobo Arbenz y Manuel Galich, de Guatemala; Alexina de Paula, esposa de Francisco Juliao, de Brasil; Eugenio Barante y Víctor Manuel Zúñiga, de Ecuador; Pedro Albizu Meneses de Puerto Rico y otros muchos.

motivo de la convocatoria– para que el recién declarado adherente del marxismo fijara su identificación con esa doctrina, castigase a la burguesía y encomiara la lucha de clases, y al mismo tiempo, señalara –con énfasis– que «el deber de cada revolucionario era hacer la revolución».

La alusión iba dirigida a los viejos camaradas del PSP que siempre se habían amoldado a los gobiernos de turno y pretendían ahora, bajo el temerario liderazgo de Escalante, asumir la dirección del nuevo partido en formación. Los aludidos tomaron nota y se replegaron. No así, Escalante.

Pravda, Red Star y el Kommunist, los tres principales órganos de la prensa controlada de Moscú, publicaron y comentaron favorablemente el texto de la Segunda Declaración de La Habana. Mal presagio para el director de Hoy. Aníbal debía haberse percatado de «los nuevos rumbos».

SURGE LA «ORI». FIDEL DESTRUYE A ESCALANTE

No. No se percató Escalante del peligroso camino que tomaba. O, tal vez, confiaba en el respaldo que él recibiría de los soviéticos si el no confiable «putchista» del 26 de Julio osara oponerse.

El 8 de Marzo se nombró la Primera Junta Directiva de la ORI.

José Duarte Oropesa, en su Tomo IV de «Historiología Cubana» relaciona así la Dirección Nacional de la ORI: Los veintiseístas Fidel Castro, Haydee Santamaría, Ramiro Valdés, Juan Almeida, Armando Hart y Guillermo García; los veintiseístas simpatizantes del Marxismo-leninismo Raúl Castro, Ernesto (Ché) Guevara, Osvaldo Dorticós, Augusto Martínez Sánchez, Sergio del Valle; los comunistas del Partido Socialista Popular Blas Roca, Emilio Aragonés, Carlos Rafael Rodríguez, Aníbal y César Escalante, Severo Aguirre, Flavio Bravo, Joaquín Ordoqui, Lázaro Peña, Manuel Luzardo, Ramón Calcines y Osmani Cienfuegos; y los líderes del Directorio 13 de Marzo Faure Chomón y Raúl Curbelo.

Fue esta designación de la Junta Directiva Nacional de la ORI –sin que Aníbal lo imaginase en aquel momento– la última iniciativa tomada por el fiel servidor de Moscú.

Con la constitución de la ORI, «la revolución cubana entraba en su nueva etapa: había emprendido la tarea de unificarse, políticamente, bajo la ideología universal del marxismo-leninismo». Así lo repitió, a coro, la prensa oficial. Por su vieja militancia seguramente Escalante se consideró a sí mismo el factor «unificador». Pronto saldría del error.

El 13 de Marzo, tan sólo 4 días después de creada la primera (y última) «Junta Directiva Nacional de la ORI», Castro aprovechó una omisión de tres líneas en la lectura del testamento político de José Antonio Echeverría para hablar del peligro que representaba el sectarismo y recordar la conocida obra de Lenín sobre la «enfermedad infantil del comunismo», culpando, sin mencionarlo, a Escalante como el responsable de la intencionada omisión.[28]

Al día siguiente escribe Blas Roca un obsequioso artículo en el periódico Hoy que aún dirige –será por unas horas!– Aníbal. Su título: «El Gran Discurso de Fidel Debe Ser Estudiado y Asimilado por Todos».[29]

Nueve días después, el 22 de Marzo, se nombra un Secretariado de la ORI. Escalante no aparece formando parte del mismo, ni, siquiera, de las únicas dos comisiones que se crean. El Secretariado lo integrarán Fidel y Raúl Castro, Ernesto (Ché) Guevara, Osvaldo Dorticós, Blas Roca y Emilio Aragonés. Todos, incluyendo al adaptable Blas, de la total confianza de Castro.[30] En la Comisión de Organización nombra a Manuel Luzardo. En la Comisión Sindical designa a Lázaro Peña. Blas Roca pasa a ocupar la dirección del periódico Hoy. Aníbal Escalante ha sido aplastado. Ya lo sabe.

La crisis se precipita. Castro va a la televisión el 27 de Marzo y hace una violenta y despiadada crítica de Aníbal a quien, el día anterior, había enviado a Praga aparentemente tras un compromiso con los dirigentes soviéticos tan estrechamente vinculados con el réprobo: «Aníbal Escalante era un comunista honesto... pero se equivocó... cometió graves errores». Lo acusa de haber organizado un partido que sólo serviría como un aparato a las órdenes del propio Escalante. Con palabras duras dejó caer sobre Aníbal, y «los 500 Aníbales que andan sueltos» los más grandes improperios. El mensaje no dejaba dudas: el poder era Castro. Nadie más, por poderoso o vinculado a Moscú que se creyese.

---

[28] El 19 de marzo, el Capitán Fernando Ravelo, Vice-Presidente de la Asociación de Jóvenes Rebeldes y miembro de la Junta Juvenil de la Universidad de La Habana, en una sesión de autocrítica, admitió haber sido él quien ordenó al maestro de ceremonias eliminar las 3 líneas. Fuente: Cable de la UPI de la fecha.

[29] Periódico Hoy, La Habana, Marzo 15, 1962.

[30] Inicia enseguida el Camarada Blas un viaje por Latino América. Expresará a "las masas", en cada punto de su largo itinerario, la identificación del partido con el "máximo leader" de la Revolución.

A rey muerto, rey puesto. Los dirigentes soviéticos a quienes tanto el viejo comunista había servido, aceptaron, desde Moscú, el descabezamiento de Aníbal Escalante. En los primeros días de abril ya han quedado establecidos lazos de identificación entre el Kremlin y el dirigente único de la Revolución Cubana.

Para probar públicamente su respaldo al recién improvisado «marxista-leninista», el periódico Pravda dedicó, el 11 de abril[31], un extenso editorial exaltando «la cohesión de las fuerzas de la Revolución Cubana... alrededor del primer secretario de la dirección nacional de las Organizaciones Revolucionarias Integradas (ORI), Primer Ministro de la República de Cuba, Compañero Fidel Castro». Por supuesto, el órgano oficial del partido comunista soviético se solidarizaba con los «dirigentes de la Revolución Cubana que han criticado, de forma abierta y con toda rectitud, los errores cometidos por algunos compañeros en la planificación, en la tarea de la incorporación de las masas a la dirección de la producción... en el fortalecimiento de la dirección colectiva, en la aplicación de las normas leninistas de la vida del Partido».

Muestran los líderes soviéticos total impiedad hacia el dirigente purgado, que tantas veces habían antes recibido con los más altos honores: «Aníbal Escalante ha sido criticado acre y justamente... en lugar de ser un ejemplo en el trabajo y en el estudio, pensaba, más que nada, en su propia ambición personal». Repetían, en el extensísimo editorial, todas las acusaciones formuladas por Castro.

Más importante aún, le envían a Castro la tarjeta de bautizo de su revolución. «La Revolución Cubana está absolutamente definida como marxista-leninista». A menos de 10 días del descabezamiento de Aníbal, su antiguo y fiel servidor, el órgano oficial de la metrópoli moscovita confirmaba al verdugo de Escalante que «Cuba podrá contar siempre con la ayuda soviética». Ya pronto le pasarán la cuenta por la ayuda ofrecida.

Pero Castro no quiere que ni sus nuevos amigos soviéticos ni los viejos militantes cubanos del antiguo Partido Socialista Popular se olviden de «los métodos dañinos que Aníbal insufló a la Revolución».[32] El 9 de mayo aprovecha una reunión de la ORI de Matanzas para recordarles a todos «los errores del sectarismo» y la «actuación despótica y nociva de Aníbal Escalante». El sectarismo, pontifica el nuevo discípulo de Marx, viene a veces

---

[31] Cable de la TASS. Periódico Revolución, abril 12, 1962.

[32] Periódico Hoy, La Habana, Mayo 10, 1962.

acompañado de «ingredientes de corrupción, de nepotismo, de favoritismo, de amiguismo». Joaquín Ordoqui, que recién regresa de un breve viaje a Moscú, escucha con preocupación esas palabras.

DIRIGENTES CUBANOS VIAJAN A MOSCÚ

En Abril 3 de 1962, Ramiro Valdés, Ministro del Interior, y, en Abril 29, Osmani Cienfuegos, Ministro de Obras Públicas y Joaquín Ordoqui, Jefe de Suministros del Ejército, han viajado a Moscú. En aquel momento se había considerado que estaban en la capital de la Unión Soviética buscando asistencia para mejorar la salubridad y las obras públicas en Cuba. Muy probablemente en esa ocasión los soviéticos indagaron sobre las necesidades logísticas de las fuerzas soviéticas de los cohetes que arribarían en Julio, Agosto y Septiembre. (Ya para mayo 2, Kruschev había decidido enviar cohetes a Cuba).[33]

Los viajes a Moscú, a principios y fines de Abril, de Ramiro Valdés, Osmani Cienfuegos y Joaquín Ordoqui coinciden con la fecha en la que Kruschev dice «haber concebido la idea» de colocar los proyectiles en Cuba (Mayo 1962).

En «una audiencia especial fueron recibidos por el Vicepresidente del Consejo de Ministros de la Unión Soviética», en mayo 5 «los delegados de las Organizaciones Revolucionarias Integradas (ORI), Osmani Cienfuegos y Joaquín Ordoqui».[34] Por supuesto, «la entrevista se desarrolló en un ambiente de calurosa amistad». Es evidente, por la composición de los funcionarios que los reciben[35], que con Ordoqui y Cienfuegos sólo hablaron de temas económicos.

---

[33] Alejandro Ivanovich Alekseyev se desempeñó durante la década de los 50 como corresponsal de TASS para América Latina. Con esa aparente posición llegó a Cuba en 1959. Era, realmente, un agente de la KGB. Estableció cordiales relaciones con Fidel Castro. En Mayo de 1962, cuando comenzaron los planes soviéticos para colocar cohetes nucleares en Cuba, Kruschev designó a Alekseyev embajador en La Habana. A fines de mayo el nuevo embajador y viejo agente de la KGB fue informado de la decisión de enviar misiles a Cuba.

[34] Periódico Hoy, mayo 6, 1962.

[35] En la reunión estuvieron también presentes el Ministro de la URSS, Alexander Ishkov; el Vice-ministro de Comercio Exterior, Mijail Kuzmin, y el de Relaciones Económicas Exteriores, Iván Arjipov.

Ordoqui, a pesar del aparente alto cargo militar que ocupa, no es hombre de confianza de Castro. Se demostrará, menos de dos años después, en el juicio de Marquitos Rodríguez.[36]

Desafortunadamente para Ordoqui, al llegar él a la capital soviética aún permanece en Moscú el embajador cubano, Faure Chomon, que ha demorado su regreso recibiendo agasajos de los dirigentes soviéticos.[37] Una vez más se cruzan los caminos del viejo comunista y del antiguo dirigente del Directorio Revolucionario.

De las necesidades militares, de ambas partes, hablarán los dirigentes soviéticos con el próximo visitante cubano.

El 2 de Julio llega a Moscú el «Vice-Primerministro y Ministro de las Fuerzas Armadas Revolucionarias de Cuba, Comandante Raúl Castro... invitado por el Ministerio de Defensa de la Unión Soviética»; así destacaba, en primera plana, la prensa cubana el viaje de tanta significación que estaba realizando Raúl Castro.

En declaraciones a Prensa Latina, Raúl Castro se refirió a la importancia del Congreso Mundial por el Desarme y la Paz que se celebraría en Moscú del 9 al 14 de Julio. Al día siguiente el dirigente cubano era recibido por el Primer Ministro Soviético Nikita Kruschev. Prensa Latina, como es costumbre en la descripción de estas reuniones, expresaba que «la entrevista entre Raúl Castro y Kruschev se desarrolló en un ambiente de gran cordialidad y amistad».[38]

Entre las personalidades que acudieron al aeropuerto a recibirlo se encontraba el Ministro de Defensa de la Unión Soviética, Mariscal Rodion Malinovski, altos jefes militares soviéticos y el nuevo

---

[36] Marcos Armando Rodríguez (Marquitos); fue acusado de delatar a Fructuoso Rodríguez, Joe Westbrook y Pedro Carbó Serviá, militantes del Directorio Revolucionario, asesinados en Abril de 1957 en la Casa de Humbolt 7. Marquitos gozaba de la protección de Ordoqui y de Edith García Buchaca, a quienes -en el juicio- acusaron de encubridores. Uno de los índices acusadores -aunque con la sinuosidad que siempre lo ha distinguido- fue el del Comandante Faure Chomon, Secretario General del Directorio Revolucionario.

Marcos Rodríguez es declarado culpable y cae ante el pelotón de fusilamiento. Ordoqui no admite su culpabilidad y muere, años después, víctima de cáncer. El periódico Gramma recogió así la noticia: "Joaquín Ordoqui ha muerto. Acusado de traición, jurídicamente no se le pudo condenar, pero se considera moralmente culpable".

[37] El 4 de mayo Leonid Breznev y Anastas Mikoyan reciben en respectivas audiencias al embajador castrista que regresa a Cuba para desempeñar el cargo de Ministro de Comunicaciones. Al día siguiente, Nikita Kruschev le ofrece un almuerzo de despedida.

[38] Periódico El Mundo, La Habana, Julio 13, 1962.

embajador cubano en la URSS, Carlos Olivares. Realzaba el periódico El Mundo, en un cable recibido de Prensa Latina, que «unidades de las fuerzas armadas soviéticas rindieron honores militares a los visitantes».

Las pláticas se prolongan por una semana y, de acuerdo al historiador soviético Roy Meddelev, se centraron en la ayuda militar soviética y el envío de especialistas militares a Cuba.[39]

Las conversaciones de Raúl Castro en Moscú dan pronto visibles resultados. Avanzan los convenios públicos y secretos, entre los dos gobiernos.[40] En Julio 17 se dió a conocer en La Habana que Cuba y la Unión Soviética habían firmado un acuerdo para establecer una ruta comercial aérea entre Moscú y La Habana. El personal soviético iba creciendo en la isla. Sus relaciones con la población cubana no eran del todo amistosas y, para los que estaban en contacto con ellos, era evidente para los recién llegados primaban los intereses soviéticos sobre los cubanos.

Se multiplican las visitas a Moscú de los dirigentes cubanos. Ernesto (Ché) Guevara preside una delegación que llega a la capital soviética el 27 de Agosto. Forma parte de esa comitiva Emilio Aragonés que en marzo había sido nombrado junto con el Ché al Secretariado de la ORI. Antes de partir, se dará a conocer un comunicado anunciando que la URSS había aceptado enviar ayuda militar a la isla a solicitud del gobierno de Cuba.

Como todo ya ha sido estudiado y acordado, pronto, en Septiembre 2 se anuncia el convenio militar entre Cuba y la Unión Soviética. La Revista Bohemia[41] destaca la noticia con fotos de Kruschev y de los dos viajeros, e informa que al primero de septiembre se había firmado el documento. Como consecuencia de «las amenazas imperialistas», Cuba «había solicitado

---

[39] Tad Szulc. "Fidel". Años después, con las abiertas declaraciones de los dirigentes soviéticos en la Conferencia de Antigua (Enero 3, 1991) y La Habana (Enero 9, 1992), quedó confirmado que Raúl Castro inicialó, junto con el Mariscal Malinosky, el acuerdo militar que luego formalizaría Ernesto (Ché) Guevara. (E. Ros).

[40] Aunque el acuerdo secreto inicialado por Raúl Castro y R. Malinovski en Julio tomó el nombre "Acuerdo entre el Gobierno de la República de Cuba y el gobierno de la Unión Soviética, sobre Cooperación Militar para la *defensa del Territorio Nacional de Cuba*", en el preámbulo quedó plasmado que perseguía "la defensa conjunta de los derechos de Cuba y *de la Unión Soviética*". Gral. Anatoly Gribkov en "Cuba on the Brink" por James G. Blight, 1993.

[41] Revista Bohemia, Habana, Septiembre 7, 1962.

del gobierno soviético la entrega de armamentos y el envío de especialistas para entrenar a los soldados cubanos». Moscú había respondido afirmativamente. Por supuesto, «el gobierno soviético tomó en consideración ese ruego.... y la República Cubana tendrá todos los fundamentos para adoptar las medidas que garanticen su seguridad y la defensa de su soberanía».[42] Los *fundamentos*, ya empiezan a ser emplazados en el Mariel, Banes y otras regiones. Serán manejados por los soviéticos.

---

[42] Revista citada. Terminaba el comunicado mencionando a los firmantes: "Asistieron a la firma del citado documento: El Primer Vicepresidente del Consejo de Ministros de la URSS, A. Koesiguin; el Viceministro de Relaciones Exteriores de la URSS, B. Semionov; el Vicepresidente de GOSPLAN de la URSS, S. Vasilenko; el Vicepresidente del Consejo Económico de la URSS, S. Tijomirov; el Primer Viceministro de Comercio Exterior, S. Polisov; el Vicepresidente del Consejo de Ministros de la URSS para la Metalurgia Ferrosa y No Ferrosa, V. Kostin; el Viceministro de Finanzas de la URSS, P. M. Letin y otras personalidades oficiales. Por la parte cubana estaban presentes: El miembro de la Dirección Nacional de las Organizaciones Revolucionarias Integradas, Emilio Aragonés Navarro y el Embajador Extraordinario y Plenipotenciario de la República de Cuba en la URSS, Carlos Olivares Sánchez". Seguramente porque era uno de los firmantes no aparece, entre los que "asistieron a la firma del citado documento", Ernesto Guevara Cerna.

CAPÍTULO III

LAS ORGANIZACIONES REVOLUCIONARIAS

Luego del desastre de Girón, y a pesar del ambiente de frustración y desengaño que reinaba, los cubanos en el exilio se fueron, lentamente, reintegrando a la lucha. Unos, los menos, a través de las organizaciones revolucionarias a las que pertenecían. Otros, los más, trabajando directamente con la Agencia Central de Inteligencia. Un tercer grupo buscando, y en algunos casos aportando, sus propios recursos para la adquisición de armas, pertrechos y transporte. Todos, con la misma dedicación. Con el mismo propósito y la misma voluntad de esforzarse al máximo para contribuir a la pronta liberación de Cuba.

MOVIMIENTO 30 DE NOVIEMBRE

El 15 de diciembre de 1960 llega a Miami, en un pequeño bote, luego de estar perdido en alta mar por nueve días, Jesús Fernández dirigente nacional de la Federación de Trabajadores Eléctricos de Cuba.[43] Había participado Jesús Fernández la semana anterior en un espectacular acto de sabotaje que había dejado a oscuras gran parte de la ciudad de La Habana el 30 de Noviembre, fecha de gran simbolismo para el gobierno revolucionario.[44]

---

[43] En el bote vendrá con el magistrado Francisco Alabau Trelles, un obrero de la compañía de electricidad de apellido Guio y uno de la compañía de teléfono de apellido Anchía. No había habido vinculación previa entre los cuatro improvisados tripulantes de la pequeña embarcación. La salida la había organizado, separadamente con cada uno de ellos, el Embajador de Brasil en Cuba Leitao Da Cunha.

[44] Son apresados, juzgados y fusilados por el sabotaje, William Le Santé, Orlirio Méndez y Julio Casielles. Los agentes de Castro dentro del movimiento obrero aprovecharon el momento para someter y destruir al poderoso sindicato eléctrico. Convocan «las organizaciones sindicales de La Habana a una asamblea plenaria el 14 de diciembre». Se celebrarán en los salones de la CTC; en sitios prominentes estarán, bien visibles, milicianos armados y la porra comunista. Las consignas anticipaban los acuerdos: "Depuración en el Sector Eléctrico»,, "Acción Contra los Traidores». Serían dos reuniones: la primera -de las organizaciones sindicales de La Habana- el martes 13; y la segunda- la de la asamblea de los trabajadores eléctricos -el miércoles 14, en el propio Palacio de los Trabajadores. La primera, por supuesto, para amedrentar a la segunda. ¿Acuerdos?: Destitución del Ejecutivo de Plantas Eléctricas; expulsión de

Ya se encontraba en Miami otro dirigente de la vigorosa organización sindical revolucionaria. Orlando Rodríguez Pérez había llegado meses atrás y, poco antes, César Gómez; en octubre había arribado, junto con otros oficiales del Ejército Rebelde, el Capitán Napoleón Bécquer.

El 3 de marzo de 1961 llega otra sobresaliente figura de esa organización, Carlos Rodríguez Quesada que era el Organizador Nacional del Movimiento que dirigía David Salvador, en esos momentos preso en Cuba. Rodríguez Quesada, como antes Jesús Fernández, había salido en un pequeño barco. Llega Rodríguez Quesada junto a Luis Moreno, José Ramón Sotolongo, del movimiento campesino, y el abogado Roberto Armán.

El Movimiento 30 de Noviembre que para fines de 1960 había vertebrado una sólida organización en Cuba, de procedencia principalmente proletaria, muestra ya en el exilio una apreciable fortaleza. Se hará sentir la vigorosa presencia de esta organización en la sorda lucha de distintas fuerzas por gozar del favor oficial.

Desde los primeros días de febrero de 1961 el Frente Revolucionario Democrático estaba paralizado, víctima de la más severa de las muchas crisis a que había estado sometido desde su creación en mayo del pasado año.[45] Para romper esta inercia, Manuel Antonio de Varona entra en conversaciones con distintos grupos, algunos afines, como organismos colaterales del FRD (el Directorio Revolucionario Estudiantil, el Frente Obrero Revolucionario Democrático), y otros que no habían tenido vinculación previa con ese organismo. Entre estos últimos se encontraba el Movimiento 30 de Noviembre. El 15 de marzo distintas personalidades y organizaciones ingresarán en el Frente Revolucionario Democrático.[46] Tuvo una muy efímera existencia esta ampliación del Frente.

El 21 de marzo de 1961, a menos de una semana de ampliado, el FRD se une al MRP, dirigido por Manolo Ray, para constituir el Consejo Revolucionario Cubano bajo la presidencia del Dr. José

Amaury Fraginals, Fidel Iglesias y otros dirigentes; inhabilitación de Angel Cofiño. Y, claro está, "suspensión de las elecciones de ese sector».

[45] Aunque oficialmente la constitución del FRD se dio a conocer en México el 22 de junio de 1960, su creación se había acordado en la primera quincena de mayo y el Frente se había constituido en Cuba el 31 de mayo de 1960.

[46] Ver Girón: La Verdadera Historia. Enrique Ros.

Miró Cardona. Pronto, tras el descalabro del 17 de abril, se harán visibles las tensiones y diferencias en las distintas organizaciones que forman el Consejo Revolucionario. El Movimiento 30 de Noviembre no será una excepción.

Ya, desde antes del 17 de Abril, habían surgido las más serias diferencias entre sus principales dirigentes. Algunos, como Carlos Rodríguez Quesada, habían expresado su preocupación por el distanciamiento que observaba entre la dirigencia política del Consejo y los hombres que se encontraban en los campamentos. Otros, entre los que se encontraban Luis Moreno y los hermanos Piñero, optaron por pasar a los campos de entrenamiento. Un tercer grupo, como Orlando Rodríguez y Jesús Fernández, decidieron ir a Guatemala pero fueron conminados por Miró a regresar cuando –a pocos días de la invasión– la situación del Presidente del Consejo se hizo crítica por la manifiesta inconformidad expresada, en las discusiones internas de la organización, por algunas de las personalidades que la componían. La «atmósfera enfebrecida de Miami» había llegado al Hotel Lexington de Nueva York.

Según manifiesta Rodríguez Quesada en extensa conversación con Enrique Ros, «en el Hotel Lexington había una atmósfera de disgusto. Miró no quería ir con nadie a las reuniones con los norteamericanos, y Tony Varona y los demás resentían esto». La noticia de la invasión, el aislamiento de los dirigentes del Consejo, la angustia de las 48 ó 72 horas siguientes y la realización de la derrota sufrida, sencillamente pospusieron la crisis de esta organización. Nos referiremos a ella en próximos capítulos.[47]

SEGUNDO FRENTE NACIONAL DEL ESCAMBRAY. ALFA 66

Alfa 66 no había tenido vinculación previa ni al Frente Revolucionario Democrático (FRD) ni al Consejo Revolucionario. La mayor parte de los que iban a formar esta novel organización

---

[47] En medio de estas tensiones el Movimiento 30 de Noviembre comienza a funcionar en julio de 1961 con el siguiente Ejecutivo: José Gómez Rodríguez, Pedro Aponte, Humberto Escandón, Manuel Rivero, Juan Francisco Collado, Fidel Iglesias, Guido de la Vega, Antonio Arocha Armas, Joaquín García, Antonio Villaverde, Nildo Reiner, Armando Azarloza, Joaquín Torres, Santiago Ventura, Hortensia Guzmán, Arturo González, Armando Villete, Jesús Fernández Babarro, Manuel Díaz Cepeda, Rolando Barrero y Pelayo García.

procedían de las filas del Ejército Rebelde. Habían sido, en su gran mayoría, integrantes del Segundo Frente Nacional del Escambray.

En Cuba, a fines de 1960 muchos de los miembros del Segundo Frente del Escambray están conspirando contra el régimen de Castro. Son Aurelio (Yeyo) Nazario Sargén, en la parte organizativa, y Eloy Gutiérrez Menoyo, en lo militar, quienes dirigen el movimiento. La investigación y el proceso a que son sometidos William Morgan y Jesús Carreras, en cuya conspiración participan muchos de los dirigentes del Segundo Frente del Escambray, precipita la salida de los conspiradores.

El 19 de enero de 1961 salen, por Cojímar, dos embarcaciones: el Consuelo, de 18 pies de eslora y el Quien, de 19 pies de eslora. En el Consuelo vendrán Armando Fleites, Andrés Nazario Sargén, Lázaro Asencio[48], Eusebio Ojeda, Angel Ruiz de Zárate, Jesús de la Rosa y dos pescadores. En el Quien vendrán los demás[49]. El viaje lo había organizado el Capitán Eusebio Ojeda con la colaboración de Pedro Manuel Díaz, el padre del revolucionario y poeta Ernesto Díaz Rodríguez (quien, aunque muy joven, ya colaboraba con la organización). Quedan en Cuba Aurelio Nazario Sargén[50] y Diego Medina.

Llegan a Cayo Hueso el 20 de enero de 1961, son procesados en Inmigración y enviados a Fort MacAllen, en Texas. Permanecerán alojados en barracas destinadas a «espaldas mojadas». Ese día llegan a ese campamento cubanos que, por diversas razones, han salido, voluntariamente unos y forzados a salir otros, de los campamentos de entrenamiento en Guatemala. Se produce entre ellos, según recuerdan Andrés Nazario y Lázaro Asencio, una cordial comunicación.

---

[48] Lázaro Asencio participa en la conspiración con William Morgan, Jesús Carreras y el Comandante Genaro Arroyo. Genaro tuvo que acogerse al asilo político en una embajada. Asencio saldrá por Cojímar junto con los ya mencionados.

[49] Los trece miembros de la organización que partieron de Cojímar el 19 de enero eran los siguientes: Comandantes Eloy Gutiérrez Menoyo, Andrés Nazario Sargén, Lázaro Asencio y Armando Fleites; Capitanes Kiko Perna, Eusebio Ojeda, Angel del Baño, Domingo Ortega y Róger Redondo; Teniente Jesús de la Rosa; civiles, Gustavo Porta, Angel Ruiz de Zárate y Max Lesnick (datos ofrecidos, separadamente, por Lázaro Asencio, Andrés Nazario Sargén y Diego Medina, en entrevistas con el autor).

[50] Aurelio Nazario Sargén, el mayor de los hermanos, había sido el presidente de la Asamblea del Partido Ortodoxo en Las Villas. La familia de Nazario Sargén era de Zaza del Medio, el mismo pueblo de Diego Medina y de Jesús Fernández (del 30 de Noviembre) y de Humberto Sorí Marín y sus hermanos; de ahí provino la estrecha vinculación entre estas figuras.

El respaldo que, ni en lo político ni en lo militar pedirán ni recibirán los miembros del Segundo Frente Nacional del Escambray, lo obtendrán, en lo humano, de la Agencia Central de Inteligencia. El funcionario de más alto rango de la CIA que, desde México cubre esa área, Jack Stewart, facilita a sus familiares las necesarias visas para entrar en los Estados Unidos.

En Cuba, la coordinación nacional del movimiento ha quedado, primero, en manos de Aurelio Nazario Sargén y pasa, de inmediato, a las de Diego Medina. El 15 de febrero de 1961, en las oficinas del abogado Orlando Díaz Padilla, en el segundo piso del edificio situado en la Calle Obispo, esquina a Cuba en La Habana Vieja, se reúnen Aurelio Nazario Sargén, Enrique Ung, José Manuel Aguiar, Orlando Díaz Padilla y Diego Medina. Quedaba, así, estructurada la organización en su nueva estrategia de lucha que los conducirá antes de cuatro meses, a la creación de Alfa 66.

Luego de Girón, vienen a Miami los militantes del Segundo Frente que se encontraban en MacAllen. Ya habían arribado, a través del asilo político, otros militantes. Emilio Caballero había llegado el 28 de diciembre de 1960 con asilo obtenido en la Embajada de Panamá. Con él llegaba Luis Martínez. También llega Luis Rosés[51].

Cuando Gutiérrez Menoyo, Lázaro Asencio y los demás que se encontraban en MacAllen arriban a Miami ya están llegando sus familiares. Les facilita a todos la ubicación una conocida figura: Zenaida Marrero quien, con su esposo, que había sido cónsul de Cuba en esta ciudad, les propicia el local donde habrán de realizarse las primeras reuniones. Éstas se llevan a efecto primero en la calle 11 y la avenida 12 del South West, y, semanas después, en lo que sería su más estable localización, en Flagler y la avenida 12. Será en ese local donde se constituya Alfa 66[52]. En la creación de Alfa 66 será factor importante, esencial, Antonio Veciana.

Ya pronto, comenzarán sus acciones.

---

[51] Emilio Caballero, Luis Martínez, Luis Rosés y Angel Ruiz de Zárate eran de Cienfuegos, Las Villas. Caballero y Martínez eran, ambos, profesores de la Escuela de Comercio de aquella ciudad.

[52] Datos ofrecidos, separadamente, por Andrés Nazario y Emilio Caballero.

EL MOVIMIENTO REVOLUCIONARIO DEL PUEBLO (MRP)

Mientras, otra organización revolucionaria, el Movimiento Revolucionario del Pueblo (MRP) comienza lo que llegará a ser un prolongado período de crisis. El 24 de mayo, 1961, su Coordinador General, ingeniero Manuel Ray da a conocer que se separa del Consejo Revolucionario[53].

Tan solo una semana antes Ray había firmado, junto con Miró, Tony Varona, Justo Carrillo, Dr. Antonio Maceo y Carlos Hevia, un extenso documento de crítica a «los Profesores de Harvard» que asesoraban al Presidente Kennedy. El documento, publicado el 18 de mayo en el New York Times como «anuncio pagado», fue parcialmente censurado por el periódico.

El 7 de Julio parte Manolo Ray para Puerto Rico en busca de respaldo para sus planes de lucha. Lo acompaña Dagoberto Ponce, antiguo dirigente sindical. Tienen planeado San Juan como su primera escala. Luego, en pocos días piensan seguir a Venezuela, Colombia, Costa Rica y México y tienen ya organizado un gran acto en San José para el 26 de Julio, el octavo aniversario del asalto al Cuartel Moncada. No irá Manolo Ray más allá de San Juan.

El mismo día en que Ray parte hacia Puerto Rico se está tomando por su organización en Cuba una decisión que va a conmover al MRP en el exterior. El lunes 10 se da en Miami la noticia: el movimiento clandestino ha destituido a Manolo Ray de su posición de Coordinador General. Está Manolo en San Juan cuando el Miami News en titulares de primera plana da a conocer la decisión tomada en Cuba[54].

Los que laboraban en los grupos revolucionarios conocían de las diferencias internas que prácticamente mantenían paralizada a

---

[53] Precisamente el acuerdo de unidad del Frente Revolucionario Democrático (FRD) que dirigía Manuel Antonio de Varona y el MRP de Manolo Ray, firmado en marzo 21, 1961, dio origen al Consejo Revolucionario, presidido por José Miró Cardona. Esa unidad, como vemos, duró sólo dos meses. El tiempo suficiente para compartir la responsabilidad del desastre del 17 de abril.

[54] La comunicación del MRP de Cuba afirma que: La decisión está motivada por la repetida actitud de Ray de ignorar a este ejecutivo nacional, tomando decisiones sin contar con nuestra organización en Cuba". Sigue luego explicando que "En distintas ocasiones este ejecutivo ha demandado de Ray una reconsideración de los procedimientos que ha utilizado, y le hemos pedido clarificación y precisión ideológicas que no ha producido". Es aún más extenso el documento.

esta organización. Media docena de sus dirigentes en el exterior ya se habían separado por diferencias personales con Ray. Entre ellos, Rufo López Fresquet, ex-Secretario de Hacienda, el Coronel Ramón Barquín, los antiguos subsecretarios de Hacienda Andrés Valdespino y José M. Illán y Julio Duarte, ex-presidente del Tribunal de Cuentas.

Pero la decisión tomada en Cuba y su indiscreta divulgación sorprendió a propios y extraños. El acuerdo en la isla había sido tomado por unanimidad. Habían participado Reinol González, Antonio Veciana, Ignacio Rojas y los otros dirigentes nacionales. En Miami respaldaban la decisión del Comité Nacional, Ignacio Mendoza, Joaquín Godoy y María Cristina Herrera, que se enfrentan a Ray[55].

Llega a Miami un representante del Comité Nacional para ratificar la decisión tomada en Cuba y que fue publicada el 10 de julio.

Se produce el jueves 13 de julio un desagradable careo entre la persona[56] que recién ha llegado de Cuba y Manolo Ray. La confrontación tiene lugar en presencia de varios miembros del Comité del Exterior. El planteamiento del «representante de Cuba» y la publicidad dada a las acusaciones formuladas, obligan al antiguo coordinador a referirse a ellos en documento público.

Ray «reclama de todos los dirigentes y militantes del MRP en Cuba y en el exterior el estudiar cuidadosamente las evaluaciones hechas y las nuevas circunstancias...» Denuncia el ya ex-Coordinador Nacional a la Agencia Central de Inteligencia (CIA) de «haber estado activamente procurando dividir y debilitar al Movimiento Revolucionario del Pueblo (MRP)», y entrega, «con carácter irrevocable, la posición de Coordinador General a pesar de rechazar terminantemente tanto la razón como la exactitud de los cargos que han provocado ese acuerdo en Cuba»[57].

---

[55] Según relata Antonio Veciana al autor.

[56] "Me tocó la desgracia de venir a Miami a destituir a Manolo Ray", expone Sara del Toro en el libro "Todo lo Dieron por Cuba", que recoge el testimonio de distinguidas presas políticas.

[57] Documento firmado por Manolo Ray, dirigido a "Todos los Compañeros del MRP y a todos los cubanos". Diario Las Américas. Julio 18, 1961.

Otros distinguidos miembros del Comité del Exterior del MRP censuran «el procedimiento utilizado para sustituir en sus funciones» al ingeniero Ray y piden que «ambos ejecutivos» (el Nacional y el del Exterior) designen un nuevo Coordinador General. Firman el documento:

Orlando Alvarez Barquín	Enrique Barroso
Napoleón Bécquer	Jorge Beruff
Orlando Castro	Raúl Chibás
Rogelio Cisneros	Alfredo Domínguez
José M. Estévez	Armando Lora
Emilio Guedes	Lucas Morán
Pedro Martínez	Roberto Suárez
Felipe Paula	Dagoberto Ponce

El MRP estaba herido de muerte. El golpe final lo recibirá pocas semanas después.

El 4 de agosto, Heriberto Fernández (Telesforo), Coordinador Nacional Obrero del MRP, y Roberto Torres, Coordinador Provincial Obrero de La Habana de la misma organización, caen presos junto con un grupo de «la gente de El Encanto»[58]. Pero la actividad del MRP continúa en medio de arrestos. Es un momento de gran confusión en la lucha clandestina.

Se está realizando un intenso plan de sabotaje. El MRP ha señalado, como sus objetivos, varios de los establecimientos comerciales más conocidos en La Habana: Fin de Siglo, J. Vallés, Sears, y la cafetería del Hotel Capri.

El 27 de septiembre, Amador del Río, «Emilio», Coordinador Provincial Obrero del MRP, entrega a Dalia Jorge Díaz, que ocupa la posición de Financiera Nacional de la organización, dos petacas incendiarias para ser colocadas en Sears, de Reina y Amistad. El viernes 29 se realizaría la operación, pero quien conduce a Dalia sería Juan Manuel Izquierdo Díaz, «Aníbal». Otra joven, María de los Angeles Habache, tendría a su cargo el sabotaje de Fin de Siglo que se va a realizar, también, con dos petacas incendiarias. «Emilio» lleva a María de los Angeles hasta el establecimiento. El encargado del sabotaje del Hotel Capri sería Joaquín Alzugaray. El de «J. Vallés» estuvo a cargo de Orlando García Plasencia.

---

[58] Testimonio de María de los Angeles Habache en el libro "Todo lo Dieron por Cuba" editado en 1995, por Mignon Medrano.

Dalia Jorge es detenida en Sears; no así María de los Angeles. Será el 15 de octubre que, por infidencia de alguien, es María de los Angeles detenida cuando se encuentra en su hogar. Aceptará en el juicio su responsabilidad pero, mostrando su alto sentido de lealtad hacia su compañero de lucha, negará que «Emilio», o persona alguna, la hubiese acompañado.

A su regreso a Cuba, Sara del Toro se encuentra en su propia casa reunida con su esposo Amador Odio y Reinol González, cuyo nombre de guerra es «Antonio», cuando llega el G-2. La conversación que en ese momento sostenían había sido delatada, sin que los anfitriones lo supieran, según relata la propia Sara del Toro, por una persona del servicio doméstico. Detienen a «Antonio». Terminaba el mes de Septiembre de 1961.

Juan Manuel Izquierdo Díaz es también arrestado. Antonio Veciana ha salido del país. Detienen a Héctor René López Fernández, José Antonio Martínez Mariño, Fernando de Rojas Penichet, Raúl Fernández Trevejo, Rolando Martínez Leal y, en Matanzas, Antonio H. Rentería. El plan, se sabrá después, tenía más largo alcance.

Se había planeado un atentado a Castro y a otros líderes del gobierno revolucionario con una bazooka y granadas de mano cuando estuvieran reunidos en las afueras de Palacio, en un acto de condena a los sabotajes planeados. Es así como describe esta acción la prensa oficial cuando ya publica, pocas semanas más tarde, esta operación. Al narrar los hechos, Revolución y Hoy mezclan los informes del Ministerio del Interior y las declaraciones del Coordinador Nacional del MRP.

Participarán, sigo citando la fuente oficial, Orlando Castro García, Bernardo Paradela, Jorge Antonio Jiménez Caballero, Rodolfo Valdés Borge, y otros.

Sin embargo, la fecha y ocasión se cambia cuando el 5 de octubre regresa a La Habana de su viaje a Moscú, Osvaldo Dorticós, y se le organiza una gran concentración de bienvenida frente al Palacio Presidencial. Las armas, (C-4, explosivos, detonadores, ametralladoras y una bazooka de 3.5), las había facilitado, desde hacía tiempo, el antiguo Capitán del Ejército Rebelde, Bernardo Corrales (que, alzado en la Cordillera de los Órganos, había sido fusilado el 15 de septiembre). La bazooka era la única arma con suficiente alcance para el muy anticipadamente planeado atentado.

Un participante en los planes, hoy en el exilio, hace este resumen: «Habíamos alquilado un apartamento de un edificio frente a Palacio (apartamento 8-A). Subimos allí, con gran antelación las armas y el equipo. Participaron también hombres de otras organizaciones (Bernardo Paradela, de Rescate; Luis Cacicedo, que era bazookero, Orlando Castro García, del Movimiento Democrático de Liberación que dirige Raúl Martínez Ararás; Ramiro Lorenzo, que había sido oficial del Segundo Frente Nacional del Escambray; Raúl Ventas del Marzo y otros). La concentración frente a Palacio se realizó. En la Terraza estaban Castro, Dorticós y muchas de las figuras claves del régimen. Pero no se produjo el disparo». La razón que se aduce queda para otros investigadores estudiarla.

El 6 de Noviembre de 1961 comparece, sorpresivamente, ante la televisión y la radio cubana Reinol González, Coordinador del Movimiento Revolucionario del Pueblo (MRP), quien hace un recuento, dolorosamente prolijo, de la organización y de los cuadros que la integran. Muchos índices acusadores se han levantado en contra de Reinol por estas declaraciones[59].

Luego de describir varias de las acciones en que participaron, se relacionan los nombres y las posiciones que ocupan sus compañeros de lucha:

Antonio Veciana:	Responsable Nacional de Acción y Sabotaje.
Manuel Izquierdo Díaz:	Coordinador Provincial de Acción y Sabotaje.
Fernando de Rojas Penichet	Coordinador General de La Habana.
Orlando Castro García:	Responsable de Acción y Sabotaje.
Ernesto Amador del Río:	Coordinador Provincial, La Habana.
Dalia Jorge Díaz:	Financiera Nacional

---

[59] María de los Angeles Habache sale en su defensa: "Lo que le hicieron a Reinol fue de una crueldad muy grande", le expresa a Enrique Ros la valerosa combatiente en reciente entrevista. "Querían destruirlo como figura política... Cuando yo lo ví en la cárcel había sido torturado... parecía un monstruo. Muchos lo critican pero con su actitud logró que le conmutaran la pena de muerte a José Manuel Izquierdo, a Pujals, a Roberto Jimenez, a Raúl Fernández Trevejo".

María de los Angeles es de Sagua la Grande. Como integrante de la Congregación Rosa Mística conoció a Reinol González cuando éste era dirigente de la Juventud Obrera Católica (JOC). Militó, siendo muy joven, en el MRP.

Griselda Noguera:	Responsable del Sector Artístico
Roberto Jiménez:	Coordinador Estudiantil
Raúl Fernández Trevejo:	Coordinador Provincial Operaciones Militares
José Antonio Martínez Mariño:	Organizador Obrero Nacional
Henry Martínez:	Coordinador Obrero
Regla María Orama Roque:	Coordinadora de Asistencia Social
Francisco León:	Coordinador de Resistencia Cívica
Jorge Pérez Vázquez:	Coordinador del Grupo de Profesionales
Héctor René López Fernández:	Coordinador Provincial
Rolando Martínez Leal:	Coordinador de Resistencia Cívica, La Habana
Domingo Zabala:	Coordinador del Sector Bancario
Eduardo Camejo Cabrera:	Financiero de Acción y Sabotaje
María Amelia Fernández del Cueto:	Enlace de Acción y Sabotaje.

Rogelio Cisneros es mencionado como el representante en el exterior.

Como miembros de Acción y Sabotaje aparecen Angel Teherán Galán, Rafael Madruga, Francisco Pla, Estela Madruga, Bernardo Paradela, José Antonio Jiménez Caballero, Rodolfo Valdés Rodríguez, Gerardo Domínguez. También Heser David, Héctor Laffite, Jorge Nápoles Agramonte, José Rodríguez Reboso, Ibrahim Torres y muchos más.

Carlos Pérez Carrillo, fue responsabilizado con planear el sabotaje de 15 cines de La Habana. La organización estudiantil aparece formada por Raúl Fernández (Iván), Benito Díaz Parets, Julio Miranda, y Germán Figueroa (Tobby). Mencionaba también a Amparo Ruiz Salas, como auxiliar de la Coordinación Nacional de Propaganda y a Hilda Campo Blanco y Lidia Pino Cabrera como asistentes de la Financiera Nacional.

Amador Odio será señalado como Responsable de Suministro de Asilos Políticos. Sara del Toro es acusada de ser su auxiliar.

Dora Delgado (Japón) va a ser procesada en la Causa 538-61 que será conocida como la causa de Unidad (incluirá a miembros de esa organización, del MRR y del MRP), al tiempo que, en Pinar del Río, también estaría siendo juzgada y condenada bajo su mismo nombre pero como «Gina». En su celda se encuentran tres muchachas acusadas del incendio de El Encanto: Dalia e Hilda Herrera y Ada González. Luego del 15 de septiembre, continúa relatando Doris Delgado, empezaron a caer la gente del MRP: Griselda Noguera, Lydia Pino, Alicia Alvarez, Guillermina García, Caridad Fernández López[60].

Pero la vinculación de Dora no es con el MRP o con el MRR.«Japón» trabaja, lo ha hecho por años, con los alzados. Primero, en la lucha contra Batista junto al Comandante Diego (Víctor Paneque) y Orlando Bosch; después frente al régimen de Castro, con el Capitán Bernardo Corrales, que dirige, desde la Cordillera de los Órganos, al Movimiento Demócrata Martiano (MDM). Entra en Cuba, en una expedición en Noviembre de 1960, a llevar armas para el Escambray. Regresa, establecidos ya sus contactos con Corrales, a Estados Unidos a fines de diciembre para volver a la montaña y al clandestinaje el 31 del propio mes. Ella es parte esencial del MDM.

EL INCENDIO DE «EL ENCANTO». LA CAUSA 255 DE 1961. FUSILAMIENTO DE CARLOS GONZALEZ VIDAL

Días antes de la invasión del 17 de abril, pero sin vinculación alguna con ésta, se realiza, el 13 de abril de 1961, uno de los más espectaculares sabotajes al quedar destruida, por un incendio, la tienda por departamentos «El Encanto». La acción la ejecuta con dos petacas incendiarias, colocadas entre prendas de vestir en el departamento de sastrería del establecimiento, el joven Carlos González Vidal.

Luego de realizado el hecho que causó expectación en toda la nación y profunda irritación en las esferas del gobierno y los organismos represivos, Carlos pasó a una casa de seguridad en la playa Baracoa, en la provincia de La Habana. Se producen, como repetidamente hemos mencionado, los ataques aéreos del 15 de abril y el desembarco del día 17. En los masivos registros e inspecciones de casas que se efectúan esos días tocan en la puerta de aquel hogar un grupo de 5 milicianos que va a hacer una inspección de rutina. Desafortunadamente, quien está al frente,

---

[60] Testimonio de Doris Delgado en "Todo lo Dieron por Cuba" obra editada en 1995, y confirmado en entrevista con el autor.

José Mena que identifica a Carlos González a quien conocía del centro de trabajo y de frecuentar ambos la Casa Club SEICA en el Paseo del Prado que era el centro de recreo de los empleados de ése y otros centros similares. Arrestado, pasa Carlos González Vidal al G-2 de 5ta. y 14 donde permanecerá por cuatro largos meses. Allí se reunirán otros compañeros de trabajo: Arturo Martínez Pagalday, Mario Pombo Matamoros, Humberto Eduardo López Fuentes, Ada González Gallo y otros antes mencionados (Telesforo Fernández Hernández, Roberto Torres García, Dalia Herrera Pérez e Hilda Herrera Pérez).

Serán todos, junto con José Calvo Lorenzo, Eduardo García Moure y Arnaldo Hernández Bousa, que «hasta el presenta no han sido habidos», procesados bajo la Causa 255 de 1961, con fecha 16 de septiembre de aquel año. El sumario, incoado por el Segundo Teniente Vicente Alvarez Crespo, hace constar que «las acciones conspirativas de este grupo subversivo se efectuaban en la Casa Calle Paseo #156, en El Vedado, domicilio de las hermanas Dalia e Hilda Herrera Pérez» y que «el incendio fue provocado por el acusado Carlos González Vidal, utilizando para ello dos artefactos de los conocidos por «petacas», de fabricación norteamericana...de alto poder inflamable».

Piden pena de muerte por fusilamiento a Carlos, a Arturo Martínez Pagalday y Mario Pombo Matamoros. Para los demás, distintas condenas de prisión. Pero Carlos asume ante el tribunal la plena y total responsabilidad por el hecho cometido, con lo que logra, que es lo que este admirado combatiente persigue, la conmutación de la pena capital a sus dos compañeros de causa.

El 19 de septiembre de 1961, a unas pocas horas de ser ajusticiado escribe esta bella y tierna carta a sus padres:

Queridos padres:

Estas líneas que les hago quiero que les sirvan de consuelo. Yo moriré y no tengo miedo porque Dios está junto a mí en estos momentos.

Sólo quiero decirles que recen mucho que es el único medio de llegar a Dios. A Eloísa le digo que no sufra. Yo he encontrado a Dios y me siento satisfecho.

Adiós, padres y hermanos. Adiós, novia querida. Sé que aún después de muerto te seguiré queriendo.

Carlos

Querridos Padres. 19/9/61
Esta lineas que les hago
quiero que le sirva de con-
suelo. Yo m'boiré y no tengo
miedo porque dios está jun-
to a Mi en estos momentos
Solo quiero desirles que rezen me
que es el único medio de lleg.
a Dios.

A Eloisa le digo que...
yo he encontrado a Dios y
me siento satisfecho.
A dios Padres y hermanos
adios novia querida
que aun despues de muerto te
seguire queriendo. Carlos

CARTA DE CARLOS GONZÁLEZ VIDAL A SUS PADRES, POCAS HORAS
ANTES DE SER FUSILADO EL 14 DE SEPTIEMBRE DE 1961

AUTO DEL JUEZ INSTRUCTOR
2do. Tte. ER VICENTE ALVA-
REZ CRESPO.

La Cabaña, Habana, 16 de Septiembre de 1961.

DADA CUENTA con el presente sumario de la causa No. 255 de 1961; y,

RESULTANDO :- Que según aparece de lo actuado en el mismo los acusados AR
TURO MARTINEZ PAGALDAY, CARLOS GONZALEZ VIDAL, MARIO POMBO MATAMOROS, TEL
FORO FERNANDEZ HERNANDEZ, ROBERTO TORRES GARCIA, HUMBERTO EDUARDO LOPEZ
FUENTES, DALIA HERRERA PEREZ, HILDA HERRERA PEREZ Y ADA GONZALEZ GALLO, c
yas demás generales constan de autos, y JOSE CALVO LORENZO, EDUARDO GARCI
MOURE Y ARNALDO HERNANDEZ BOUZA, que hasta el presente no han sido habi--
dos, integraban un grupo de acción de la organización contrarrevolucionaria denominada "MRP", dirigido por el Pombo Matamoros, y los cuales imput
dos, valiéndose unos de su condición de empleados de establecimientos comerciales, y otros de ser dirigentes sindicales del sector del comercio,
siguiendo las orientaciones y órdenes de las agencias de inteligencia del
gobierno norteamericano en sus continuados planes agresivos contra la Repú
blica con el evidente propósito de menoscabar su Independencia con la re-
gresión al definitivamente desaparecido status semi-colonial que padeció
la Nación, concibieron la realización de un intenso plan de sabotajes en
diferentes comercios de esta Capital, con el fin de crear las condiciones
propicias para que se efectuara con la mayor efectividad, el frustrado --
desembarco mercenario por Playa Girón del pasado 17 de Abril; que las reu
niones conspirativas de este grupo subversivo se efectuaban en la casa calle Paseo # 156, en el Vedado, domicilio de las hermanas Dalia e Hilda Herrera Pérez, planeándose en las mismas por los imputados la ejecución de -
los actos de sabotaje a realizar, que tuvieron su inicio con el incendio
del establecimiento denominado "El Encanto", situado en Galiano entre San-
Rafael y San Miguel, en esta Capital, el día trece de Abril pasado; que di
cho incendio fue provocado por el acusado CARLOS GONZALEZ VIDAL, utilizando para ello dos artefactos de los conocidos por "petacas", de fabricación
norteamericana, conteniendo la sustancia denominada "Nitro-Almidón K-4",
de alto poder inflamable, y que el citado acusado recibió con la finalidad
expresa de producir ese incendio, para lo cual colocó las referidas "petacas", ya próxima la hora de marcharse del repetido comercio donde labora-
ba, entre prendas de vestir existentes en el departamento de sastrería de
nomél, situado en el segundo piso del edificio, donde se inició la confla
gración siendo alrededor de las siete de la tarde del mentado día, cuando
aún permanecían en el interior del inmueble distintos empleados, unos fi-
nalizando sus labores; y otros encargados del servicio voluntario de cuot
día; que entre dichos empleados se encontraba Fe del Valle Ramos, la cual
por la rapidez con que se propagó el fuego, se vió imposibilitada de escapar, siendo alcanzada por las llamas, pereciendo carbonizada, siendo halla
dos posteriormente restos de su cuerpo entre los escombros del edificio, e
identificándosele debidamente por el Departamento Nacional de Identificación.- Que a consecuencia del incendio en cuestión, además resultó total--
mente destruído el edificio con todas las mercancías que contenía, causando extraordinarias pérdidas económicas al pueblo, ya que el repetido establecimiento le pertenecía por estar nacionalizado. ------------------------

RESULTANDO :- Que instruídos de cargos que fueron los acusados Arturo Mar
tínez Pagalday, Carlos González Vidal, Mario Pombo Matamoros, Telesforo Fe
nández Hernández, Roberto Torres García, Humberto Eduardo López Fuentes,
Dalia Herrera Pérez, Hilda Herrera Pérez, y Ada González Gallo, los mismos
manifestaron lo que tuvieron por conveniente, encontrándose detenidos en
los respectivos Establecimientos Penales. -------------------------------

CONSIDERANDO :- Que los hechos relatados revisten los caracteres de un de
lito CONTRA LA INTEGRIDAD Y ESTABILIDAD DE LA NACION, previsto y sanciona
do en el artículo 128 del Código de Defensa Social, tal como quedó redacta
do por la Ley 425 de 7 de Julio de 1959; y de un delito de INCENDIO, com-
prendido y sancionado en el artículo 465-A) de dicho Código de Defensa Social, según quedó redactado por la Ley 923 de 4 de Enero de 1961; que de

SUMARIO DE LA CAUSA #255 DE 1961 INSTRUYENDO DE CARGOS A
LOS ACUSADOS POR EL INCENDIO DE "EL ENCANTO"

Tres horas después estará, en el foso de La Cabaña, recibiendo la descarga del escuadrón de fusilamiento que destrozará el pecho de este joven mártir de 23 años.

El 22 de septiembre, en la Causa 238, hay más condenas. Serán sentenciadas con años de prisión Cary Roque, Mercedes y Margot Roselló. En esta Causa serán sancionados hombres y mujeres que militan en distintas organizaciones y, también, aquéllos que no son miembros de organización alguna.

LA CAUSA 238 DE SEPTIEMBRE 22 DE 1961

A las cuatro de la madrugada del viernes 22 de septiembre de 1961 son ejecutados en la fortaleza de La Cabaña cinco hombres. Cuatro de un inmaculado historial revolucionario; el quinto, Alonso, con la triste mancha de delator.

Habían sido procesados en la causa 238 en la que actúa de Juez Instructor el Segundo Teniente Vicente Alvarez Crespo quien presentó el auto de procesamiento el 29 de Julio de 1961.

Los cargos son los habituales: delitos contra la estabilidad y seguridad de la nación; contra los poderes del estado, infracción de tales y más cuales preceptos, y tenencia de materiales explosivos. Por supuesto, en algunos casos, el de servir a una potencia extranjera.

Es larga la lista de los encausados. Algunos, miembros de las fuerzas armadas; otros, integrantes de Unidad Revolucionaria, del MRR u otras organizaciones; un tercer grupo formaba parte de los teams de infiltración. Entre los procesados, como siempre, la mujer cubana. Aparece, también, un ciudadano inglés. Por supuesto, en el sumario y en el juicio, combinarán la verdad con la mentira. En el auto de instrucción presentado, como hemos dicho, el 29 de Julio, se hace constar que uno de los acusados, Pedro Cuéllar, «hasta el presente no ha sido habido». Falso.

Cuéllar sí «ha sido habido», y ha causado estragos en las filas de los teams de infiltración y en los cuadros de la clandestinidad. Había sido arrestado el mismo 17 de abril. De inmediato se convirtió en informante.

Mueren ante el paredón Manuel Blanco Navarro, Braulio Contreras Masó, Angel Posada Gutiérrez y Jorge Rojas Castellanos. También, el ya mencionado Pedro Cuéllar. Pronto veremos por qué.

Minutos antes Manolo Blanco Navarro, con bella letra y firme pulso que revelan su temple y valor, había escrito a sus padres tiernas palabras de despedida:

Septiembre 22, 1961

Queridos padres:

Cuando reciban esta carta ya estaré muerto, comprenderán cuan difícil es para mí escribirla. Lo único que deseo es que estén convencidos que afronto esta difícil prueba con serenidad y valentía ya que es la voluntad de Dios, porque es lo mejor para mí y estoy seguro que Él me acogerá en su seno pues creo que me ha perdonado todos mis pecados y muero en Gracia de Dios. No sufran por mí que estaré mejor que ustedes y solo rueguen por la salvación de mi alma, tengan presente que muero por mi Dios, por mi Patria y por mis seres queridos y siéntanse orgullosos de mí.

Besos a Carmita, Jorge Luis, Nelson, Renaldo, Abuela y a mis tíos y primos.

Los quiere su hijo,

Manolo

Manolo se graduó en la Academia Militar de Managua, en Cuba. Muy joven se había enfrentado a Castro en la Sierra Maestra bajo el mando del Coronel Sánchez Mosquera, ganándose el respeto de compañeros y adversarios. En Miami, es uno de los primeros en incorporarse a lo que llegaría a ser la Brigada de Asalto 2506. El 21 de Julio de 1960 pasa a la isla Useppa para iniciar, con el número 2530, el entrenamiento. Va a formar parte de los teams de infiltración.

Blanco Navarro está en Cuba cuando el 7 de febrero de 1961 se infiltran Jorge Navarro (el Puma) y Pedro Acebo que, a bordo del Bárbara J, habían desembarcado en Pinar del Río. Precisamente Manolo Blanco y Jorge Roda, siguiendo instrucciones de Francisco (Rogelio González Corso), se habían trasladado hacia Pinar del Río para reclutar antiguos compañeros del ejército en preparación del plan de invasión por aquella provincia que bajo la dirección de Francisco se organizaba pero que no cristalizó. Jorge y Pedro se movilizan hacia La Habana haciendo contacto con Rafael Molina Sabucedo y su esposa Teresita Rodríguez.

Días después los sorprende el ataque aéreo del 15 de abril a Félix Rodríguez, Acebo, Jorge Navarro y Manolo Blanco en una casa de seguridad cerca del aeropuerto de Columbia. En 48 horas se produce el desembarco, del que no tienen información previa alguna. Ese fue el sino de todos los miembros de los teams de infiltración. El 12 de mayo Félix ingresa en la Embajada de Venezuela, Acebo y Jorge Navarro en la de Brasil. Manolito Blanco prefiere asumir todo el riesgo y continúa en la calle. Pronto fue identificado y delatado al pasar por Línea y B en El Vedado. El delator: Alexis Hernández, profesor de Oseología de la Universidad de La Habana[61].

Jorge Rojas Castellanos se había infiltrado por Matanzas, junto con Jorge Gutiérrez (el Sheriff), Jorge Recarey y otros, antes de la invasión. Detenido, no es identificado por estar utilizando una documentación falsa. Pero dos delatores lo identifican: Benito Pérez Vivanco y Pedro Cuéllar. El primero ocupa hoy una alta posición en el Departamento de Seguridad del Estado. El segundo, Cuéllar, morirá fusilado –junto a los mismos que él delató–al pretender traicionar también a las autoridades castristas.

Braulio Contreras Masó (Boris), Capitán del Ejército Rebelde, y Angel Posada Gutiérrez (Polin) habían sido ayudantes del Comandante Aldo Vera. Habiendo salido del territorio pocas semanas antes, se infiltraron nuevamente en la primera semana de marzo. Viene con ellos, Pedro Cuéllar. Entran por Arcos de Canasí, por el Punto Unidad, junto al Punto Fundora, a bordo del Tejana la embarcación de Alberto Fernández de Hechavarría. Los reciben Gabriel Marquez Delgado y Roberto Dana. Surgen dificultades imprevistas para su inmediato traslado a una casa de seguridad. Gabriel Márquez los lleva esa noche a su propia casa. Grave error.

Veinticuatro horas después de haber sido arrestado, Cuéllar ha informado a Seguridad del Estado las actividades contrarrevolucionarias de Gabriel, y su dirección. El 18 de abril ya está el G-2 tocando a su puerta. Pero no se encuentra. El 28 es finalmente detenido; lo llevaron a donde ya Cuéllar había revelado que se ocultaban las armas. Dos toneladas allí encontraron: M-3, M-1, pistolas 45, ametralladoras calibre 30 y 50; C3 y C4. Era el centro de operaciones de Unidad.

---

[61] Fuente: Renaldo Blanco Navarro, hermano de Manolo. La información que tiene Renaldo es de que Alexis Hernández salió de Cuba, cambió su nombre y está de profesor de su especialidad en un centro universitario.

Septiembre 23, 1961

Queridos padres:

Cuando reciban esta carta yo estaré muerto, comprenderán cuan difícil es para mí escribirla. Lo único que deseo es que estén convencidos que afronto esta difícil prueba con serenidad y valentía, ya que es la voluntad de Dios, es porque es lo mejor para mí y estoy seguro que El me acogerá en su seno pues creo que me ha perdonado todos mis pecados y muero en Gracia de Dios. No sufran por mí que estaré mejor que ustedes y solo rueguen por la salvación de mi alma, tengan presentes que muero por mi Dios, por mi Patria y por mis seres queridos y siéntanse orgullosos de mí.

Besos a Cunita, Jorge Luis, Nelson Renaldo, Abuela y a mis tíos primos.

Los quiere su hijo,

Manolo

57

Manuel Blanco Navarro es de los primeros jóvenes en incorporarse a lo que llegaría a ser la Brigada de Asalto 2506. Parte el 21 de Julio de 1960 para los campamentos, le corresponde el número 2530. Ya está en Cuba, en Pinar del Río, cuando desembarcan Jorge Navarro (El Puma) y Pedro Acebo con quienes seguirá hacia La Habana luego de haber cumplido la misión que les había sido asignada. Los bombardeos del 15 de abril y la invasión dos días después toman de sorpresa a Manolo y a sus compañeros. Identificado por un delator, es encausado y morirá fusilado el 22 de septiembre de 1961. Manolo Blanco Navarro es uno de los más abnegados mártires de la lucha por rescatar la libertad de la patria cubana.

Pedro Cuéllar, telegrafista, sin haber pertenecido a los teams de infiltración que habían recibido su entrenamiento en la isla de Vieques o en la zona del Canal de Panamá, formó parte de los equipos de infiltración y conocía a muchos de sus integrantes. Arrestado horas antes de la fracasada invasión del 17 de abril, se presta para delatar a sus antiguos compañeros.

El 9 de mayo de 1961, tres semanas después del fracaso de Girón, había sido detenido Miguel García Armengol (Miguelón), Jefe de Acción del Directorio Estudiantil. Es también apresado, en una acción separada, Francisco (Paquito) Almoína. Ambos son amigos pero no tienen, entre sí, lazos conspirativos. Están detenidos en la tétrica Seguridad del Estado en 5ta. y 14. Llega Pedro Cuéllar, con uniforme del Ejército Rebelde, en su extenso camino de delación, pero no puede identificarlos porque no los conoce. Jamás los había visto. Ni a Miguelón ni a Paquito.

Algunos que lo conocieron afirman que Seguridad del Estado aparentó depositar confianza en Cuéllar y lo incorporó al ejército y lo alienta en el sendero de la delación que se inicia con su detención y continúa hasta el mismo día del juicio el 22 de septiembre.

Aparentemente Cuéllar estuvo cooperando con Seguridad del Estado desde su detención el 17 de abril hasta fines del mes de Julio cuando se ocultó por varios días para tratar de introducirse y asilarse en la Base Naval de Guantánamo. Por eso el 29 de Julio se dice en el sumario de la Causa 238 que «no ha sido habido». Días después es detenido en su intento e incluido en el proceso. Su doble traición le costará la vida.

Devuelto al patio de la prisión por las autoridades castristas a quienes, evidentemente, también trató de traicionar –y condenado por esto a la pena capital– fue duramente golpeado por los presos políticos. Refugiado en la capilla, pide perdón a unos de los condenados a muerte que espera por el pelotón de fusilamiento.

Recibe esta elevada respuesta: «Que te perdone Dios. Ya yo te he perdonado»[62].

Se les pidió también pena de muerte a Rafael García Rubio, Robert Morton Guedes, Gabriel Márquez, Gonzalo Miranda y Emilio Adolfo Rivero Caro. Pero Morton Guedes es ciudadano inglés.

---

[62] Relata Emilio Adolfo Rivero Caro al autor. Otros testigos han ofrecido testimonios similares.

Llegan cables del Papa, de la Reina y de otros jefes de estado pidiendo clemencia para el súbdito británico. Al juicio concurre el Embajador de Inglaterra acompañado de otros diplomáticos. Aduciendo distintas razones (en el caso de García Rubio por ser menor de edad) se les conmuta la pena de muerte por una condena de 30 años.

A la pena de 30 años fueron condenados 13 de los acusados: Jorge Basulto Jover, Eduardo A. Betancourt Meneses, Oscar Fernández Lorente, Rafael E. García Rubio Rodríguez, José L. Lefrant Echevarría, Gabriel Márquez Mercado, Roberto Morton Guedes, Gonzalo Miranda García, Jesús Montalvo García, José G. Pérez Lizama, Gaspar A. Rapallo Valdés, Emilio A. Rivero Caro[63]

EL MOVIMIENTO DE RECUPERACIÓN REVOLUCIONARIA (MRR)

La detención en masa de miles de cubanos a raíz de los incompletos bombardeos del 15 de abril y de la frustrada invasión de Bahía de Cochinos, afectó los mandos internos del movimiento clandestino. Estas detenciones masivas se vieron agravadas dentro del MRR por la detención y posterior fusilamiento de su máximo dirigente nacional Rogelio González Corso.

---

[63] A veinte años fueron sentenciadas las siguientes personas: Norma Albuerne González, Olga Romañach, Mario Aguado Morejón, Jacinto A. Abraham Saavedra, Alejandro Barrientos Fernández, Miguel Basulto Jover, Celestino Borrons Carreras, Luz María Borrero Ferras, Pascual Rafael Baltrons, Ricardo C. Armenteros, Félix Castro Guevara, Julián Caballero Martínez, Wilfredo Echevarria Alpuín, Ramón García Salcedo, Agustín Lanza Vendergueht, Ramón Ledesme Barbosa, Jesús Ledesme Barbosa, Luis A. Menchaca, Sergio Navarro Molina, Francisco Orlando Pérez Hernández, Félix Peña Rodríguez, Máximo F. Pelaez Zabala, Roberto F. Pérez Rivas, Heliodoro Pérez Lizama, Ricardo Rangel Mendoza, Félix Cribeiro Ortega, Mercedes Roselló Blanco, Caridad Roque Pérez, Margot Roselló Blanco, Guillermo Rodríguez López, Nivio S. Lorenzo de la Rúa Batista Pau, José A. Sandoval Alonso, Mario Sánchez Cabrera, Salvador Subirats Turro, Rogelio Tajo Sánchez, Beremundo Vázquez Piloto, Ricardo Rodríguez Martínez, Raimundo Torres Parra, Manuel González Norman, Roberto Dana Silva.

A Nueve Años: José G. Brito Tortolo, Apolonio Figueroa Cabrera, José L. Hernández Maiques, Orestes Lara Romero, Emma Rodríguez Arias, Manuel Rivero Valdés, Rodolfo Valdés Torres, Antonio Valdés Rodríguez, Unanue y Raúl Villasuso.

Absuelto: El procesado Gilberto Betancourt Cáceres, defendido por el doctor Orestes Perdomo Navales fue declarado absuelto al no comprobarse que había participado en la conspiración.

Del 18 de marzo, fecha en que detienen a Francisco, al 18 de abril, es Jesús Permuy quien ocupa la Coordinación Nacional. Ya se han producido diversas detenciones. Teresita Rodríguez, Coordinadora Nacional de Finanzas, su esposo Rafael Molina Sabucedo y Alberto Beguiristaín[64] son arrestados el 12 de abril. Rafael (Chichi) Quintero y Manolín Guillot son detenidos el 18 sin ser identificados al mostrar documentos en los que aparecen con otros nombres[65]. Carlos Bandín, que había salido hacia Miami el día 9 regresa de inmediato a La Habana el sábado 15. A Jorge Fundora y a Humberto Castellanos[66] –como a todo el clandestinaje– la invasión los ha sorprendido sin previo aviso. Una semana después, el 25 de abril, es detenido Fundora.

Al asilarse Permuy, dos figuras, de extenso historial en esa organización dentro de Cuba, aparecían como las más indicadas para ocupar la honrosa, pero sumamente expuesta, posición de Coordinador Nacional: Fabio Ramos y Carlos Bandín.

Fabio Ramos, de Corralillo, Las Villas, cuyo nombre de guerra era «Ortega», se ocupó, inmediatamente después de Girón, de agrupar a militantes del MRR, del MDC, del 30 de Noviembre y de otras organizaciones que –ante el descalabro– se habían quedado desconectados de sus respectivos grupos. Era Fabio Ramos (Ortega) quien se había mantenido en frecuente contacto con Campitos[67] el ya legendario guerrillero que estuvo operando en el norte de Las Villas. Seis meses antes, el 30 de octubre de 1960, Ramos, junto con Alberto Beguiristaín[68] le había hecho entrega a

---

[64] "Como Segundo en Comunicación fuí el 12 a casa de Teresita a buscar su firma en un documento. Sin yo saberlo ella y su esposo acababan de ser detenidos. A mí me arrestaron allí mismo", informa Beguiristaín en entrevista con Enrique Ros.

[65] "Estábamos Manolín y yo en casa de Mario de Cárdenas, en el Vedado, y fuimos arrestados, como detuvieron a miles de cubanos ese día. Pero no nos identificaron", relata Chichi Quintero.

[66] La casa de Humberto Castellanos en Celimar le sirvió de Casa de Seguridad a Jorge Fundora cuando recién se había infiltrado en Cuba el 6 de enero de aquel año. Más tarde, allí enviaba Fundora a los guerrilleros del Escambray, heridos muchos de ellos, que debían salir clandestinamente de la isla.

[67] José Martín Campos había estado alzado en Las Villas contra el gobierno de Batista, y fue de los primeros en levantarse contra el régimen de Castro, aunque no militaba en organización alguna, en octubre de 1960.

[68] Alberto Beguiristaín, que ocupó primero la posición de Jefe de Abastecimiento del Norte de Las Villas, habrá de ascender dentro del movimiento clandestino del MRR

Campitos de las primeras armas modernas (dos toneladas) con las que iba a operar el aguerrido combatiente. Las armas se le entregaron a Campos en la Playa Ganusa, junto a la Sierra Morena, en la provincial central[69]. El punto de desembarco había sido un sitio con el que estaba Beguiristaín perfectamente familiarizado. Junto a la Playa La Panchita, cerca de Sagua la Grande[70].

Carlos Bandín militó desde temprano, en las filas del MRR. Ocupaba la posición de Coordinador Provincial de La Habana cuando se produjo, a mediados de marzo de 1961, la detención de González Corso (Francisco). Su estrecha vinculación con distintos dirigentes clandestinos –dentro y fuera del MRR– hizo que muchos lo consideraran como el nuevo Coordinador Nacional. Un gran número de los que aún estaban trabajando dentro de Cuba así lo acepta[71].

Junto a Bandín se mantienen Alfredo Quesada (Malacara)[72], que era el Jefe de Acción Nacional del MRR, luego de la salida de Héctor Febles; Luis David Rodríguez (El Maicero)[73], que habrá de morir a fines del año luchando en el clandestinaje; Enrique Murgado[74], que morirá fusilado; Víctor Rodríguez, Rolando Ravelo y

---

a Segundo Nacional de Comunicaciones bajo la dirección de Máximo Díaz. A ambos nos volveremos a referir.

[69] Por la entrega de estas armas se produjo una amistosa discrepancia entre los coordinadores nacionales del MDC y el MRR.

[70] La Triple A, la organización que presidía Aureliano Sánchez Arango, utilizaría varias veces en el futuro ese punto.

[71] Según relata Alberto Beguiristaín en extensa conversación con Enrique Ros, Ramos no aceptó en los primeros días la dirección de Bandín.

[72] Alfredo Quesada había ocupado distintas posiciones dentro del MRR; al salir Héctor Febles del territorio nacional, se convierte Quesada (Malacara) en el Jefe de Acción hasta su asilo en la Embajada del Urugüay en enero de 1962.

[73] Luis David Rodríguez es detenido por una perseguidora, frente al Siglo XX en Belascoain, en La Habana. Con un arma que lleva oculta da muerte a dos de sus custodios pero muere de los disparos efectuados por un segundo carro patrullero. Había participado en varios actos de sabotaje; entre ellos el realizado a Crusellas y Cía., en la Calzada de Buenos Aires.

[74] Enrique Murgado, toma parte junto con Luis David y los dos Malacara, en la explosión de la fábrica de Crusellas. Posteriormente es sorprendido, juzgado, y muere fusilado.

Antonio Quesada[75]. También están César Baró; Octavio Ledón, de Las Villas; Manolín Gutiérrez, Juan Falcón (que posteriormente sustituirá a Bandín como Coordinador Nacional) y otros.

DETENCION DE CARLOS BANDIN

Bandín había sido Responsable de Abastecimiento trabajando en estrecho contacto con Pedro Blanco, Jorge Fundora y Erasmo. Las armas que llegaban por el Punto Fundora eran entregadas a Bandín y éste las distribuía.

Ya como Coordinador Nacional del MRR establece contacto con el Comandante de la Marina, Orlando Fernández Savorí. Funciona como radioperador Jorge García-Rubio[76] y mantienen todos estrechos contactos con Alfredo Izaguirre que trata de que trabajen unidos los distintos grupos. La planta de radio la operan dentro del apartamento del Comandante Fernández Savorí quien cooperaba diligentemente con los conspiradores. Preparan un atentado a Fidel Castro.

Se va a realizar el propio 26 de julio en la Plaza de la Revolución. Cuentan con la cooperación de hombres de distintas organizaciones. Rafael Quintero y otro compañero, suben, con mil dificultades, una bazuka hasta el último piso del nuevo edificio de comunicaciones de la Plaza[77]. El invitado de honor en la concentración de ese 26 de julio era el astronauta Yuri Gagarín. Todo está preparado para realizar el tiranicidio.

Pero todo se desploma. Son delatados. El eficiente Comandante Fernández Savorí resultó ser, según le relata Bandín a Enrique Ros, un agente de Castro y el 20 de Julio de 1961, tres

---

[75] Antonio Quesada (Joe Malacara) es hermano de Alfredo. Ocupa la posición de Jefe de Acción del MRR en La Habana. Toma parte en un incendio que se produce en el Capitolio Nacional (con Alicia Suárez), en los petardos colocados en el local del Partido Comunista de Carlos III y Marqués González (con Enrique Murgado), en los ataques a la Jefatura de Tráfico de la Policía (Cristina y Agua Dulce) y otros.

[76] Jorge García-Rubio se había infiltrado en Cuba un mes antes, el 3 de marzo, lanzándose en paracaídas junto con Emilio Adolfo Rivero Caro y Adolfo González de Mendoza. Descenderán los tres en una finca de José Pujals Mederos en Camagüey.

[77] La versión de Bandín difiere sobre la ubicación de la bazuka y quienes la operan. Afirma que se colocó en un edificio de apartamentos y que fue colocada allí por un sargento del antiguo ejército.

meses después de la invasión de Playa Girón, Bandín es arrestado y conducido, primero, al centro del G-2 conocido por «la casita», en el Country Club, cerca del Colegio Sagrado Corazón, junto a un campo de deportes.

Al llegar a «las casitas» de la Seguridad del Estado en el Country, Bandín encuentra allí detenido, por distintas causas, al boxeador Puppy García; poco después, verá allí, también, a Alfredo Izaguirre[78] y Santiago Echemendía, con quienes había trabajado. Está también Octavio Barroso, de Unidad Revolucionaria. Se encuentra allí, en otra de las «casitas» que no son otra cosa que refinados centros de tortura, José Pujals Mederos. Se producen careos inesperados. Con sadismo ponen a prueba los nuevos torquemadas la capacidad de resistencia del ser humano. Cuando estos tristes episodios sean parte de una historia bien pretérita otros investigadores habrán de analizar con la minuciosidad necesaria la perversidad de un sistema y la fragilidad humana. A Pujals lo mantendrán en «las casitas» hasta el 29 de octubre, «tirado en el piso, sin bañarse, sin ropa, hecho una miseria humana»[79].

Bandín es interrogado repetidamente por el Comandante Manuel Piñeiro, (Barba Roja). Tres veces le dicen que va a ser fusilado y lo llevan frente a un paredón; le disparan con balas de salva. Todos, Barroso, Pujals, Bandín, Izaguirre, son torturados. Unos resistirán con mayor entereza el tormento a que son sometidos. En pocos días son guiñapos humanos. Luego, 20 días después, Bandín es trasladado al local del G-2 en la Quinta Avenida y la Calle 14 en Miramar, frente a la casa del Dr. Ramón Grau San Martín.

Nada se informa a la ciudadanía. Las autoridades guardan absoluto silencio. Hasta el domingo 24 de septiembre. Nos referiremos más adelante a este plan para liquidar físicamente a Castro y al proceso a que esta acción dió lugar.

---

[78] Alfredo Izaguirre de la Riva había sido detenido el 22 de julio cuando participaba en una operación ajena a la de Bandín. Nos referiremos a ella.

[79] Conversación de José Pujals con el autor. De esos centros de tortura pasa Pujals a los calabozos del G-2 en 5ta. Avenida y la Calle 14. El 13 de enero de 1962 Alfredo Izaguirre, Octavio Barroso y José Pujals son trasladados del G-2 a La Cabaña.

LOS CAMINOS DE PUJALS, BARROSO Y BANDIN

José Pujals[80] se había reunido en los primeros días de Julio, con Bandín, que ya ocupa la coordinación nacional del MRR luego del fusilamiento de González Corso; con Barroso, Coordinador General de Unidad, y con otros dirigentes nacionales. El local –un laboratorio médico en la Calle 27 del Vedado– lo facilita un dirigente del MRP. Va marchando la coordinación de las siete principales organizaciones revolucionarias.

Días después, por la delación del Comandante Fernández Savorí a la que ya hemos hecho referencia, Carlos Bandín es arrestado.

El martes 8 de agosto Tito Rodríguez Oltmans, está transmitiendo a Octavio Barroso, reunidos en la casa de Gorgonio A. Obregón[81], la petición de armas que el día anterior le ha formulado la organización Resistencia Agramonte[82]. Poco después Barroso se retira porque debe asistir a otra reunión. No saben sus compañeros, Obregón y Tito, con quien se va a reunir ni donde. Pero Octavio, que por razones de seguridad no estaba conduciendo carros esos días, no acepta la invitación de llevarlo que le ofrecen sus amigos. Se va a pie. Evidencia de que la reunión iba a celebrarse en un lugar cercano.

La reunión sería con José Pujals, tan solo a dos cuadras de donde antes se encontraba. El lugar, uno de los más riesgosos para

---

[80] José Pujals Mederos ha entrado y salido clandestinamente del país en diversas ocasiones. Su labor es la de coordinar la actividad de las distintas organizaciones revolucionarias. Había salido de Cuba, la última vez, el 12 de julio de 1961. Regresaría el 29 del propio mes. Cuando es detenido se le acusa de haber participado en el atentado contra Fidel Castro que se planeaba realizar el 26 de Julio. Fecha en la que Pujals ni siquiera se encontraba en Cuba.

[81] Gorgonio Alfredo Obregón, experto tirador, era miembro de Unidad Revolucionaria. Vivía en la calle 21 entre A y B, en el Vedado, era presidente de los empresarios cinematográficos de La Habana.

[82] Un grupo de exmilitares que había servido en el ejército durante el gobierno de Batista, ha constituido la Resistencia Agramonte. Se acerca a Tito Rodríguez Oltmans durante la primera semana de agosto. Algunos han sido oficiales de carrera que en competencias de tiros y eventos de esta naturaleza habían cimentado una sólida amistad con Rodríguez Oltmans que era, en aquel momento, instructor de tiro de la Policía Nacional Revolucionaria. Sabían de la actividad conspirativa de Tito y venían a pedir que Unidad les proveyese armas.

un fugitivo: la casa de su propia madre en la calle 19 entre Paseo y A. Lamentable y costosísimo error.

Tocan a la puerta. Eran agentes del G-2. Venían a detener a Barroso. Fue una sorpresa para los miembros de Seguridad del Estado encontrar, allí, a José Pujals a quien consideraban fuera del país. Los dos son arrestados.

Comienza el largo tormento de Octavio Barroso y el prologando calvario de José Pujals.

El Coordinador Nacional de Unidad pagará con su vida. Morirá en La Cabaña, ante el pelotón de fusilamiento, el 2 de febrero de 1962. Exactamente un año después de haber recogido «un tiro de armas» al sur de Candelaria. El 2 de febrero. Fecha aciaga.

«Barroso era mi hermano en ideales: Era un hombre especial. Extraordinario» expresa Pujals a Enrique Ros en reciente conversación en la que recuerda la abnegada labor de aquel callado pero decidido combatiente que resistió, sin quebrarse, las crueles torturas a que fue sometido.

RESCATE DE BANDIN

Varios compañeros del MRR –Chelo Martoris, Ricardo Chávez (el mejicano), Nestor Fernández, Mario Méndez (El Chino) y Alberto Fernández de Castro, Gil y otros– ponen en práctica un plan de rescate. Son 9 los complotados. Entran al G-2, Néstor Fernández con uniforme de capitán del Ejército Rebelde; Fernández de Castro y Chelo Martoris como milicianos. Presentan, en tono autoritario una orden, en timbre oficial, con la aparente firma del Ché Guevara, para el traslado del preso. Lo logran. Era el 23 de agosto de 1961. Lo han rescatado.

Había terminado, dentro de Cuba la vida útil de Bandín. Es necesario sacarlo.

En ese momento se habían producido diferencias entre varios dirigentes del MRR en el exilio (Oscar Salas, César Baró y otros), y algunos destacados activistas de esa organización[83]. Estas discrepancias se reflejan más en las filas del MRR en Miami que en la organización dentro de Cuba.

---

[83] Exponen al autor, separadamente, José Enrique Dausá, Orlando (Bebo) Acosta y Alberto Beguiristaín.

El MRR desde su creación, a fines de 1959, había establecido en su reglamento que la Dirección Nacional en Cuba decidiría quién debía ostentar en el exilio la representación del Movimiento. Por eso había sido tan importante para Manolo Artime cuando su liderazgo fue disputado, en junio de 1960, por otros prestigiosos dirigentes[84], obtener el respaldo escrito de Rogelio González Corso (Francisco).

Varios antiguos militantes, que habían trabajado con él en la isla, deseaban que Carlos Bandín, reconocido ya, en Cuba, como el Coordinador Nacional del Movimiento, viniera clandestinamente a los Estados Unidos –como en varias ocasiones Francisco lo había hecho en el pasado– para dirimir la sensible pugna sobre quien debía ostentar en el exterior la Delegación del MRR.

José Enrique Dausá, viejo militante del MRR, que había sobrevivido la horrenda travesía del «Barco de la Muerte»[85], y Bebo Acosta[86] se ocupan, desde Miami de organizar la operación de exfiltración del Coordinador Nacional del MRR.

Bebo Saralegui les ofrece un barco. Primero tratan de sacar a Bandín por el Náutico de Marianao pero no se estableció el contacto. Hacen un segundo intento por Isabela de Sagua aprovechando el conocimiento del área y el interés que tiene el Sordo Morejón en traer a su familia. Van en el barco, otros tres, cuyos apellidos nadie recuerda: Pepe Gatillo (el Flaco), Rogelito y Elías. Esta vez, tienen éxito. Pueden recogerlo y, ya de regreso, se ven obligados a dejarlo en Cayo Sal por defectos del motor.

Fueron otros los que trasladarían a Bandín en el trayecto final de Cayo Sal a Miami. Sería la siempre presente Agencia Central. Terminaba agosto de 1961.

Luego de varios días pasó Bandín, según recuerda Dausá, al University Inn frente a la Universidad de Miami, donde celebra extensas entrevistas. Participarán en ellas, también, Alberto

---

[84] Ricardo Lorié, Michel Yabor, Nino Díaz y otros (Ver "Girón: La Verdadera Historia", del autor).

[85] José Enrique Dausá se incorporó al MRR en 1959, y trabajó en el movimiento clandestino. Salió de Cuba en diciembre de 1960. Pasó a los campamentos en los primeros días de enero de 1961.

[86] Bebo Acosta es de los fundadores del MRR. Tuvo a su cargo, junto a Dausá, la recepción de armas y de teams de infiltración. Funcionaba, principalmente, desde la zona residencial del Náutico de Marianao.

Fernández de Castro, Santiago Babum, Dausá y Acosta, y, separadamente, Manolín Guillot, Rafael (Chichi) Quintero y otros.

Bandín, como Coordinador Nacional, reconoce en el Comité Ejecutivo que preside , la Delegación en el Exterior del MRR. Los otros militantes se marginan, en sus próximas operaciones sobre Cuba, del Movimiento. Esta escisión, aunque profunda, no trascendió al conocimiento público. Ambas facciones siguieron trabajando, aunque por caminos distintos, por la liberación de Cuba.

UNIDAD REVOLUCIONARIA. LA INMOLACION DE OCTAVIO BARROSO

Luego del arresto y posterior fusilamiento de Humberto Sorí Marín y Rafael Díaz Hanscom[87], ocupa Octavio Barroso la Coordinación Nacional de Unidad Revolucionaria. Antes había sido el Responsable de Acción y Sabotaje.

Barroso, en los inciertos y confusos meses que siguen al descalabro de Girón mantenía frecuentes contactos con los dirigentes de los dispersos grupos que, en tan crítica situación, se mostraban dispuestos a continuar y arreciar la lucha contra el régimen.

Pero Octavio ya era un hombre marcado. Cuando el 18 de marzo detienen a Sorí y Díaz Hanscom, los agentes de Seguridad del Estado ocupan el documento en el que se hacía constar que Humberto Sorí Marín ocupaba la Coordinación Militar de Unidad Revolucionaria[88]. Otros nombres también aparecen. Uno de ellos es el de «César». Es ése, aún no lo saben los del G-2, el nombre de guerra de Barroso[89].

Por eso el nuevo Coordinador Nacional de esta organización tiene que vivir clandestinamente, cambiando continuamente de refugio. A pesar de estas limitaciones continúa los esfuerzos de vertebrar en un solo frente a las más combativas organizaciones.

---

[87] Humberto Sorí Marín, Coordinador Militar Nacional de Unidad Revolucionaria, y Rafael Díaz Hanscom, Coordinador Nacional, son detenidos, el 18 de marzo de 1961 y fusilados el 20 de abril.

[88] Pablo Palmieri en entrevista con Enrique Ros.

[89] Algunas personas conocedoras del proceso afirman que en la relación, Barroso aparece bajo su propio nombre.

Está en contacto con los dirigentes del Movimiento Demócrata Martiano (MDM) cuyo Coordinador Militar, Bernardo Corrales, alzado en la Cordillera de los Organos, ha sido apresado y será fusilado el 15 de septiembre (ver en este Capítulo «Aumenta la Represión en Cuba»). Las conversaciones que los antiguos dirigentes nacionales sostenían antes con Francisco, del MRR, ahora las continúa Barroso con Carlos Bandín. También trabaja con el MRR que dirigen Ricardo Lorié, Michael Yabor y otros comandantes del Ejército Rebelde.

Junto a Barroso está siempre Pablo Palmieri, que antes había sido su segundo en Acción y Sabotaje y ahora, al pasar «César» a la Coordinación Nacional, se ha hecho cargo de las acciones del movimiento. Que son muchas. Una de ellas, la voladura de las instalaciones de la Cuenca Sur cerca de La Salud, en la provincia de La Habana[90]. Otro día dinamitarán los almacenes de la Cervecería Polar.

Barroso y Palmieri habían trabajado unidos por largo tiempo. Ambos, junto a Virgilio Campanería, Alberto Tapia Ruano, Tito Rodríguez Oltmans, Rosendo Prendes y otros, constituyeron el SAC (Salve a Cuba), una de las primeras organizaciones estudiantiles que se enfrenta a la penetración comunista en la Universidad a La Habana. Juntos forman parte de un alzamiento en San Cristóbal, Pinar del Río, en noviembre de 1960. Reciben, por el Mariel, armas transportadas por Aldo Vera, que es el Coordinador de Suministros de Unidad, movidas hasta La Habana por Gabriel Márquez; armas que serán temporalmente almacenadas por Marcial Arufe[91].

Marcial Arufe había ocupado una posición importante dentro del Movimiento 26 de Julio y sufre el rigor de la cárcel en la lucha contra el gobierno de Batista. Ante la evidente influencia marxista en el gobierno revolucionario se separa del 26 de Julio y comienza

---

[90] Así describe Palmieri aquel episodio: "En las tuberías cabe de pie, cómodamente, un hombre alto. La parte de concreto tiene un espesor de 12 pulgadas. Le metí 27 libras de C-4. Fue alrededor del 5 de abril. El chorro de agua parecía que llegaba al cielo". José Llanusa, Alcalde de La Habana, dijo "Es el golpe más duro que se le ha dado al gobierno revolucionario".

[91] El mayor número de armas se recibe por el Punto Unidad, cerca de Arcos de Canasi. Las que se utilizan en La Habana se mueven en camiones de la Constructora Riviera, propiedad de Gabriel Márquez. Las que se trasladan a provincias se transportan en camiones del INRA, organismo del que Marcial Arufe es Jefe de Transporte. Fuente: Gabriel Márquez

estrechas relaciones con grupos anticastristas; primero con el MRR y, luego, con Unidad Revolucionaria.

Como responsable de Abastecimiento mantiene frecuente contacto con figuras de ambas organizaciones.

En su apartamento junto al Río Almendares lo cercan miembros de la policía y del G-2 y se bate con ellos, junto a su esposa Olga Digna. Ambos mueren, no sin que antes haya caído el sargento Alvarez[92] del G-2. Es una sensible pérdida para la lucha contra el régimen.

Vuelve Barroso a Pinar del Río. Se dirige al sur de Candelaria a recibir «un tiro de armas»[93]. Esta vez, aunque recibirán el armamento equivocado, el suministro se hace por aire. Lo acompaña en este viaje Tito Rodríguez Oltmans que, en Unidad, está en Acción y Sabotaje. Recogen los huacales, pasan las armas a los sacos especiales y los transportan a La Habana. Era el dos de febrero de 1961. Dos de febrero. Fecha aciaga para este combatiente.

Un mes después, el 3 de marzo, sobre la finca de José Pujals, en la sabana camagüeyana, están descendiendo en paracaídas Emilio Adolfo Rivero Caro, Jorge García-Rubio y Adolfo González de Mendoza, en la operación a que hemos hecho referencia en páginas anteriores. Pasan los tres a La Habana y comienzan a operar.

Adolfo Mendoza funcionará como radioperador con Octavio Barroso, gran parte del tiempo desde el propio apartamento de Octavio, en Primera y B, en el Vedado. Trabajar con Barroso era funcionar con Pujals. Jorge García-Rubio, como ya señalamos, será el radioperador de Carlos Bandín. Lo será también de Emilio Adolfo Rivero Caro.

La tarea de Rivero Caro era otra. Se entrega a ella de inmediato, aunque las armas que debieron haber sido lanzadas por el avión que lo condujo a Camagüey nunca llegaron a sus manos.

---

[92] Al conocer el abogado Alvarez Lombardía -que ocupa una alta posición en las dependencias del G-2 de la 5ta. Avenida y la Calle 14- la muerte de su primo, da orden de detener a cualquier familiar de Marcial Arufe. Su hermano Miguel, que no ha participado en ninguna acción conspirativa, es arrestado en la funeraria en que velan el cadáver de Marcial. Le abren una causa y lo condenan a 20 años de prisión. Fuente: Tito Rodríguez Oltmans.

[93] Las armas provenían de la base aérea de la Brigada 2506 en Guatemala. El "dropping" estuvo a cargo de Fernando Puig y Julio González Rebull.

Emilio Adolfo se va a volcar, sin descanso, a la preparación de dos acciones: un atentado a Fidel Castro y al asalto al Comité Central del Partido Comunista en Carlos III. Al llegar a la capital su primer paso (estamos, sin que en La Habana nadie lo sepa, a cuatro semanas de la invasión) fue ver a Rogelio González Corso (Francisco) y entregarle materiales que le interesaban. Ve, enseguida, a Efrén Rodríguez, con quien mantenía estrechos vínculos creados cuando ambos habían participado en operaciones de la Organización Auténtica (OA) con Plinio Prieto; pero Efrén es apresado en esos días y fusilado en ese mismo mes de marzo. Se reúne Emilio Adolfo con gente de distintos grupos. A través de Pepe Fernández Planas, de quien era amigo, había establecido contacto –desde antes– con gente del MRR para la coordinación de activistas y ayuda mutua.

Se había producido el descalabro del 17 de abril. A Emilio Adolfo, como a los cientos de jóvenes que se habían infiltrado para realizar las tareas a cada uno encomendadas, le sorprende, sin previo aviso, la invasión. Seis días después está en un apartamento de la Calle Línea donde, sin él saberlo, se habían reunido con alguna frecuencia otros conspiradores. Era el 23 de abril.

Llega el G-2 traído por un delator que sabía del apartamento porque algunas veces había estado allí pero no conocía a Rivero Caro. ¿El delator? Pedro Cuéllar. El mismo que en todo el proceso de la Causa 238 y en el juicio que habrá de celebrarse el 22 de septiembre ha ido identificando a todos aquellos que con él han estado relacionados. No puede delatar a Emilio Adolfo porque no lo conocía, pero Rivero Caro es detenido. Recorre el tétrico camino que conocemos: al G-2 de 5ta. y 14, a las «casitas» del Country, a La Cabaña. Padece maltratos y torturas. Las resiste con su experiencia de «yoga». En el juicio se niega a prestar declaración. Es condenado a 30 años, cumplirá 18 años y medio.

Por su parte continúa Barroso el esfuerzo antes iniciado, de agrupar a diversas organizaciones. En esta labor, más que lo asiste, lo dirige, por sus muy amplias relaciones, José Pujals. Avanzan las conversaciones unitarias con el MRP, el 30 de Noviembre, el MRR, el Directorio Estudiantil Revolucionario, Rescate, Unidad y el MDC.

El fracaso de la invasión había forzado el asilo político de muchos dirigentes. Algunos (José Fernández Badué, del MDC; Rodríguez Espada, de Unidad; Fontanils, del Directorio Estudiantil; Julio Garcerán de Vals, del poder judicial) ingresaron en la sede diplomática de Italia. Desde la mansión diplomática se sigue conspirando. Será Jorge Sánchez de Villalba[94] quien, en frecuente contacto con algunos de los asilados, comenzaría a reorganizar los cuadros del movimiento clandestino. Lo asistirán, entre otros, Emilio Llufrío (de la Triple A), Alvarez Perdomo, y Fuentefría. Pronto establece contacto con el Capitán Francisco Pérez Menéndez (Frank) que dirigirá el movimiento del 30 de agosto de 1962 al que nos referiremos más adelante.

El 8 de agosto, como ya relatamos, tocan a la puerta del apartamento de la madre de Barroso donde, tan solo por pocas horas,[95] Octavio se había guarecido. Es arrestado. Sufrirá con estoicismo las peores torturas. No se quebrará. El dos de febrero de 1962 morirá ante el pelotón de fusilamiento. Lo habían procesado bajo la Causa #20 de 1962.

EL LARGO CALVARIO DE JOSÉ PUJALS MEDEROS

Pujals es uno de los héroes anónimos de esta gloriosa gesta. Sin pertenecer a ninguna de las organizaciones revolucionarias que tesoneramente se enfrentan al régimen, ofrece Pujals Mederos su valiosa colaboración a todas ellas. Algunos lo vinculan a Unidad (por su estrecha amistad con Octavio Barroso); otros al MRP (por ser sobrino de Elena Mederos); muchos, a la Agencia Central de Inteligencia (por sus estudios en los Estados Unidos y sus relaciones con funcionarios norteamericanos). Pujals trabaja con todos. Inclusive con el Directorio Revolucionario Estudiantil; con el MRR (tanto con el grupo de Artime como con el de Lorié, Yabor y Nino Díaz); también con el MDC. Pujals es, básicamente, un organizador; un planeador.

Ha entrado y salido de la isla repetidamente: antes y después de Girón.

---

[94] Jorge Sánchez de Villalba es dirigente de la Juventud Anticomunista Revolucionaria.

[95] Relato de Pablo Palmieri al autor.

OCTAVIO BARROSO, COORDINADOR NACIONAL DE UNIDAD REVOLUCIONARIA. FUSILADO EL 2 DE FEBRERO DE 1962

Miembro fundador de la organización estudiantil Salve a Cuba (SAC), es, también, Jefe de Acción y Sabotaje de Unidad Revolucionaria. Luego de la detención, y posterior fusilamiento de Humberto Sorí Marín y Rafael Díaz Hanscom, Octavio Barroso asumió la Coordinación Nacional de Unidad. Apresado el 8 de agosto de 1961, será procesado en la Causa #20 de 1962 y morirá fusilado en la Fortaleza de La Cabaña el 2 de febrero de 1962. Tenía Octavio Barroso 28 años al morir.

En enero de 1961 el Departamento de Seguridad del Estado lo había involucrado en un traslado de pertrechos y explosivos en la finca de Capestany, en Cuatro Caminos. Es detenido su cuñado Juan Carlos Alvarez Aballi, [96] «que no tenía que ver absolutamente nada con esto» y un militante del MRP, Carlos Manuel Matos García. Detenidos el 5 de enero, ya el 18 han sido juzgados y fusilados. Irónicamente, cuando el gobierno de Castro «hace el anuncio oficial de que como un gesto conciliatorio a la nueva administración norteamericana del Presidente Kennedy, va a suspender los fusilamientos»[97]. Pujals tiene que salir de Cuba. Pronto regresará.

Reingresa a la isla a las pocas semanas. Trata de agrupar, en un frente común a las organizaciones de lucha. Junto a Barroso, prepara nuevos alzamientos que pudieran controlar y en una zona que fuese posible mantener. Con Izaguirre ha mantenido contacto en la recepción de equipo y materiales. Son ésas, insiste Pujals, sus tareas; sus responsabilidades. No otras. Sale nuevamente del territorio nacional el 12 de julio de 1961 y vuelve a la isla el 29 de aquel mes.

El 8 de agosto —a los diez días de haber regresado— está reunido con Octavio Barroso, cuando, como antes hemos narrado, es detenido. Se inicia el largo calvario de José Pujals Mederos.

Lo envuelven no en una, sino en varias causas. Es el primero en la causa 20 en la que aparecen, también, su gran amigo Octavio Barroso, José Antonio Muiño, Alfredo Izaguirre y Pablo Palmieri. También procesan en la Causa 20 a Santiago Echemendía, médico estrechamente vinculado al MRR pero no a Pujals; a Raúl Alfonso que ha trabajado con el MIRR;[98] al médico Ramón Ibarra cuya casa, en la calle Gervasio o Escobar, servía de centro de reunión de conspiradores que, entre otros, frecuentaba Jorge García-Rubio; y a Gilberto Gil, jefe de monteros de la finca de Pujals en Camagüey, por donde el 3 de marzo se habían infiltrado Emilio Adolfo Rivero Caro, Jorge García-Rubio y Adolfo Mendoza.

---

[96] Expresa Pujals al autor en conversación del 2 de febrero de 1995.

[97] Ibid.

[98] Del Movimiento Insurreccional de Recuperación Revolucionaria (MIRR) forman parte Víctor Paneque (el Comandante Diego), Orlando Bosch. Está íntimamente relacionado con el Movimiento Demócrata Martiano (MDM) que dirige en Cuba el Capitán Bernardo Corrales, fusilado el 15 de septiembre, 1961.

Luego de tres meses de total aislamiento en las celdas sin ventanas, ni muebles, ni higiene, de los centros de tortura que llaman «las casitas» del Country, y otros tres meses en el G-2 de 5ta y 14 y en La Cabaña, pesa una sentencia a pena de muerte sobre Barroso, Muiño, Izaguirre y Pujals. Se la aplican a los dos primeros, Barroso y Muiño; a Izaguirre se la conmutan por una condena de 30 años de prisión, y Pujals es pasado a otra causa: La 31. Palmieri es sentenciado a 30 años de cárcel y Echemendía y los demás a distintos términos carcelarios. El 2 de febrero era viernes.

El lunes 5 Pujals ya está siendo juzgado en la causa 31. Le han surgido –en este sangriento fin de semana– nuevos compañeros de causa. A ninguno conoce. Con ninguno ha estado unido, jamás. Poco importa. La sentencia ya es conocida: pena de muerte para José A. Pujals Mederos, Juan Manuel Izquierdo Díaz y Orlando García Plasencia. Años de prisión para Orlando Castro[99], Bernardo Paradela[100] y otros. Sólo se discute si se le permitirá a su esposa verlo unos minutos antes de la ejecución y la forma y momento en que la familia podrá disponer del cadáver. Pero, en el último momento le fue conmutada la pena capital por 30 años de cárcel[101].

Pujals es considerado por Seguridad del Estado como un agente de la Agencia Central de Inteligencia (CIA). En sus declaraciones del 6 de noviembre, Reinol González hace referencia, entre otros, a los que forman el equipo de Acción y Sabotaje del MRP (Orlando Castro, Paradela, Izquierdo Díaz); también menciona, aunque sin relacionarlo en esa actividad, a José Pujals. Los que están armando el tinglado de las causas judiciales ven la oportunidad de ligar a la CIA con el MRP. Es ésta, al menos, la interpretación subjetiva de Pujals. A juicio del que esto escribe, no era necesario. Se repiten en las declaraciones formuladas por el dirigente del MRP, y en las que le son atribuidas, muchas actividades que vinculan a la organización revolucionaria con la Agencia Central. Pero un hecho es evidente: Pujals mantuvo muy

---

[99] Orlando Castro García, fue uno de los participantes en el ataque al Cuartel de Bayamo el 26 de Julio de 1953 junto con Raúl Martínez Ararás. Luego se separó de Fidel Castro.

[100] Bernardo Paradela, era el Jefe de Acción y Sabotaje de Rescate, la organización que dirigía Manuel Antonio de Varona.

[101] Pujals lo atribuye a una intervención del Presidente de México López Mateos por gestiones de Elena Mederos.

estrechas relaciones con los principales inculpados de la causa 20, (Barroso, Izaguirre, Palmieri; no con Muiño que estuvo más vinculado a Francisco Crespo y a Palmieri) causa que, en los primeros meses del largo proceso, él encabezó. Pero no tiene relación personal alguna –absolutamente ninguna– con los implicados en la Causa 31 (Izquierdo Díaz, Orlando Castro, Paradela), que son del MRP, Rescate y Liberación.

El Departamento de Seguridad del Estado ha pretendido, una y otra vez, responsabilizar a Pujals en distintos planes que tenían como objetivo la liquidación física de Castro. Pujals que, luego de cumplir 27 años de cárcel, habla con naturalidad de su participación en la recepción y traslado de armas y equipos y, muy principalmente, de sus esfuerzos por unificar a las distintas organizaciones revolucionarias, rechaza –con firmeza rayana en irritación– toda afirmación que lo una a esos planes.

En su habitual tejido de verdades y mentiras, tan recientemente como el 4 de enero de 1991 el Gral. Fabián Escalante[102] en la conferencia celebrada en Antigua afirmó que Pujals había regresado a Cuba en Julio de 1961 para reemplazar a Alfredo Izaguirre (que había sido arrestado), y hacerse cargo de la nueva operación «Liborio» entre cuyas acciones se encontraba «el asesinato de Fidel».

Pujals es enfático en negar su participación en esos atentados «No conozco la versión de Escalante» le responde al autor en reciente conversación. «Pero puedo decirle que mi participación en esos planes es completamente falsa».

De la madeja de causas legales que enreda y devana a su antojo el régimen, varias se mantienen abiertas: la Causa 27 (en que implicarán a otros miembros del MRP), y la 238 que Castro abre y reabre, por meses y años, a su antojo y conveniencia, A la Causa 238, que llevó al paredón y a la cárcel a muchos héroes y a algunos traidores, nos hemos referido en páginas anteriores. Vuelve ahora ésta a abrirse, al tiempo que está concluyendo la Causa 20.

---

[102] Conferencia de Antigua, enero 4, 1991. James G. Blight ha recogido en una reciente obra aún no publicada, el texto completo de este intercambio de opiniones.

LA CAUSA 20 DE 1962

Durante meses, el Departamento de Seguridad del Estado ha venido apresando a cubanos desafectos al régimen. Muchos, los más, identificados antes con la Revolución que creían democrática y nacionalista. A este grupo que han ido arrestando desde la primavera del pasado año –privándolos de todo amparo legal– los procesan ahora, seis, ocho, diez meses después, bajo la Causa #20 de 1962 «a tenor de lo dispuesto en el artículo 70 de la Ley Procesal de Cuba en Armas... por un delito contra la integridad y estabilidad de la nación»[103]. Es el 2 de febrero de 1962. En menos de 24 horas se celebrará el juicio, se presentará y rechazará la apelación, y se aplicará la sentencia. Meses de torturas, aislamiento y prisión terminan, en estas pocas horas, en un sumarísimo juicio cuya sentencia ya todos conocían.

Los procesados son Octavio Barroso Gómez, Alfredo Izaguirre Rivas, José Antonio Muiño Gómez, Pablo Palmieri Elie, Santiago Juan Echemendía Orsini, Raúl Salomon Alfonso García, Ramón Ibarra Pérez, Gilberto Celedonio Gil, Pablo Carrero, Francisco Crespo, Jorge García-Rubio, Adolfo Mendoza y «un tal Quintero».[104] Los últimos cinco, «prófugos de la justicia revolucionaria».

Los acusan de pertenecer «a las organizaciones contrarrevolucionarias» Movimiento 30 de Noviembre, MRP, Unidad, Liberación y «otras análogas».

¿Los cargos?: Haber prestado apoyo «a la invasión armada del mes de abril del pasado año por Playa Girón», participar en «La Operación Patty que consistía en atentar contra las personas del Primer Ministro... Fidel Castro y de su hermano... Raúl Castro».

A Alfredo Izaguirre, además, lo acusan de haberse trasladado a los Estados Unidos en los primeros días de Julio y celebrado «entrevistas con distintos jefes de la CIA para introducir, *como lo hicieron*, en el territorio nacional, por la provincia de Camagüey, a varios individuos previamente entrenados en aquel país para poner en práctica los planes ya citados». Los cargos eran novedosos. Izaguirre había ido *en Julio* a los Estados Unidos para encargarse

---

[103] Conclusiones Provisionales del Fiscal, de febrero 2 de 1962 (Enrique Ros, archivo personal).

[104] Rafael (Chichi) Quintero, del MRR.

de introducir en Cuba a quienes, desde antes, ya estaban en la isla. Cargos curiosos de la justicia revolucionaria.

José A Muiño es dentista y, como tal, Teniente del Ejército Rebelde. Está destacado en la Base Aérea de San Antonio de los Baños. Tiene Muiño relaciones de amistad con Pablo Palmieri y Francisco Crespo que habían sido cadetes de las Fuerzas Aéreas Rebeldes y, con distintos pretextos, se habían retirado cuando el juicio de Huber Matos.

Están llegando tanto a esa base como a la de Managua (también en la provincia de La Habana) gran cantidad de armamento soviético. En la Base de Managua se están construyendo túneles de un ancho muy superior a los necesarios para el tipo de avión convencional. Se les pide a Palmieri[105] y a Crespo que obtengan la mayor información posible ya que se considera que pueden ser hangares subterráneos para los aviones soviéticos IL-28 (Siempre la Agencia Central en busca de información; su famosa recolección de inteligencia que costó tantas vidas cubanas!). Mueve a los combatientes cubanos obtener y recopilar la información, el conocimiento de que ello acelerará la liberación de su patria. Están, por ese motivo, y no otro, dispuestos a arriesgar sus vidas. Se consigue toda la información necesaria incluyendo planos de las instalaciones. (La información sobre los túneles de la Base de Managua llega por un ingeniero. Los planes se envían al exterior a través de una embajada amiga).[106]

Pero las últimas conversaciones de Palmieri y Muiño se han celebrado en la consulta de este último donde el G-2 había colocado en su sillón de dentista, con la complicidad de un paciente, una grabadora. Muiño está perdido. Será fusilado el 2 de febrero.

En algún rincón de la Agencia Central de Inteligencia, lleno de polvo en una gaveta, estarán los planos y los informes que,

---

[105] Informa Pablo Palmieri a Enrique Ros en reciente entrevista.

[106] La permanencia en Cuba después de octubre de 1962, de los bombarderos IL-28 dió origen a lo que se conoce como "La Crisis de Noviembre". Los soviéticos se creían obligados a retirar de Cuba tan solo los cohetes pero no los IL-28 ni los barcos torpedos Komar, por no considerar que éstas eran "armas ofensivas". En los largos debates del mes de noviembre (Stevenson y McCloy por los Estados Unidos, y Valirian Zorin embajador ante la ONU, y Vasily Kuznetov, Sub-Secretario de Relaciones Exteriores, por la Unión Soviética) los rusos aceptaron retirar, también, los bombarderos IL-28. Esta nueva concesión irritó aún más a Castro y forzó a Kruschev a enviar a La Habana a Anastas Mikoyán para apaciguar al dictador cubano.

inútilmente, costaron la vida de este joven dentista que tuvo fe y excesiva confianza en un poco confiable aliado. Tal vez esos datos estaban, en octubre de 1962, cerca de donde Robert Kennedy le ofrecía al Embajador Soviético Dobrynin retirar de Turquía los cohetes norteamericanos. Es probable que esos informes y esos planos estuvieran sobre el mismo escritorio en que, en la noche de octubre 28, el Presidente Kennedy dió instrucciones de «tomar todas las precauciones necesarias para evitar que cubanos exiliados afectaran el acuerdo» a que se había llegado con los soviéticos.

Presos Pujals, Barroso y Muiño, e identificado Crespo, es necesario reordenar los mandos y buscar sitios seguros donde almacenar los materiales con los que cuenta la organización. Al local que ya habían encontrado se dirigían Palmieri y Rolando Borges cuando son detenidos en La Copa, en la Avenida 42. Desconocía Palmieri que sus conversaciones con Muiño habían sido grabadas. No lo habían detenido antes porque, viviendo clandestinamente, no lo habían aún localizado. Era el 17 de agosto.

Pedirán pena de muerte, aquel 2 de febrero, para Octavio Barroso, Alfredo Izaguirre y José A. Muiño. Largos años de cárcel para Pablo Palmieri, Santiago Echemendía, Raúl Alfonso y los demás.

Ese 2 de febrero otra causa, la insaciable e inacabable 238, reclama más vidas. Han sido condenados a morir frente al paredón, en la misma fortaleza, en La Cabaña, Miguel A. García Armengol (Miguelón) y Francisco (Paquito) Almoína. A otros (Miguel Arufe, el Capitán Pérez Medina) le piden 30 años de condena.

Aquella lúgubre noche del 2 de febrero están en capilla cinco condenados a muerte: Barroso, Muiño e Izaguirre, en la Causa 20; García Armengol y Almoína, en la extensión de la Causa 238. Todos los presos políticos que colman las celdas de La Cabaña están insomnes. Rezan por los condenados. A media noche oyen las fatídicas descargas y, segundos después, varios tiros de gracia.

Han sido dos las descargas de los pelotones de fusilamiento. ¿Quiénes cayeron?. Sólo lo sabrán la mañana siguiente.

«A las 10 y 40 de la noche llega a la capilla Paquito Prieto, abogado y Secretario del Consejo de Guerra, e informa que la apelación ha sido denegada. Se retira. Minutos después regresa y dice: A Izaguirre se le ha conmutado la sentencia».

«Antes de media hora vienen los soldados por Muiño. Lo llevan al foso donde está «el palo» donde colocan a los que van a fusilar. Le ponen una mordaza en la boca para que no pueda gritar «Viva Cristo Rey», como había prometido. Se oye la descarga. Después, un tiro de gracia.»

«Vuelven por Octavio. Se repite la escena, pero, luego de la descarga, se oyen tres tiros de gracia. Después supimos que los tres se los habían dado en la cabeza» [107].

Más tarde se conoce que a Miguelón y a Paquito les habían sido conmutadas las sentencias a muerte impuestas en la extensión de la Causa 238 que ya, antes, le había costado la vida a otros cubanos.

LUIS TORROELLA. EL MÁRTIR SOLITARIO

Era el 24 de septiembre de aquel año 1961 en que se había vertido tanta sangre cubana.

El Ministerio del Interior da a la publicidad un informe, con muchas falsedades y algunos datos ciertos, de las «actividades contrarrevolucionarias recién descubiertas». Oculta el MININT, por supuesto, que algunos de «los implicados» llevan meses de estar encarcelados, y aislados, sin acceso a protección legal.

Les presentan a los acusados graves cargos, «entre ellos, un atentado personal contra el Primer Ministro doctor Fidel Castro» [108].

Uno de los acusados, el más importante en esos momentos para Seguridad del Estado, es Luis Torroella, joven profesional, de formación religiosa, educado en los Estados Unidos, casado con una norteamericana. Agravantes todos para la justicia revolucionaria.

Dice el Ministerio del Interior que «en octubre de 1960 Torroella regresó a Cuba, utilizando vías legales, pero ya traía su encomienda de organizar y coordinar a las bandas contrarre-volucionarias que operaban en Oriente». Lo acusan de «recibir órdenes directamente de la CIA mediante mensajes en claves o utilizando tinta invisible».

---

[107] Tito Rodríguez Oltmans, oficial de las fuerzas armadas de Castro, Instructor de Tiro de la Policía Nacional Revolucionaria, Miembro de Unidad, estaba preso en La Cabaña. Había sido arrestado el 7 de septiembre de 1961. Es Rodríguez Oltmans quien describe al autor los últimos momentos de estos combatientes.

[108] Periódico Revolución. Septiembre 25, 1961.

CERTIFICADO DE DEFUNCIÓN DE JOSÉ ANTONIO MUIÑO

Por comunicación y declaración del Segundo teniente Vicente Álvarez Crespo, Oficial Instructor del Tribunal Revolucionario, y la certificación del médico Ricardo Díaz García, la Juez Municipal de Casa Blanca, Dra. Clara Rivero Valdés hace constar «la defunción de José Antonio Muiño Gómez,. ... que falleció en la Fortaleza de La Cabaña a las once y veinte de la noche de ayer».

¿Las causas de la muerte?: «Falleció a consecuencia de hemorragia interna producida por heridas de proyectiles de armas de fuego».

Así escriben la historia los que sirven al régimen.

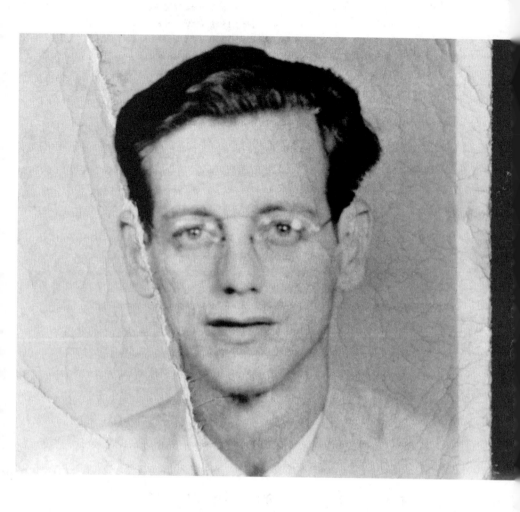

DR. JOSÉ ANTONIO MUIÑO. DENTISTA. TENIENTE DEL EJÉRCITO REBELDE. MÁRTIR.

Destacado en la Base Aérea de San Antonio de los Baños, José Antonio Muiño se percata pronto de la ideología marxista que Castro le ha impregnado a la revolución en la que, antes, Muiño había participado.

Forma parte de Unidad Revolucionaria. Es detenido; procesado en la Causa #20 de 1962 y fusilado, junto a Octavio Barroso, el 2 de febrero de 1962.

Torroella vive en Santiago de Cuba. Está en Santiago de Cuba. Pero lo acusan de preparar un plan para «dar muerte al Primer Ministro, doctor Fidel Castro» ¿Dónde? En la Ciudad Deportiva de La Habana; a más de 800 millas de distancia. Si La Habana estaba tan llena de «contrarrevolucionarios al servicio de la CIA» ¿por qué buscar a una persona que vive, y se encuentra, tan distante?. No le importaba esta lejanía a los investigadores que sitúan los puntos de contacto a una distancia aún mayor: «La correspondencia era enviada a Quito, Ecuador, y de allí a Cuba y viceversa».

Pero era importante unir a este joven profesional «educado en los Estados Unidos», con las distintas personas que en el sangriento septiembre de 1961 están detenidas. Para la publicidad, amplísima, los involucrarán a todos. Luego, para juzgarlos, les abrirán distintas causas.

Así presenta Seguridad del Estado la patraña que ha tejido:

«De acuerdo con los documentos ocupados así como por las investigaciones llevadas a cabo se pudo comprobar que eran varios los grupos de gusanos contrarrevolucionarios que operaban en Cuba al servicio de la CIA.

En Oriente, conjuntamente con Torroella operaban José Rosabel, Humberto Rosdi y Lázaro Ponce de León.

En Las Villas operaban Angel González, conocido por Miguel Angel, «El Chuco» o «El Chino», Segundo Borges, conocido por «Jorge» o el «Berraquito» y el que fuera gobernador de esa provincia[109].

En La Habana actuaban José Pujal Mederos, de 38 años, ingeniero agrónomo, dueño de la Lechería Santa Ana, quien utilizaba el nombre de «Ernesto»; Jorge García Rubio estudiante de economía de la Universidad Católica de Villanueva y estudió High School en Estados Unidos; Alfredo Izaguirre Rivas, ex director del periódico reaccionario «El Crisol» y Octavio Barroso conocido por «César», jefe de acción de un grupo contrarrevolucionario denominado «Unidad» y al que se le ocuparon documentos firmados por un tal General Bouling.

---

[109] Confunden a Segundito Borges, joven brigadista y miembro de los teams de infiltración, con su padre que había sido gobernador de Las Villas.

El grupo de La Habana pretendía asumir la dirección total de las actividades. La pugna entre estos grupos fue lo que motivó que la CIA enviara a Torroella a Cuba, con la encomienda de organizar y unir a todos estos grupos».

En la extensa investigación que hemos realizado no hemos encontrado que Luis Torroella hubiese participado en planes de atentados personales. En el testimonio expresado por el Gral. Fabián Escalante en la Conferencia de Antigua el 4 de enero de 1991, hace referencia «a un equipo de la CIA», que operaba en Santiago de Cuba, dirigido por Luis Torroella y Martín Rivero. La derrota de Girón ha hecho la situación muy incierta para ellos y en la carta de Torroella a su comptroller él informa sobre «la confusión y desesperación reinantes en Cuba como resultado de la derrota de Girón» y explica (Torroella) que «la falta de dirección y de acción interna impide actos de *resistencia cívica*».

Es este hombre que se empeña, luego del desastre de Girón, en realizar actos de resistencia cívica al que las autoridades castristas quieren mostrar como un inmisericorde ajusticiador. Su gran delito: «tratar de unir a los grupos contrarrevolucionarios».

Lo interrogan una y otra vez.

Es primero interrogado por Seguridad del Estado en Santiago de Cuba. Viene a verlo, días después, Raúl Castro; le hace algunas preguntas y deja en sus manos un cuestionario y varias hojas de papel y lápices. «Conteste ese cuestionario. Vendré mañana por él». Al quedarse solo ve Torroella que el cuestionario está confeccionado por gente muy especializada en inteligencia. Responderlo no sólo lo incriminaría a él personalmente –que ya se sabía perdido– sino a otras personas y organimos que en él habían confiado. Al día siguiente le informa a Raúl Castro que no lo contestaría.

Raúl le responde con frialdad y aplomo: «Usted ha probado ser un hombre de integridad. No lo someteremos a más interrogatorios y respetaremos su integridad física. Nadie le pondrá un dedo encima»[110]. El Ministro de Defensa termina con una advertencia: «Pero haré todo lo que sea necesario para que a usted lo lleven al paredón, y yo estaré presente cuando lo fusilen».

---

[110] Le relata Torroella días después a Rodríguez Oltmans cuando ambos se encuentran en La Cabaña.

Lo trasladan del G-2 de Santiado de Cuba a La Cabaña en La Habana.

Luis Torroella no tiene familia alguna en Cuba. Está casado, como sabemos, con una norteamericana; tiene una pequeña hija nacida en los Estados Unidos, donde está, con su madre, en Sarasota cerca de Longboat Key. Su dolor no era la certidumbre de su fusilamiento; su preocupación era que su esposa no llegara a saber nunca por qué mataron a su esposo; que su pequeña hija no llegara a conocer por qué su padre había muerto. Nadie tenía Torroella que lo visitara en la cárcel. No tenía familiar alguno en Cuba. Solo está en la galera 17.

Fue un actor cubano, Aníbal de Mar quien, por una relación casual surgida a través de su hija, Rosa del Mar, le ofrece una breve pero profunda amistad a este hombre honesto y solitario que había aspirado a ver libre a la tierra en que había nacido. Fue Aníbal de Mar quien le facilita un abogado al joven preso que lleva ya meses encarcelado sin siquiera ser sometido a juicio. Orestes Perdomo, hombre de profundos sentimientos religiosos, se convierte en su abogado. Casi en su pastor.

En octubre comienza a aumentar la tensión internacional por la presencia en Cuba -sólo John F. Kennedy pretende ignorarla– de proyectiles balísticos. De cohetes.

Una mañana están en el patio de La Cabaña. Por los alto-parlantes se oye una voz conminatoria. «Atención, Luis Torroella. Recoja sus cosas. Va a ser trasladado». Sabe que el fin se acerca. Ese día lo llevaron nuevamente en un avión militar a Santiago de Cuba. Avisados por el misterioso sistema de comunicación de las cárceles, parten también, en un vuelo comercial, sus dos amigos, el actor y el abogado y consejero.

Le celebraron, en pocos minutos, el juicio. Cuando marcha hacia el foso, donde será fusilado junto a dos norteamericanos, verá, en la puerta, a Raúl Castro. Ha venido, como le dijo tantos meses atrás, a presenciar su fusilamiento.

Luis Torroella, valioso, capacitado, honesto, murió por servir a la patria que lo vió nacer y a la patria adoptiva donde nació su esposa y donde nació su hija. Murió porque no quiso traicionar a quienes confiaron en él.

Murió Luis Torroella como el hombre de bien que siempre fue. Estas líneas son un homenaje de recordación a ese mártir cubano.

EL DIRECTORIO ESTUDIANTIL REVOLUCIONARIO (DER)

En los primeros días de abril de 1961 está alzado en la Sierra Maestra, Alberto Muller, Secretario General del Directorio Estudiantil Revolucionario. Habían sido semanas de gran actividad y mayores desengaños.

Para organizar la ayuda logística del alzamiento están, a mediados de marzo, en Bayamo y Manzanillo (el punto de acceso a la Sierra), Miguel García Armengol[111] e Isidro (Chilo) Borja[112]. Pero las armas ofrecidas por «los sectores aliados» no aparecen. Esperan, en las costas, las armas que no llegan.

Tienen los jóvenes del Directorio que improvisar una especie de «clearing house» con otras organizaciones revolucionarias (Unidad, Organización Auténtica (O.A.), MRR, MRP, Triple A) para un acopio de armas.

Están con ellos, como radiotelegrafistas, Enrique (el Negro) Casuso y Armando Acevedo. El 29 de marzo regresa en ómnibus de Bayamo a La Habana, con falsa documentación y vestido de miliciano, García Armengol. Lee en el titular del periódico que sostiene el pasajero que está sentado a su lado, una noticia que lo anonada: «Ocupan Arsenal de Armas y Fábrica de Bombas». Conoce, entonces, que han sido detenidos Virgilio Campanería, Alberto Tapia Ruano y Tomás Fernández Travieso. Para el Directorio en la isla era el comienzo del fin. Lo fue, también, para todas las demás organizaciones y para la nación cubana. Una debacle que se había iniciado el 18 de marzo con la detención de Rogelio González Corso, Humberto Sorí Marín, Rafael Díaz Hanscom, el Ñongo Puig, Mingo Trueba, Rodríguez Navarrete y Eufemio Fernández, y culminaría con el desastre de Girón.

El 17 de abril de 1961 sorprende, infiltrados en Cuba, a distintos dirigentes estudiantiles.

Al día siguiente del desembarco son detenidos, como millares de cubanos, en distintos lugares y por diversas razones, Manolo

---

[111] Miguel García Armengol (Miguelón) había salido de Cuba en mayo de 1960 y había regresado, infiltrado, el 9 de diciembre del mismo año. Era el Jefe de Acción del Directorio Estudiantil.

[112] Isidro Borja (Chilo) había salido de Cuba, asilado por la Embajada de Costa Rica, en octubre de 1960. Regresó a Cuba el 16 de enero de 1961 desde México y con pasaporte mexicano porque había nacido en aquel país.

Salvat, Rafael (Chichi) Quintero, Manolín Guillot, Julito Hernández Rojo, Ernesto Fernández Travieso y otros. Alberto Muller está, en esos momentos, alzado en la Sierra Cristal, en Oriente.

Los jóvenes estudiantes llevan identificaciones falsas. Salvat, Rafael Quintero y Manolín Guillot son llevados al G-2 y, luego, a La Cabaña. Al no ser reconocidos y poseyendo documentos que los acreditan como otras personas son dejados en libertad.

Julito Hernández Rojo, que fue el primero en quedar libre, hace contacto nuevamente con Salvat que se había refugiado en la Nunciatura. Sale de su refugio y en los días siguientes, tratando de reestructurar el aparato estudiantil, trabajó con el propio Julito y Juanín Pereira. La organización se había casi destruido por la cantidad de presos y asilados. Luego, a fines de junio, Hernández Rojo lleva a Guantánamo a Salvat y éste, brincando la cerca, penetra en la Base Naval. Lo siguen José Antonio González Lanusa, Rafael Quintero y Ernestico Fernández Travieso. Llegan a Miami el primero de julio. También llega Isidro Borja. Aunque maltrecho, dejan funcionando en Cuba al DRE. La labor de reorganización del grupo estudiantil en la isla la va a desarrollar principalmente, Juanín Pereira.

Pero va a sufrir el movimiento estudiantil, en Cuba, un serio quebranto. La organización ha sido infiltrada.

El agente infiltrado había comenzado a trabajar dentro del DRE en labores sencillas en cuadros o células inferiores. No había causado daño alguno cuando los que recién salen del territorio estaban en la isla al frente de la organización. Al abandonar la isla muchos de los más altos dirigentes del Directorio, el agente, Ramón Medina Bringuier (Mongo), pasa a ocupar posiciones de responsabilidad.

El 6 de noviembre de 1961 el Directorio ha organizado una infiltración. Se realizará por un punto en Pinar del Río en que estará esperando Juanín Pereira. Cuando el barco llega a la costa no están las luces que indicaban que todo estaba bien. El barco se retiró. Luego se supo por qué no estaban encendidas las pequeñas luces. Juanín había sido descubierto, delatado por Bringuier. Allí, en el puerto designado para la operación, aparecía al siguiente día el cadáver de Juanín Pereira. Un nuevo mártir del Directorio Revolucionario Estudiantil.

No abandonan los estudiantes, en el exterior, sus otras responsabilidades. Constituyen Delegaciones en gran número de naciones latinoamericanas que dan a conocer, en universidades y en distintos foros, la realidad cubana. Se empeñan en quebrar en la mente de los jóvenes del continente el mito del «heroico guerrillero», imagen más inspirada por el Ché Guevara que por la propia de Fidel. Realizan los jóvenes del Directorio intensas campañas en Latino América.

Alberto Muller, su antiguo Secretario General, que también había ocupado las más altas posiciones en las distintas organizaciones estudiantiles que precedieron la constitución del Directorio, había sido apresado, y, poco después, Miguel García Armengol y otros, por las autoridades cubanas. Habían estado alzados, como antes dijimos, en las montañas de Oriente. Van a ser juzgados. Se pide para ellos, paredón.

Sus compañeros del Directorio inician la más intensa campaña para impedir que se les aplique la máxima sanción. Declaraciones en la prensa, mítines en las universidades, manifestaciones callejeras en las principales capitales del continente, contactos con gobiernos para presionar a Castro[113]. Movilizando al estudiantado chileno en la protesta contra el posible fusilamiento de Alberto Muller se encontraban Nelson Amaro, Alejandro Portes y Rafael Oller, del Directorio Revolucionario Estudiantil que habían asistido como Delegados al IV Congreso de Estudiantes Latinoamericanos. En la Universidad Técnica de Santiago retaron a los miembros de la embajada castrista a un debate público, que les fue rechazado provocando una reacción de burla a los representantes castristas.

La campaña tiene éxito. No se le aplican a Muller ni a los demás la pena capital. El juicio de García Armengol se pospone para diciembre. Por supuesto, sería ingenuo pensar que toda este gigantesco y meritorio esfuerzo no hubiera contado con el respaldo de la Agencia.

---

[113] Manifestantes anticastristas recorren el 22 de agosto las calles de Santiago de Chile y organizan un mitin frente a la embajada de Cuba con la participación de uno de los dirigentes de la políticamente poderosa Federación de Estudiantes Universitarios. En Argentina, ese mismo día, logran que el Presidente Arturo Frondizi envíe cable a Castro interesándose por la vida de Muller y sus compañeros. Fuente: Cables de la UPI de agosto 22.

Dos días después el Tribunal Revolucionario de Santiago de Cuba dicta sentencia en la Causa 127 de 1961 seguida por delito contra los Poderes del Estado. Imponen 20 años de prisión a Alberto Muller, Enrique Casuso y Reiner Lebroc.

Pero esa ayuda solo la reciben los estudiantes cubanos para algunas de sus infiltraciones en Cuba y su intensa labor de propaganda en la América Latina. Lo demás lo realizan con los fondos que, con grandes esfuerzos, pueden conseguir.

No se detienen los estudiantes cubanos exiliados. Se organizan para concurrir a otro encuentro. Esta vez en Brasil.

El IV Congreso Latino Americano de Estudiantes (CLAE) se celebra en Natal, Brasil, de octubre 16 al 19 de 1961. Había sido convocado por la Unión Nacional de Estudiantes del Brasil, dominada por marxistas quienes escogieron Natal como sede por ser una ciudad cuyo alcalde era de filiación comunista y está situada en un área donde Juliao, el extremista líder de las Ligas Campesinas, ejercía gran influencia.

Ricardo Alarcón, jefe de la delegación castrista al congreso estudiantil, pronto se percata que está en minoría. Denuncia la «reunión preparatoria celebrada en Guatemala» como «un intento del imperialismo norteamericano para preparar la división del Movimiento Estudiantil Latinoamericano»[114]. Se sabe perdido y apela a todas las artimañas asamblearias que ha practicado en la Colina Universitaria de La Habana. Grita Alarcón que «no existen condiciones para la celebración del Congreso».

Se le enfrentan los jóvenes del DRE, respaldados por las Delegaciones de Chile, Honduras, Guatemala, Costa Rica, Bolivia, Panamá, Ecuador, El Salvador y otras.

Impugna Alarcón al jefe de la Delegación de Chile, y pide su expulsión. Se trata de Patricio Fernández, quien, tan solo 16 meses antes, en la primera semana de junio de 1960, había sido *«huésped de honor del Gobierno Revolucionario»* en su visita a La Habana. Encabezaba Patricio en aquel momento, como Presidente de la Federación de Estudiantes Universitarios, la delegación de estudiantes chilenos que fue objeto de innumerables homenajes y halagos por Osvaldo Dorticós, Fidel Castro, Armando Hart, Carlos Olivares y otras relevantes figuras del régimen, durante su estadía de una semana en la capital cubana[115]. Ayer, «digno representante del estudiantado latinoamericano». Hoy, «miserable instrumento del imperialismo norteamericano».

---

[114] Periódico "El Mundo", de La Habana, octubre 18, 1961.

[115] Enrique Ros. "Girón: La Verdadera Historia".

Pero de nada le valen las argucias al representante castrista. En número mayoritario las delegaciones respaldan la posición de los cubanos exiliados, y el Congreso condena severamente al régimen castrista enumerando en un acuerdo denominado «La Revolución Cubana», las razones en que fundamentaban su repudio.

La delegación castrista optó por retirarse, derrotada, no sin antes calificar al «ilegal congreso» que «reunía a grupos reaccionarios al servicio del imperialismo»[116].

La delegación estudiantil de los cubanos libres estuvo compuesta por Luis Fernández Rocha, y por Fernando García Chacón. Participan, también, Luis Boza, Antonio Abella, José Ignacio Rodríguez, Joaquín Pérez, Eduardo Muñoz y Miguel César Rodríguez. En el informe que se rinde se encontrarán Elio Más y Oscar Rodríguez que se había fugado de una cárcel cubana luego de haber sido apresado junto con Alberto Muller.

Casi simultáneamente, en otro punto del continente se está celebrando otro congreso de estudiantes.

En San José, Costa Rica, repiten «los dirigentes estudiantiles de la juventud socialista» la misma estrategia con el mismo negativo resultado. Viéndose derrotados en el congreso de estudiantes de enseñanza secundaria que se celebraba en la capital tica acusan al evento de «aprobar medidas antidemocráticas», y se retiran, de nuevo derrotados[117]. Antes «denuncian» los acuerdos de los congresos estudiantiles de Guatemala, de Brasil y, por supuesto, de éste que recién se ha celebrado. Eran tres las derrotas sufridas por los jóvenes extremistas.

Siguen activos los jóvenes cubanos. En mayo de 1962 Manolín Guillot se infiltra nuevamente en Cuba para reorganizar el movimiento clandestino. También se infiltró, una vez más, Julito Hernández Rojo, Secretario Ejecutivo del Directorio Revolucionario Estudiantil. Llevan –manifestará el General Fabián Escalante años después[118]– «extraordinaria cantidad de armas» destinadas a los

---

[116] Cable de Prensa Latina. El Mundo. La Habana, octubre 18, 1961.

[117] Cable de Prensa Latina de octubre 28, 1961. Periódico Hoy, La Habana, octubre 29, 1961.

[118] Gral. Fabián Escalante Font, General de División del Ministerio del Interior (MININT), miembro del Comité Central del Partido Comunista Cubano. Se unió al Ministerio del Interior en 1960. Antes de Girón, trabajó Escalante para la contrainteligencia cubana en Guatemala, informando a La Habana sobre el

alzados. «Bandidos que operaban en nuestras montañas» los llamará el Gral. Escalante[119]. Poco después, se infiltrará en la zona de La Habana, Fernández Rocha.

Será ésta la penúltima gran actividad clandestina que realizará el Directorio partiendo del territorio norteamericano. Más adelante nos referiremos a la última de estas operaciones.

RESCATE REVOLUCIONARIO

El desembarco del 17 de abril de 1961 toma de sorpresa a los integrantes de Rescate Revolucionario en Cuba.

Aunque la organización que había estructurado Manuel Antonio de Varona con la participación de militantes del autenticismo mantenía, en la isla, a través de sus radio-operadores[120] estrecho contacto con la dirección en el exilio, nada supo de la inminencia de la invasión. Ocupaba en aquellos momentos la Coordinación Militar de Rescate Revolucionario, el antiguo Coronel Manuel Alvarez Margolles[121]. En pocos meses estará complicado en la conspiración del 30 de agosto a la que nos referiremos más adelante.

La Coordinación Nacional de Rescate Revolucionario había sido ocupada por distintos dirigentes: Mario del Cañal, Lomberto Díaz, Alberto Recio, Alberto Cruz y Raúl Méndez Pírez.

---

entrenamiento de los exiliados cubanos. Durante la Crisis de los Cohetes trabajó en la contrainteligencia en Cuba. Fue ascendido a Coronel en 1979 y a Brigadier General en 1989. Fue uno de los jueces en el juicio del Gral. Arnaldo Ochoa.

[119] Gral. Fabián Escalante. Conferencia de Antigua, enero 4, 1991. (Cortesía de James G. Blight).

[120] Las plantas operaban -recuerda Leonor Ferreira, quien era la persona responsable de recoger y transmitir al Coordinador Militar esos mensajes- desde distintas localizaciones. Una de ellas, desde una casa frente a la Embajada Norteamericana.

[121] Según relata Leonor Ferreira, quien servía de enlace a Alvarez Margolles con Francisco y demás Coordinadores Nacionales de las demás organizaciones que funcionaban en el Frente Revolucionario Democrático. Alvarez Margolles era un militar que gozaba de gran prestigio. Estando al frente del Regimiento de la provincia de Oriente se negó a reconocer al gobierno de facto que surgió el 10 de marzo de 1952, por lo que fue sustituido por el entonces capitán Alberto de Río Chaviano.

MOVIMIENTO DEMÓCRATA CRISTIANO

El Movimiento Demócrata Cristiano (MDC) sufría, desde antes, sus propias divisiones. El planteamiento de lo que se conoció como Tesis Generacional, que era un serio enjuiciamiento de la forma en que se conducía el Frente Revolucionario Democrático (FRD), produjo un cisma dentro de la organización que llevó al presidente de la misma, José Ignacio Rasco, a presentar su renuncia a ese cargo. Renuncia que no le fue aceptada pero que condujo a una asamblea general del Movimiento el 11 de mayo de 1961, a menos de un mes de la debacle del 17 de abril.

Con la retirada de la asamblea de algunos de los asistentes, la organización se dividió en dos bandos reclamando cada uno haber obtenido la mayoría[122]. Aquella división fue de corta duración. Pero ya vendrían otras.

Ya para el primero de julio de 1961, estaba superada aquella escisión designándose, por acuerdo unánime de ambas facciones, en la presidencia del MDC a José Angel Ortega, que había sido miembro del Comité Ejecutivo.

Impugnado por los dirigentes obreros de las distintas tendencias dentro del movimiento, (José Antonio Hernández, Raúl Amieva, Dionisio Fajardo) y por distintos miembros del anterior directorio que rechazaban la composición del comité designado por Ortega[123], éste estructura un comité gestor que, a su vez, conduce al nombramiento de un nuevo Comité Ejecutivo. La presidencia recae en Guillermo Martínez (Ramiro) quien fuera Subcoordinador General Nacional en Cuba.

---

[122] Junto a Rasco se encontraba Enrique Abascal Berenguer, Pedro Abascal Berenguer, Antonio Alonso Avila, Manuel y Marta Alpendre, Mario Abril, Laureano Batista Falla, Genaro Call, Sixto Calvo, Alvaro Cosculluela, Heriberto Corona Menéndez, Alberto Díaz Masvidal, Dionisio Fajardo, Santiago Fernández Pichs, Pedro García, Alfonsito Gómez Mena, Lilia Groso, Nicolás Gutiérrez, Julio (July) Hernández, Nelson Iglesias, Clemente Inclán, Juan Carlos Jimenez, Jorge Mantilla, José A. Marcos, Miguel A. Martínez, Oscar Morales, Juan Mesa, Tony Pérez, Blanca Rodríguez, Enrique Ros, Luis A. Suao y otros.

Respaldan a la otra facción, encabezada por Melchor Gaston, Pedro Pablo Bermudez, Bernardo Maristany, Fritz Appel, Fermín Peinado, Rubén Darío Rumbaut, Manuel de la Torre, César Madrid y otros. Varios antiguos dirigentes se abstienen de participar en esta pugna. Fuente: Archivo personal de Enrique Ros.

[123] Acuerdo tomado el 5 de agosto de 1961. Archivo personal de Enrique Ros.

Se encuentran en Miami, en aquel momento los tres primeros Coordinadores Nacionales del Movimiento en Cuba: Enrique Ros, José Fernández Badué y Alberto Junco. Fernández Badué (Lucas) ostenta en el Consejo Revolucionario la representación del MDC reconocido por aquel organismo. Alberto Junco, recién llegado de la isla, trae documentación que lo acredita como el representante en el exilio del Movimiento Clandestino de la organización.

Junco había estado envuelto en una conspiración para liquidar físicamente al dictador cubano[124]. Habían complicado, con poco o ningún fundamento, a personas que entre sí no estaban asociadas para realizar tal hecho. Fueron detenidos, en distintas ciudades y por diversas causas como antes hemos expuesto: en Oriente, Luis Torroella, José Rosabal, Humberto Rosdi y Lázaro Price de León; en Las Villas, Angel González, Segundo Borges y otros; en La Habana, José Pujals Mederos, Alfredo Izaguirre Rivas, Octavio Barroso, Emilio Adolfo Rivero Caro y otros. Iniciaron los órganos de represión más de tres causas y las entremezclaron arbitrariamente. Nos referiremos a ellas más adelante. Complicado Alberto Junco en el informe que está elaborando el Ministerio del Interior, se ve obligado a abandonar la isla.

Para noviembre de 1961 la presidencia del Movimiento la ocupaba Laureano Batista Falla, cuya designación retrajo a distintos dirigentes y produjo la renuncia del Ejecutivo de la Juventud[125].

Ese era el cuadro de esta organización cuando comienza el juicio a los brigadistas y las negociaciones para su liberación.

Dentro de las filas de la Juventud Comunista, que por años estuvo anquilosada, también se producen cambios. Flavio Bravo, el estudiante eterno, deja en manos de Ramón Calcines la presidencia de la Juventud Comunista, para pasar al Ejecutivo Nacional del Partido. Ramón, hermano menor de Faustino Calcines, tres años antes encabezó la delegación que había visitado la Unión Soviética en el Festival Mundial de la Juventud. Cedía, ahora, la presidencia de la Juventud Comunista al Comandante Joel Iglesias. En agosto,

---

[124] Periódico Revolución. La Habana, septiembre 27, 1961.

[125] Con fecha febrero 22, 1962 renunció el Ejecutivo en pleno de la Juventud Demócrata Cristiana de Cuba: José M. Díaz Pereira, Presidente; J. Petit Cardoso, Clara de León, Luisa Chau, Lilia Groso, Enrique Chau, Armando Martínez Alonso, Eduardo Arias, Luis Martínez, José A. Marcos, Sixto Calvo, Eduardo J. Carraugh e Isabel Pérez.

lamentablemente para él, se encontrará con Manolo Salvat. Nos referiremos al incidente en próximas páginas.

AUMENTA EN CUBA LA LUCHA Y LA REPRESIÓN

Armando Escoto Aloy, Ramón Díaz Calderín y Pedro Valdés Montero se encontraban en la finca «El Rubí», en Cabaña, Pinar del Río, el 4 de marzo de 1961, esperando al pequeño avión que les llevaría las armas para el grupo que con ellos ya estaban alzados. Antes de que el avión arribara fueron cercados por soldados y milicianos que detuvieron a los 3 combatientes. Días después fueron fusilados. Habían sido delatados por un hombre en quien, desde muy joven, Escoto confiaba y consideraba su amigo: Rubén Torres Torres (El Gaucho)[126]. A 9 años de prisión, en la misma causa, fueron condenados Julia Martínez Pérez; Rufino Valdés; Jesús Martínez; Leonardo Avila y otros. El tribunal revolucionario estuvo integrado por: Enrique Montes de Oca, presidente; sargento Dionisio Jorge Portilla, secretario; vocales: teniente Arsenio Bringas; Verónica Pérez, Pastor Valenti y Fidel García. Fiscal: Abelardo Aveledo.

También en la provincia pinareña se encuentran alzados Bernardo Corrales[127], capitán del Ejército Rebelde, que opera en el área de San Cristóbal. Fue fundador del Movimiento Demócrata Martiano (MDM), cuyo Coordinador Nacional era Ramón González, padre del combatiente Raúl González Jerez. Había operado bajo la jefatura de Víctor Paneque en la Cordillera de los Organos. Capitanea un grupo numeroso. Corrales es herido en combate y apresado; sometido a juicio dos meses después es fusilado el 15 de septiembre junto con René Suárez. En la causa serán condenados a

---

[126] Avance C., Noviembre 1961.

[127] Bernardo Corrales había combatido al gobierno de Batista y al triunfar la revolución formó parte del ejército rebelde con el grado de Capitán. Fue de los primeros en percatarse del rumbo que tomaba el nuevo gobierno. De la Quinta Estación de Policía a la que había sido destacado fue trasladado a Bahía Honda y más tarde, a la base de San Julián en Pinar del Río. Desertó y se levantó en armas en aquella provincia.

94

30 años de prisión Herminio Gómez Suárez, Félix Cabrera Aguila y Remigio Rodríguez Pérez[128].

Por Artemisa está operando Ismael García Díaz (Titi), atacando primero al cuartel de milicias de Guayajabo, y luego otras instalaciones y vehículos militares. En una confrontación con el ejército es herido el 29 de agosto junto con Adolfo Echevarría, condenándosele a la pena capital a él y a Israel Sánchez Suárez[129].

En San Cristóbal es apresado otro grupo de cubanos. Se acusa a Ernesto Pérez Morales de ser «contrarrevolucionario y agente de la CIA». Muere frente al paredón el 30 de septiembre. Quince personas son condenados a 20 años y otras a 10 años de prisión[130].

En la zona de Viñales, también en la provincia occidental opera un nutrido grupo, Norberto Belauzarán, César Más, Claro Pérez Martínez, Mario Morfi Bravo y cerca de 30 personas más son apresados el 26 de octubre, y sancionados por el Tribunal Revolucionario de Pinar del Río[131].

Una de las más limpias figuras de la lucha contra el régimen comunista, Jorge Fundora[132] muere ante el paredón el 14 de octubre.

En el otro extremo de la isla, en Santiago de Cuba, los Tribunales Revolucionarios también son pródigos en la aplicación de la pena capital. El mismo día (septiembre 30, 1961) en que es ajusticiado Pérez Morales en San Cristóbal, era fusilado en la capital de Oriente el Teniente del Ejército Rebelde, Marco Antonio Vazquez Gómez quien desde principios de año estaba alzado en la Sierra

---

[128] En la causa 102 de 1961 son también condenadas más de cien personas con condenas que fluctúan de 30 a 3 años. Los nombres están relacionadas en el periódico El Mundo de septiembre 16, 1961.

[129] Por la causa 204 de 1961 se condena a 24 "contrarrevolu- cionarios". Entre ellos, Sergio Fernández Corvo, Luis Roig Noa, Félix Sánchez, Carlos Delgado y Roberto Cruz.

[130] En la causa 118 "Contra los poderes del Estado" el fiscal los acusa de haber estado conspirando en la Loma del Toro, en el término de San Cristóbal. Son condenados a 20 años de prisión quince personas. Entre ellas, Anacleto Hernández, Bienvenido Cruz Lara, Angel Cabrera e Hilario González.

[131] 21 personas son condenadas a 20 años de prisión.

[132] Jorge Fundora se había infiltrado en Cuba el 6 de enero de 1961. Ver amplios detalles en "Girón: La Verdadera Historia".

Maestra. En la causa fueron condenados, a distintos años de prisión, Orlando y Wenceslao Rabí Benítez, Héctor Acosta, Raúl Suárez Macías, Alberto Fernández Alvarez, Erasmo Quesada, William Costa, Juan Manuel Vazquez Gómez, y otros. Y, como siempre, la mujer cubana representada por Mercedes Barrera Menéndez y Norma Corrales Vázquez. Por Imías de Baracoa habían estado combatiendo cerca de un centenar de hombres bajo la jefatura de Ezequiel Delgado Reyes, antiguo oficial del Ejército. Son apresados en los días finales de septiembre. Delgado morirá ante el paredón. 67 de los apresados sufrirán años de cárcel.

En la zona de Cienaguillas, en Manzanillo, están alzados Raimundo Emeterio López Silvero y Fernando Valle Galindo, tenientes del Ejército Rebelde. Junto a ellos se encuentra Antonio Alfaro Alfonso, Antonio Barceló Ortiz, Ovidio Pérez Porta, Rangel Vázquez, Gerardo Rivera, Angel Avila Rivas.

Igualmente, porque es un numeroso grupo, están combatiendo, unos en la montaña y otros en la ciudad, Angel Manuel Virosta, Bruno Acuña, Orlando Vázquez Sanz, Manuel Rifat Casellas y Santiago Alonso.

Están, también, algunas mujeres: Adelina Arenado Elías, Caridad Barroso Velázquez, Victoria Elías Tuma, Ana María Rojas y otras. Muchos de ellos serán capturados y, en un demorado proceso, serán condenados el 4 de octubre de 1961. Serán fusilados López Silvero y Fernando Valle Galindo. Los demás cumplirán años de cárcel.

Las severas penas no amedrentan a los combatientes. El grupo de acción del MRR prepara un atentado a la figura de mayor relieve del antiguo Partido Socialista Popular: Carlos Rafael Rodríguez. Han estudiado sus movimientos. Le siguen sus pasos. Era el 12 de septiembre de 1961.

Había asistido Carlos Rafael, que en aquel momento fungía como director del periódico Hoy, a una reunión de la ORI en el Teatro Sauto de la ciudad de Matanzas. Los hombres de acción lo sabían. A su regreso, por la carretera de la Vía Blanca, cerca de Jibacoa, en el límite de las provincias de La Habana y Matanzas, están apostados Nestor Fernández, Chelo Martoris, el Chino Méndez, Matagás y otros. Abren fuego sobre el carro en que viene Carlos Rafael. El automóvil acelera y Chelo Martoris avanza hacia el centro de la carretera para lanzarle una granada. Da un traspiés y cae sobre la granada que explota bajo su cuerpo. La prensa oficial describe y denuncia el siguiente día la acción: «Condena el pueblo el ataque al director de «Hoy», «el automóvil en que viajaba con su compañera María Antonia Hernández recibió varios impactos de bala pero ninguno de los ocupantes resultó herido». Horas después Martoris, gravemente herido, fallece en el Hospital de Emergencias en Carlos III. La lucha continúa.

Cuba está alzada en armas. Los pelotones de fusilamiento siguen segando vidas. Pero crece, en esos meses finales de 1961, la rebeldía. La isla se convierte en extenso campo de batalla. El 30 de noviembre, el régimen emite una orden draconiana: La Ley 988. «La Ley contra el Terror» la llamarán los voceros oficiales. Recuerda su redacción los «mandos» de Valeriano Weyler: «Serán sancionados con la pena de muerte.... los que formen parte de un grupo armado, los responsables de incendio... los que se infiltren en territorio nacional...» Por supuesto, «se derogan cuantas disposiciones legales se opongan a lo dispuesto en la presente Ley». Como si cualquier precepto legal hubiese sido, antes, respetado.

Quienes no mueren combatiendo o frente al paredón sufrirán, en palabras de Martí, «el dolor infinito del presidio». El presidio político cubano, dirá un siglo después Alberto Fibla, «está impregnado de sangre».

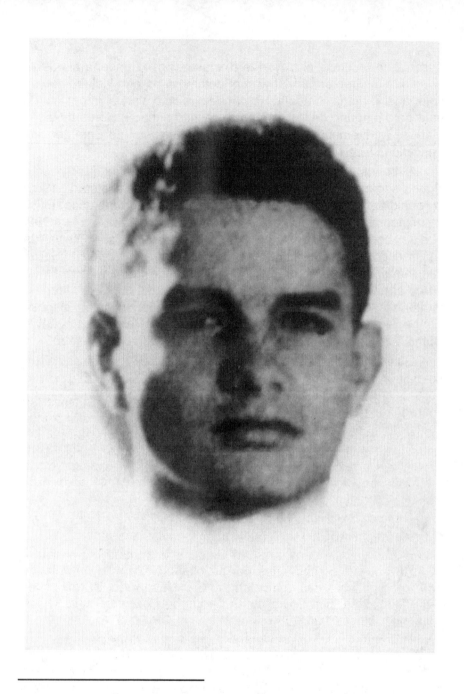

Juan Pereira Varela "Juanín", asesinado por tropas del gobierno de Castro en la costa norte de Pinar del Río en diciembre de 1961. Era entonces el Coordinador General del Directorio Revolucionario Estudiantil (DRE). Aquella noche esperaba a unos compañeros que volvían a Cuba. Todos los que lo conocieron lo recuerdan como una de las fituras más nobles y buenas del proceso de la lucha contra Castro.

CAPÍTULO IV

El viernes 21 de abril, apenas a los cuatro días de haberse producido el desembarco, somete Castro a un interrogatorio público a los miembros de la Brigada. Utiliza, como escenario, el enorme salón teatro de la CTC. Ocupando las primeras lunetas está Osvaldo Dorticós y los ministros del gobierno. Junto a ellos, representantes diplomáticos de varias naciones. El careo se transmite, por radio y televisión a todo el país.

El panel lo integran Carlos Franqui, Carlos Rafael Rodríguez, Mario Kuchilán, Raúl Valdés Vivó, el Comandante Guillermo Jiménez, el Teniente Sidroc Ramos, Gregorio Ortega, José R. Masseti, Leonel Soto y Enrique de la Osa. Funciona como moderador, Luis Gómez Wanguement.

Solo es interrogado un pequeño número de Brigadistas. Los más respondieron escuetamente con dignidad, haciendo constar su nombre, unidad a la que pertenecía y ofreciendo breves comentarios sobre su incorporación a la Brigada o las acciones en que habían participado. Otros, los menos, pretendieron minimizar su responsabilidad. Un tercer grupo, convirtió en desafiante y victorioso reto el interrogatorio a que era sometido. Este fue, entre otros, el caso de Felipe Rivero Díaz.

Reproducimos aquí parte de esa confrontación:

INTERROGADOR: Relate su vida en los campamentos.

RIVERO: Solamente tuve 20 días de entrenamiento militar e ingresé en los campamentos por mi expresa voluntad, porque no comulgo con las ideas comunistas y opino que Fidel Castro se ha entregado a la Unión Soviética, pudiendo haber tomado una actitud neutralista sin entreguismo.

INTERROGADOR: ¿Qué entiende Ud. por nacionalismo?

RIVERO: Es reivindicar a la sociedad todo cuanto a ella pertenece, esa es mi opinión. Después añadió: nuestra invasión era solo de cubanos y en ella no participó ni un solo ciudadano norteamericano.

INTERROGADOR: ¿Qué opina Ud. sobre la política de Fidel Castro?

RIVERO: Estoy seguro que su Revolución no ha triunfado y que en otro choque con fuerzas antagónicas dudo que pueda sobrevivir.

INTERROGADOR: ¿Por qué perdieron ustedes?

RIVERO: Porque ustedes estaban mejor armados que nosotros y que nuestras esperanzas eran que el pueblo se cambiara a nosotros.

INTERROGADOR: ¿Fue usted engañado al venir aquí?

RIVERO: No señor.

INTERROGADOR: ¿Cree usted que Cuba no es un país soberano?

RIVERO: Dudo que pueda ser soberano

INTERROGADOR: ¿Por qué usted nunca ha estado con la Revolución?

RIVERO: Porque los puntos de vista de ustedes no me agradan.

INTERROGADOR: Hubo muchos de sus compañeros que se rindieron como unos cobardes.

RIVERO: No voy a atacar a mis compañeros, el paredón no me aterra. Somos cubanos heroicos.

INTERROGADOR: ¿Por qué entonces se rindieron?

RIVERO: Porque no teníamos agua, además no nos rendimos, peleamos a la altura de las circunstancias[133].

LA COMISION DE PRISIONEROS. COMITÉ DE ELEANOR ROOSEVELT. LA COMISION TÉCNICA. FAMILIAS CUBANAS APORTAN SUS JOYAS. EL COMITÉ DE FAMILIARES

No demoró en conocerse la posibilidad de que los brigadistas lograsen su libertad a través de un trueque o intercambio. El jueves 18 de mayo Fidel Castro al dirigirse a una gran concentración de campesinos al celebrar el segundo aniversario de la Reforma Agraria expresó:

«Si los imperialistas no quieren que sus gusanos trabajen, que nos los cambien por tractores».

Más tarde en el mismo día, le hizo el mismo ofrecimiento a José Pérez San Román al visitarlo en el Hospital Naval y le pidió que los

---

[133] Tomado de "Diario de una Traición, 1961", de Leovigildo Ruiz.

prisioneros nombrasen una comisión de 10 brigadistas para que fuesen a los Estados Unidos a viabilizar el intercambio.

De inmediato Sergio Carbó, miembro del Consejo Revolucionario y director del confiscado periódico Prensa Libre, pidió públicamente al Presidente Kennedy que aceptase el cambio propuesto por Castro. En igual sentido se manifestó el ex-Presidente Carlos Prío Socarrás quien pidió la «creación de un Comité que se encargue de colectar los fondos necesarios para el intercambio propuesto» por el dictador cubano.

Dos días después, el 22 de mayo, 1961, llegaba a Miami el grupo de diez prisioneros para negociar la permuta de «tractores por hombres» y recaudar los millones de dólares que Castro exigía para liberarlos. La comisión la integraban Ceferino Alvarez, Ulises Carbó, Mirto Collazo, Waldo de Castroverde, Gustavo García Montes, Luis Morse Delgado, Eloy Alvarez Tamargo, Juan José Peruyero, Reinaldo Pico y Hugo Sueiro.

Aunque admite que «el procedimiento empleado por Castro contraviene las convenciones internacionales sobre prisioneros de guerra», el Consejo Revolucionario, presidido por Miró Cardona, «por razones de solidaridad humana acepta pagar el precio exigido», y «solicitará del mundo libre el monto total del rescate». Pero, en gesto que lo enaltece, Miró Cardona plantea, «además, la libertad de todos los presos políticos que se encuentran en prisión por combatir al régimen de Cuba», y pide que las negociaciones se realicen a través de la Cruz Roja Internacional[134].

Castro, sin vacilación, rechaza tratar con el Consejo Revolucionario e impugna la participación de la Cruz Roja.

De inmediato se formó un comité de destacadas personalidades privadas para gestionar la permuta de prisioneros por tractores. Se encargarán de recaudar los fondos necesarios para la compra de los tractores. Estará compuesto de Eleanor Roosevelt, Walter Reuter y Milton Eisenhower. A la semana, que era el término convenido, regresa a La Habana la comisión de brigadistas. Se ha fijado en 500 el número de tractores. El 25 de mayo Castro ratifica su aceptación. Surgen enseguida las primeras dificultades. La radio controlada de La Habana acusa a Manuel Antonio de Varona de

---

[134] Declaraciones oficiales del Consejo Revolucionario Cubano, de Mayo 20, 1961.

obstaculizar las negociaciones al exigir la liberación de todos los prisioneros de guerra y no sólo de aquéllos que designe Castro.

No obstante, continúan las negociaciones. El sábado 3 de junio el «Comité de Ciudadanos», encargado de recaudar los fondos, ahora integrado también por un tesorero. (Joseph M. Dodge), envía un cable a Castro informando que los 500 tractores están listos, en Detroit, para su entrega tan pronto como Castro confirme su disposición de hacer el canje. Pero aparece una nueva dificultad; esta vez de carácter técnico sobre el tipo de tractores exigidos.

La «Comisión Tractores por Libertad» ofrece 450 tractores agrícolas para uso general y 50 tractores tipo oruga. Castro exige que los 500 fuesen de tipo oruga, de la categoría de 30 toneladas. Los más grandes que propuso la comisión eran de 15 toneladas. Se le da a Castro un plazo hasta el miércoles 7 de junio, para responder. Ya nada resultó fácil.

Se nombra una comisión técnica agrícola[135] integrada en los Estados Unidos que vuela a La Habana, el 13 de junio. No hay avenencia. Castro se niega –lo había expresado antes– a incluir «los criminales de guerra». El valor de los tractores lo eleva de $20 millones a $28 millones[136]. Ahora tampoco cambiará a Artime, San Román y Oliva. En la prensa local (Revolución, Hoy y otros) Castro declara (Junio 14) que los cambiará por Francisco Molina (El Gancho); Pedro Albizu Campos y Henry Winston, que guardan prisión en los Estados Unidos[137].

La Comisión Técnica informa a Eleanor Roosevelt y demás miembros del Comité de Ciudadanos que considera inaceptables las condiciones de Castro. A su vez, el dictador cubano rechaza la propo-

---

[135] La comisión técnica la integran Roy Bainer, C.H. Hansen, J.B. Liljedhal y Duane P. Greathouse.

[136] Castro había pedido 500 tractores grandes, tipo D-8. Aceptaba tipos menores pero el valor total debe ascender al costo de 500 tractores grandes D-8.

[137] Francisco Molina se encontraba encarcelado al ser encontrado culpable de la muerte de una niña en el enfrentamiento a tiros que se produjo en Nueva York con motivo del viaje de Fidel Castro en Septiembre de 1960 para hablar en las Naciones Unidas. Henry Winston era uno de los dos máximos dirigentes del Partido Comunista de los Estados Unidos que, desde años atrás, estaba preso (El Presidente Kennedy lo indultó dos semanas después, el primero de julio).
Pedro Albizu Campos, que estaba preso desde el 6 de marzo de 1954, recibió libertad condicional el 21 de septiembre de 1962.

sición del Comité, demandando que el valor del canje total «debe ser igual al total de los 500 Super D-8 y sus repuestos». Pero anuncia que enviará de nuevo a los Estados Unidos a la «Comisión de Prisioneros».

Éstos llegan a Cayo Hueso el domingo 25 de junio a bordo del barco costarricense «Arenal». El día anterior el Comité de «Tractores por Libertad», que también había sido conocido por otros nombres, había anunciado su disolución

Del fracaso inicial, Castro acusa al comité encabezado por Eleanor Roosevelt «que era producto de una maniobra del imperialismo norteamericano... cuyo gobierno no quiso encarar el problema... y acudió a reunir a ciudadanos bien conocidos para no dar la impresión de que se trataba de una cuestión oficial»[138].

Al terminar el mes de junio reaparece el «Comité de Familiares Pro-Libertad de Prisioneros de Guerra de Cuba». Lo constituyen Alvaro Sánchez Jr.; Ana Aizcorbe de Carbó; Guillermo Alonso Pujol; José R. Andreu; Virginia Betancourt de Rodríguez; Eduardo Suarez Rivas; Humberto Cortina; Enrique Llaca; Marta Gavito de Ramos y Roberto García Serra[139]. Envían, a «todos los miembros del Congreso de los Estados Unidos», una carta explicando las razones que motivaron la constitución de este comité de familiares. Le quedará muy brevísima vida.

Ese fin de semana fenece ese extenso comité[140]. Se va a crear, de inmediato, otro que participará activamente en las múltipleas gestiones que habrán de realizarse.

El 31 de julio regresa a La Habana la Comisión de Prisioneros con dos bajas en sus filas. Mirto Collazo y Reinaldo Pico se negaron a regresar. Ernesto Freyre y Alvaro Sánchez se ofrecen para ocupar sus puestos, noble gesto que no les es aceptado. Pero viaja a Cuba junto con los 8 integrantes de la Comisión de Prisioneros, una Delegación de Familiares: Ernesto Freyre, Alvaro Sánchez, Eusebio

---

[138] "Revolución", junio 27, 1961. Castro resentía también que la Comisión de la Sra. Roosevelt no hubiese ido a Cuba sino "que nos enviaron una comisión de técnicos que no tenían facultades".

[139] Funcionarán en la Habitación 211, del Hotel Miami Colonial.

[140] El lunes 3 de Junio, 1961, la "Comisión de Familiares" acordó, por decisión unánime de sus miembros, su disolución declinando en la Comisión de Prisioneros de Guerra la gestión que ellos antes se habían impuesto. Fuente: Diario Las Américas, Julio 4, 1961.

M. Hernández y Virginia Betancourt. Berta Barreto, que vive en Cuba, será el permanente eslabón del Comité con La Habana.

Se inicia una intensa campaña de recaudación de fondos. Familias cubanas –emulando a las Damas de La Habana que tan eficaz ayuda ofrecieron dos siglos atrás a George Washington– regalan sus joyas para ayudar a libertar a los presos de Playa Girón[141]. El Comité de Familiares mantuvo estrecho contacto con figuras públicas y empresas privadas en una campaña nacional para recaudar los fondos requeridos para adquirir los tractores y liberar a los prisioneros. El abogado James B. Donovan, estrechamente rela-

---

[141] El Comité de Familiares el 3 de agosto dio a conocer la siguiente relación de donaciones:

RELACION DE JOYAS DONADAS

Isabel Jáuregui: Identificación de oro, sortija de oro con brillantes, rubíes y agua marina.
Cecilio Pérez González: Sortija de oro, platino y brillante.
Cira Truebas: Sortija de oro con amatista.
Lilliam Cruz.: Sortija de platino con amatista, sortija de oro con agua marina y brillantes.
Sira Vidal de Díaz: Esclava de oro con dije. Sortija de platino y brillantes. Sortija de oro y perlas.
María Elena Díaz de Toraño: Pulso de oro con cadenas y broche. Pulso de oro en forma de eslabones. Dos aros de oro. Un pulso de eslabones de oro con dijes.
Dr. Mario Díaz Rousselot.: Reloj de oro con pulso del mismo metal.
Raquel Reguera de Abril:. Sortija de oro y brillantes
Elena Pedroso de Zayas Bazán: Un pulso de eslabones tejidos de oro con 12 dijes. Un abanico francés antiguo (1,800) bordado, con bordes de hilo de oro.
German Alvarez Fuentes: Reloj pulsera de oro con pulsera del mismo metal marca Patek Philippe.
Gloria García: Pulsera esclava de oro con cierre y cadena de seguridad.
Flora García: Dos relojes de oro con sus pulseras del mismo metal.
Rina Rodríguez: Seis aros pulsera de oro.
Teresa Lavaniegos: Pulso de oro con dije.
Raquel Alfonso de Canosa: Pulso de indentificación de oro.
Cira Truebas: Sortija de oro con amatista.
Ada Alvarez Fuentes: Pulso eslabones de oro.
Carlos Falla: Reloj calendario Rolex de oro con pulsera del mismo metal.
Jorge Herrera Morales: Sortija de oro con brillantes y amatista.
Mercedes Días de Silverio: Sortija de oro con brillantes y rubíes. Par de aretes de turmalinas, brillantes y platino. Pulso de oro y perlas. Sortija de oro y amatista.
Isabel Suárez vda. de Liebra: Pulsera de oro y brillantes y rubíes.
Ada Fernández: Reloj pulsera con su pulso de oro.
Alvaro Sánchez Jr: Reloj pulsera de oro con pulsera tejida de oro.
Lilian Cruz: Vanity de plata con filigranas de oro.
Coralia Chaplin: Vanity de plata con filigrana del mismo metal.
Raquel Reguera de Abril: Par de aretes de platino y brillantes.
Amparo Prieto de Toraño: Sortija de oro con topacio.
Carmen Luis Rosell de Rivero: Par de aretes de agua marina, platino y brillantes.
Clotilde Rodríguez de Rivero: Alfiler de oro, brillantes, topacios y rubíes.
Margot García: Cadena de oro con su medalla de oro con rubí.

cionado con Bob Kennedy, se hizo cargo del asesoramiento legal y de dirigir las negociaciones con Castro. El 24 de septiembre informa el Comité todo lo que han avanzado en sus conversaciones con funcionarios del gobierno norteamericano.

El comité funcionaba en 1730 Biscayne Blvd con el nombre de Cuban Families Committee for Liberation.

A fines de mes otras familias también donan sus joyas para obtener el rescate de los prisioneros: Olga Fuente, Margarita Martínez, Andrés Vico, Angela Marín Rubio, Teresa Toraño, Carlos Falla Sanguily, Julia A. Sanguily Falla[142]

SE INICIA EL JUICIO A LOS PRISIONEROS DE LA BRIGADA 2506

Los 1186 prisioneros cubanos comenzarían a ser juzgados el 29 de marzo de 1962. Once meses después del desembarco. Fue precisamente el 20 de marzo que el Ministerio de las Fuerzas Armadas anunció la fecha en que se iniciarían los juicios. La noticia era escueta:

«El Departamento Jurídico del Ministerio de las Fuerzas Armadas Revolucionarias dio a conocer que el próximo día 19 se celebrará el juicio contra los mercenarios que en abril del pasado año invadieron nuestra patria y fueron capturados con las fuerzas populares en Playa Girón».

El comunicado, escueto, hiriente, injurioso.

Ya antes, cinco de los que cayeron prisioneros habían sido ejecutados el 9 de septiembre de 1961 en Santa Clara tras sometérsele a un juicio como criminales de guerra. Los fusilados en aquella ocasión fueron Ramón Calviño Insúa, Jorge King-Young, Emilio Soler Puig, Roberto Pérez Cruzata, y Antonio Padrón Cárdenas. Otros nueve brigadistas, juzgados en aquel mes de septiembre, habían sido condenados a treinta años de prisión[143].

---

[142]Leovigildo Ruiz. "Historia de una Traición". 1961.

[143] Los nueve brigadistas sancionados a 30 años eran Pedro Armando Santiago Villa, José Franco Mira, Rogelio Milián Pérez, Andrés de Jesús Vega, José Rafael Machado, José Ramón Conte, Nicolás Hernández Méndez, Pedro Humberto Reyes Bello y Ricardo Montero Duque.

El proceso legal que ahora se iniciaba dividiría aún más al exilio cubano. Se había esforzado el Comité de Familiares de Prisioneros en recaudar los fondos necesarios que permitieran canjear por tractores agrícolas a quienes «combatieron por la libertad y contra el comunismo en este hemisferio» como expresaba el Presidente del Comité, Alvaro Sánchez.

Había gran preocupación porque, a menos de una semana de la fecha señalada para iniciarse el juicio, no se conocía donde éste se celebraría, cuales eran los cargos, si se les trataría como prisioneros de guerra, si serían juzgados en masa o individualmente. La tensión y la preocupación aumentaban. El Consejo Revolucionario en declaraciones públicas planteó la necesidad de que los pueblos de América estuvieran abiertos respecto al juicio que se le seguiría a los prisioneros de Playa Girón. A nombre de la organización los doctores Antonio Maceo, Miguel Figueroa, José Ignacio Lasaga, Gerardo Quesada y Tomás Gamba en conferencia de prensa manifestaron que Cuba era parte de la Convención de Ginebra relativa al Trato de los Prisioneros de Guerra celebrada el 12 de agosto de 1949 y que bajo ese carácter de «prisioneros de guerra» debían ser juzgados los miembros de la Brigada 2506.

Por mandato de la Convención de Ginebra, de la cual fueron signatarios todas las naciones civilizadas, y, además, por principio universalmente aceptado y respetado desde los inicios de la época moderna –apuntaba Sergio Carbó, el antiguo director del clausurado Prensa Libre– los prisioneros de guerra *no pueden ser juzgados*. Y, muchos menos, condenados.

Pero lo fueron y lo serían.

El juicio se inició el jueves 29 de marzo en la Prisión del Castillo del Príncipe. El Fiscal del Tribunal lo sería Santiago Cubas Fernández, Fiscal del Tribunal Supremo; actuando como secretario el Capitán Narciso Fernández Suárez. Se designó como defensor de oficio a Antonio Cejas.

EL TRIBUNAL

El tribunal lo integraban cinco miembros del Ejército Rebelde, presidido por el Ministro del Trabajo, Comandante Augusto Martínez Sánchez e integrado, como vocales, por el recién nombrado Jefe de la Fuerza Aérea Comandante Sergio del Valle; el Jefe del Ejército, Comandante Juan Almeida; el Comandante Guillermo García, adscrito al Ejército de Occidente, y el Comandante Manuel Piñeiro, el tristemente llamado «Barbarroja».

De «tribunal de la farsa» lo calificará la pluma incisiva de Sergio Carbó.

Se le prohibió la entrada al público y a la prensa internacional. Los únicos periodistas que pudieron asistir eran los miembros de la prensa local y de los «países amigos». Las agencias cablegráficas informaron que miles de cubanos «acudieron a misa esta mañana para orar por los prisioneros al comenzar el juicio». Las garantías, por supuesto, eran mínimas. El gobierno negó acceso a la prisión a los abogados designados por los familiares y amigos de los procesados. Tampoco se informó sobre las acusaciones oficiales en contra de los prisioneros.

Parientes y amigos de los prisioneros pretendieron hacer, frente a la prisión de la capital habanera, una «Vigilia de la Muerte» pero los milicianos los forzaron a retirarse de las inmediaciones del Castillo del Príncipe.

LAS VISTAS

Al comenzar la primera vista, el secretario leyó el acta de acusación en que se narraba la historia, adaptada a la conveniencia del régimen, de la invasión.

Declararon varios brigadistas. Como «testigos», que más que testigos se convirtieron en fiscales, comparecieron el primer día los comandantes del ejército castrista Oscar Fernández Melo, Pedro Miret y José Fernández; los capitanes Raúl Curbelo, Emilio Aragonés, Osmany Cienfuegos y Flavio Bravo, todos estrechísimamente comprometidos con el régimen.

Las vistas siguientes las emplea el fiscal Cubas describiendo la integración de la Brigada 2506, su Jefatura General, sus batallones, los barcos utilizados, y, en una acusación, tan ridícula como absurda, habla de «los banqueros de bolitas, tahures y traficantes en drogas y sesudos (Felipe Pazos y Miró Cardona), como certeramente los calificara el Compañero Fidel Castro». Miró y Pazos, en su larga actuación profesional habían recibido, como todo hombre público, muchos ataques y calificativos. Este de hoy, por lo disparatado, más que insultante, era risible. Pero todo el juicio no era más que eso, una farsa.

El miércoles 4 de abril el fiscal pidió para unos la pena capital y para otros condena de veinte años. El fiscal, Santiago Cubas, afirmó que los invasores debían ser considerados traidores a su patria y demandaba que «este tribunal, con alto espíritu de justicia revolucionaria, tendrá que sancionar con la mayor severidad estos actos, imponiendo a todos los acusados, a los integrantes de la Brigada 2506, las penas más duras y severas de las que nuestra ley penal establece para el grave delito de traición». El defensor, Antonio Cejas, recomendó que la sentencia fuese «tan generosa, como generosa fue la gran victoria de Girón». En sus tumbas se habrán revuelto los prisioneros que murieron asfixiados en la «Rastra de la Muerte»: Alfredo Cervantes, José Ignacio Macía, René Silva Soublette, José Millán, Santos G. Ramos, Hermilio Quintana, Moisés Santana, José Villarello y Pedro Rojas.

LA SENTENCIA

El 7 de abril de 1962 se da a conocer la sentencia en el «Juicio Sumarísimo de la Causa #111 de 1962 seguida por infracción del artículo 128 del Código de Defensa Social en relación con el artículo 5 de la Ley 425 del 7 de Julio de 1959 contra los acusados que a continuación se relacionan».

En los 8 párrafos de los «RESULTANDO PROBADO» se menciona la hora y fecha en que se inicia el desembarco del 17 de abril, el número de hombres que integraban la Brigada 2506, el lugar de Centroamérica del que habían partido; el nombre de las distintas playas por las que desembarcaron, se califica de «artero y criminal el ataque de los mercenarios», y se elogia el «comportamiento heroico de las Fuerzas Armadas Revolucionarias». En estos extensos párrafos se relacionan, igualmente, los nombres de los barcos en que llegaron los expedicionarios, así como el nombre que se les había asignado en la operación. Por supuesto, se hace constar que «los invasores tenían el propósito de restablecer el dominio de los monopolios norteamericanos en la economía cubana.

Sentencia contra los in

En la ciudad de La Habana, a los siete días del mes de abril de mil novecientos sesenta y dos.

Ante el Tribunal Revolucionario integrado por los comandantes Augusto R. Martínez Sánchez, como Presidente; Juan Almeida Bosque, Sergio del Valle Jiménez, Guillermo García Frías y Manuel Piñeiro Losada, como Vocales; actuando como Secretario el capitán Narciso A. Fernández Suárez; como Fiscal el doctor Santiago Cuba Fernández y como Defensor de Oficio el doctor Antonio Cejas Sánchez, fue vista en juicio sumarísimo la Causa número 111 de 1962 seguida por infracción del artículo 128 del Código de Defensa Social en relación con el 5 de la Ley No. 425 de 7 de julio de 1959 contra los acusados que a continuación se relacionan:

(En el texto de la sentencia, sigue una relación completa de los nombres de todos los acusados con sus respectivas generales).

RESULTANDO PROBADO: Que a las 2.30 de la mañana del día 17 de abril de 1961, comenzó a desembarcar por la costa sur de la provincia de Las Villas, en la Ciénaga de Zapata y procedentes de Puerto Cabezas, República de Nicaragua, un grupo armado, financiado, equipado y entrenado por el Gobierno de los Estados Unidos de Norteamérica, denominado por sus integrantes Brigada de Asalto 2506, formado por unos 1,500 hombres, entre los cuales se encontraban los encartados sujetos a esta Causa.

Que el plan de invasión mercenaria según los documentos ocupados a los acusados contempla realizar desembarcos en tres puntos de la Ciénaga de Zapata: Playa Larga, que denominaban en sus planes "Playa Roja" donde descargaría el buque "Aguja"; en Playa Girón, denominado "Playa Azul" donde descargarían los buques "Ballena" y "Tiburón"; y en Caleta Verde, denominada "Playa Verde", donde descargarían los buques "Marsopa", "Barracuda" y "Atún", en tanto que un batallón de paracaidistas ocuparía posiciones al Norte de Playa Girón y Playa Larga, alrededor de San Blas y Sopillar, respectivamente, con la misión de cerrar el acceso a la zona de desembarco y operaciones para aislarlas, a fin de fortificarse y situar allí un gobierno provisional, iniciar y desarrollar una guerra de desgaste que facilitara los planes intervencionistas del Gobierno imperialista de los Estados Unidos de Norteamérica.

Que la Brigada mercenaria desembarcó por Playa Girón y por Playa Larga después de la resistencia que le hicieron pequeñas unidades de las Milicias Nacionales Revolucionarias. Desembarcaron sus tanques, arrojaron un Batallón de Paracaidistas, al Norte de Girón para cerrar la carretera que conduce al Central Australia; 16 aviones del tipo B-26, escoltados por cazas norteamericanos, comenzaron a bombardear la zona arrojando metrallas sobre la población civil, ocasionando la muerte a mujeres y niños indefensos y cuantiosas pérdidas. Unidades de la Marina de Guerra Norteamericana, entre ellas dos destructores que vinieron escoltando a las embarcaciones en que se transportaban las Fuerzas mercenarias, y un portaavión se mantuvieron próximos a las zonas de Fuerzas de Operaciones. El artero y criminal ataque de los mercenarios además causó daños materiales por valor de varios millones de pesos.

Que combatiendo heroicamente las Fuerzas Armadas Revolucionarias, en 64 horas aplastaron la invasión efectuada por la Fuerza mercenaria. La casi totalidad de sus integrantes fueron muertos o apresados en la acción, se ocuparon sus armas y equipos, se destruyeron o capturaron sus tanques, parte de sus barcos fueron hundidos y su Fuerza Aérea fue derribada en su casi totalidad.

Que la Brigada mercenaria contaba con el siguiente equipo y armamento. Barcos: Houston, denominado "Aguja"; Atlantic, denominado "Tiburón"; Río Escondido, denominado "Ballena"; Caribe, denominado "Sardina"; Lake Charles, denominado "Atún"; Blagar, denominado "Marsopa"; Bárbara J., denominado "Barracuda"; dos Unidades de Guerra del tipo L.C.I., modificadas y artilladas; tres barcazas del tipo L.C.U., transportando cinco tanques M-41 y los camiones artillados del Batallón Blindado No. 4. Cuatro barcazas del tipo L.C.P.V., para el desembarco del personal; aviones: 16 del tipo B-26, 8 del tipo C-46 y del tipo C-54. Tanques: 5 tanques Sherman del tipo M-41 con cañones de 76 mm.; morteros de 4.2; cañones de 75 mm. sin retroceso; rifles Garand M-1; pistolas y bazucas, de todo cuyo equipo el ocupado se encuentra depositado a la disposición del Estado Mayor General de las Fuerzas Armadas Revolucionarias.

uno de los acusados, con prisión subsidiaria, hasta un máximo de 30 años con trabajo físico obligatorio en tanto no sea satisfecha la indemnización que a cada cual se le señala a continuación:

A la suma de 500 mil dòlares

A LA SUMA DE QUIENTOS MIL DOLARES ($500,000) a cada uno de los siguientes acusados: José Alfredo Pérez San Román; Erneido Andrés Oliva González y Manuel Artimes Bueza.

A la suma de 100 mil dòlares

A LA SUMA DE CIEN MIL DOLARES ($100,000.00) a cada uno de los siguientes acusados: José Andreu Santos, José Almeida González, Fermín Azla Polo, Oscar Luis Acevedo Alemán, Pedro Avila López, Jorge Alonso Pujol Bermúdez, Israel Norberto Abell Sánchez, Israel Abel Pacheco, Juan José Arteaga Morell, José Manuel Argüelles Aguila, Raúl Artiles Alvarez, Wilfredo Agustí Marrero, Manuel Alonso Zayas Bazán, Valentín Bacallao Fonte, José Miguel Battle Vargas, Alfredo Barrera Amador, Lincoln Babún Franco, Teófilo Omar Babún Franco, Santiago Babún Franco, Manuel Babún Franco, Teófilo Babún Selman, Sergio Díaz Balart, Antonio Bueno Carlos, Segundo Borges Enríquez, Manuel Alberto Betancourt Moreno, René Horacio Benítez Ferrer, José Joaquín Blua Pérez, Pedro Antonio Benítez Rojas, Luis Brao Pérez, Armando Basulto González, Edgardo Buttari Puig, Juan de Dios Blázquez del Pozo, Gustavo Blázquez del Pozo, Sergio Ambrosio Becerra García, Pedro Lucio Cabrera Azoy, Juan Cabrera González, Tomás Cruz Cruz, Máximo Leonardo Cruz González, Arturo Comas Menéndez, Miguel Cervera Consuegra, Abelardo Campa Díaz, Orlando Cuervo Galano, Arcadio Carballosa Pérez, Humberto Cortina López, Luis Castellanos López, Ulises Carbó Yániz, Julio Cañizares Gamboa, José Esteban del Campo Palet, Guido Conill Jiménez, Mario Córdoba Ferreiro, Francisco Condon Gil, Roberto Cruz Infante, Armando Cofiño Núñez, Rolando Cabezas Peñaroja, Oscar Cerallo Mayo, Dagoberto Darías Soriano, Pedro Delgado Castellanos, Rodolfo Díaz Hernández, Alberto Manuel Díaz Fariñas, Ernesto Díaz Argüelles Montalvo, Julio Díaz Argüelles Goizueta, Orestes Destrades Duany, José Díez Hernández, Tulio Díaz Suárez, Luis Entrialgo Aixalá, Luis Daniel Elizondo García, Ramón J. Ferrer Mena, Enrique Falla Crabb, Amado Fernández Cruz, Alberto Fowler Perilliat, Fidel Daniel Fuentes Rosario, Fabio Freyre Aguilera, Fidel Fuentes Macias, Marcial Facio Crucet, Alberto Fuentes Odriosola, Sergio Enrique Font Serrano, Francisco Fabré Solíño, Julio Falla Sanguily, Miguel Falla Sanguily, Rafael Alfonso Grenier Martínez, José Luis González Marciñó, José Manuel Gutiérrez Arece, Jorge Gutiérrez Arece, Roberto García Serra Segurola, Gustavo García Montes López Muñoz, Fausto García Menocal Brito, Jorge García Pérez, Ricardo García Negrin, Andrés Gómez Cabanella, Amado Gallol Tabares, Antonio Mario García Meitin Sandoval, Pedro García Fernández, Juan González Andino, Bernardo García Castaño, Fermín Goicochea Sánchez, Oscar González de los Reyes, Gustavo Felipe Galainena Porras, Segundo de las Heras Cabo, Emilio Hernández Trujillo, Enrique Hernández Acevedo, Manuel Antonio Hernández Cruz, Guillermo Hernández Cartaya, Franz Hoed Isoba, Ricardo Herrera de la Torre, Antonio Iglesias Pons, Eduardo Iruela Garrido, Benigno José Ibarra Calero, Diego Mario Jiménez Silva, Humberto López Cueto, Orlando López Oña, Mamerto Luzarraga Rupia, Esteban Lima Delgado, Eddy Luis Lima Montero, Jesús Llama Muñoz, Jorge Larrazábal Rabanal, Carlos León Acosta, Armando Lastra Faget, José Francisco Landa Gutiérrez, Antonio Luis Lombard Primo, José Morales Cruz, Tomás Macho Castillo, Noelio Montero Díaz, Angel Roberto Mujica Herrera, Luis Enrique Martínez Castro, Francisco Montiel Rivera, José Antonio Moralejo Infante, José Raúl Martínez Uriosti, Arael Medina Estrada, Roberto Mancebo García Ríos, Jorge Mancebo García Ríos, Juan Montalvo Iñiguez, Luis Enrique Mustelier Mustelier.

Alberto Molina Betancourt, José Julio Morell Varona, Gonzalo Morales Cordovés, Julio Muzio Díaz, José Antonio Molet Rosales, Marcelino Miyares Sotolongo, Juvenal Méndez del Risco, Humberto Martínez Llano, Mario Mendoza Ortiz, Fernando Martínez Reina, Cándido Santiago Mora Morales, José A. Miró Torra, Mario Martínez Malo Ruiz, Alberto Menocal Villalón, Juvenal Montero Duque, Manuel Molina Godínez,

Que los integrantes de la Brigada mercenaria recibieron entrenamiento militar bajo la dirección de instructores norteamericanos en bases situadas en Estados Unidos, Guatemala, y Puerto Rico, percibiendo asignaciones mensuales para el sostenimiento de sus familiares por parte del Gobierno de los Estados Unidos que invirtió en el financiamiento la suma de cuarenta y cinco millones de dólares.

Que el Presidente de los Estados Unidos, John F. Kennedy, asumió la responsabilidad de los hechos antes narrados en declaraciones públicas fechadas en abril de 1961.

Que los Invasores tenían el propósito de restablecer el dominio de los monopolios norteamericanos en la economía cubana, todo ello con detrimento de la soberanía nacional, así como el perjuicio de la lucha que libran los pueblos de la América Latina para alcanzar su liberación del yugo imperialista.

CONSIDERANDO: Que los hechos descritos anteriormente son constitutivos de un delito de TRAICION que bajo el rubro de delitos contra la integridad y estabilidad de la nación se encuentra previsto en el Artículo 128 del Código de Defensa Social, en relación con el Artículo 5 de la Ley 425 de 1959, delito que quedó integrado cuando los acusados formando un grupo armado desembarcaron en el territorio nacional en interés de una potencia extranjera, con el objeto expreso y conocido de anular de hecho la independencia nacional y subordinar de nuevo a nuestro país al dominio imperialista norteamericano.

CONSIDERANDO que la responsabilidad total de los hechos calificados fue expresamente aceptada por el Gobierno de una potencia extranjera, sin perjuicio de la responsabilidad individual que por su participación plenamente probada tienen cada uno de los acusados, pertenecientes en su gran mayoría a las clases explotadoras y ex miembros de las Fuerzas Armadas de la Tiranía de Batista, históricamente determinados a intentar por la violencia el rescate de las riquezas que la Revolución entregó al pueblo trabajador, actuando una vez más como instrumento del Imperialismo al pretender devolver las tierras a los latifundistas, las industrias y los edificios a sus antiguos explotadores y para restablecer la corrupción administrativa, el juego, la prostitución, el tráfico de drogas y en definitiva reinstalar el dominio de la oligarquía nacional y los monopolios extranjeros que durante seis décadas estuvieron succionando la riqueza creada por el trabajo de los obreros, campesinos y demás sectores populares.

CONSIDERANDO que los mercenarios fueron aplastados fulminantemente en la batalla de Girón, sufriendo así el Imperialismo norteamericano una bochornosa derrota y logrando la Revolución triunfante los objetivos perseguidos de defender la integridad de la Patria y la consolidación del poder del pueblo, sin que en el momento actual esos fines requieran la aplicación de las penas más severas.

CONSIDERANDO que los soldados del pueblo, con ejemplar serenidad y siguiendo las normas que constituyeron la tradición legal a la Revolución por el Ejército Rebelde en su lucha contra la Tiranía, respetaron la integridad física de los invasores al apresarlos, conducta que interpreta el espíritu generoso del pueblo revolucionario de Cuba, que debe también inspirar a este Tribunal al dictar sentencia; mas también tiene en cuenta que el Gobierno Revolucionario ha dictado disposición receptando la indemnización que repare los daños materiales causados por la agresión a Cuba y en concordancia con ellos disponer la excarcelación de los prisioneros.

CONSIDERANDO que si bien este Tribunal en representación del pueblo de Cuba puede ser generoso hasta el extremo de no imponer la pena de muerte a todos los participantes en el acto de traición realizado en contubernio con una potencia extranjera, sanción condigna que las leyes penales de la República señala para tan graves delitos, no debe dejar de exigir a los culpables la indemnización al menos por los daños materiales ocasionados a la economía del país con su perturbadora e injustificable acción, y que nunca podrán pagar las vidas de los hijos de la Patria que murieron en su defensa.

CONSIDERANDO que por otra parte los acusados mercenarios como fieles servidores del Imperialismo norteamericano no podrán eximirse nunca del concepto de traidores a la Patria a que se hicieron acreedores de por vida por su criminal conducta.

CONSIDERANDO que como traidores a la Patria no podrán disfrutar de los derechos civiles y políticos con que la sociedad cubana inviste a todo hijo digno de nuestro pueblo.

CONSIDERANDO que no es igual la responsabilidad de los participantes de la Fuerza Invasora, por lo que la sanción debe adecuarse atendiendo a su mayor o menor grado de conciencia y a la importancia de los intereses económicos que venían a recuperar.

FALLAMOS: Que debemos declarar y declaramos responsables de los hechos que se describen en el Resultando Probado de esta Sentencia a los acusados sujetos a esta Causa y en consecuencia les imponemos como sanción por su traición a la Patria, la pérdida de la ciudadanía cubana a todos los que ostentaran dicha condición; al pago de una indemnización en la forma y cuantía que más adelante se expresará a cada

Guiber, Carlos Onetti Auñón, Aurelio Pérez Lugones, Roberto Pertierra Rymat, Ramón L. Piñeiro Galbán, Néstor Ge... lio Pino Marina, Sixto Pérez León, Juan José Perullero... ríguez, Félix Pérez Tamayo, Miguel Angel Padrón Ruiz, ... de Antonio Prat Barroso, Pablo Oscar Pérez Zamora ... Praxedes Pelegrín Hernández, Manuel Julio Padrón Rodrig... Humberto Pérez Padrón, Pedro Pablo Patiño Trespala... Aramis Roberto Piñón Estrada, Delio Peña Molina, Rob... Perkins Salas, Antonio Páez Llanes, Juan Evello Pou Mer... Pedro Porraspita Ochoa, Waldo Peñaranda Barceló, R... de Quesada Rioseco, Juan Quintana de la Torre, Luis Orl... Rodríguez Martínez, Francisco José Rodríguez Tabernilla, ... nuel Rodríguez Fleitas, José Ramón Reguera Vila, Alf... Rey Parra, Rolando Rodríguez Marqués, Felipe Rivero L... Antonio Rodríguez Yera, José Antonio Rodríguez Lodo, ... bal Pascual Rodríguez García, Juan Antonio Santamarina ... núdez, Bernardo Silva Perdomo, Hugo Sueiro Ríos, Pe... Floreal Sánchez Rodríguez, Hugo Samara Lorenzo, Gus... Sánchez Fortuny, Juan Alberto Sosa Estévez, Adel To... ontolongo Ramos, Aníbal Soto Piña, Rafael S. Sánchez S... tana, Felipe Silva Cárdenas, Fernando Sánchez Macia, ... naldo Simpson Parra, Eugenio Sardiñas García Menocal, J... Alberto Suárez Rivas González, Jorge Suárez Rivas Lóp... Emeterio Santovenia Vilela, Antonio Sánchez Manduley, ... milo Samayoa Alvarez, José Ildefonso Trinchería Díaz, F... pe Guillermo Toledo Niebla, Enrique Jorge Tomeu Hidal... José Tomeu Hernández, Rolando Tome Sosa, Juan Trav... Peña, Rolando Toll González, Raúl Taboada Reguera, ... Dimas Urra García, José Raúl Varona González, Napol... Vilaboa Llerena, Ramón Raúl Vicens Valdés, Francisco ... Varona Cubría, Jorge Luis de Varona Cubría, Rafael de... de la Caridad Villavicencio Cárdenas, Armando Vega Sa... Tomás de Jesús Vidueira Quintero, Enrique Veitia Alon... Rafael Villaverde Lamadrid, Angel Antonio Valdés Mon... López, Raúl Yester Frómeta, Eduardo Zayas Bazán Lo... de Mola.

A la suma de 50,000 mil dòlares

A LA SUMA DE CINCUENTA MIL DOLARES ($50.0... 00) a cada uno de los siguientes acusados: Félix Alemán H... nández, Julio Mario Alonso Fernández, Manuel Agras Gon... lez, Luis Alvarez Peydro, José Manuel Alonso Pousa, José A... lés, Miguel Angel Arcacha Estrada, Gustavo Alemán Si... Ceferino Alvarez Castrillón, Sergio Abreu Pazos, Fernan... Agustí Marrero, Jesús Alfonso Morales, Carlos Allen Dor... José Enrique Alonso de la Mar, Manuel Lesmo Aguilar M... qués, Modesto Jorge Amaro Milián, Raúl Arango Kindel... José Manuel Argüelles Estévez, Max Enrique Acosta Pita, M... nuel de Almagro Ajuria, Juan Francisco Abreu Orta, Jo... Alvarez Viltres, Francisco Elías Alvarez Maya, Jesús Ar... García, Armando Alayón Hernández, Pedro Arnau García, ... dardo José Albero Cruz, Eric Arias Arias, Angel Benito ... berto González, Alfonso Albertí García, Osvaldo Alberto Ce... ro, José Manuel Angel Pomar, Sergio Avila Mariño ... Primitivo Aguada Morales, Luis Alvarez Valdés ... te de Armas, Epifanio Pablo Aparicio Ojeda, Ernesto Abr... ... Ramón Arteaga Díaz, José Armstrong Bullona, Jo... Sixto Andiarena González, Galo Astor García, Armando A... gón Ulacia, Secundino Abutt Hipo, Orlando Atienza Pér... Norberto Acosta León, Mariano Alvarez Bernal, Froilán Ar... Portuondo, Pablo de Armas Olivera, Mario Santiago Abril R... guera, Carlos Enrique Alfara Sabater, Félix Alonso Antuf... Miguel Alamo Plá, Luis Arrizurieta Sardiñas, José Raúl Be... trán Lamar, Armando José Bolet Suárez, Julio Bueno River... Bernardo Bosch Peñalver, Fernando Blanco Carmona, Rica... do Borroto Díaz, Juan Bringuier Expósito, Rodolfo Blanco H... rrera, Andrés Aurelio Basol Pozo, Enrique Barnet Gil, Rafa... Bolívar Fuentes, Jorge Bellas Aneiros, Alberto Bolet Suáre... Juan José Buttari Crispo, Carlos Bravo Rodríguez, José R... lando Barrios Valdivia, Humbelino Bango Suárez, Arnoldo B... rrego Suero, Jesús Enoelio Berubides Ballester, David Bell... Aneiros, Cándido Berubides Rivero, Hipólito Baños Ferrán, J... lio Benito Valdés, Luis Bandrich Lara, Carlos M. Balido Co... dero, Carlos Alberto Badías Díaz, Nelson D. Blanco Navarr... José Hipólito Bacallao Perdomo, Bernardo Bosch Rodrigue... Luis Bolk de las Cuevas, Santiago Bello Macías, Reinaldo Be... rrego Carballo, Evelio R. Borrego Carballo, Alberto Blanc... Herrera, Juan Blanco Herrera, José Bacallao Fonte, Dan... Barruezo Arocha, Jesús Berubides Ballester, Carlos Borge... Soto, Eduardo Barreiro Valdés, Juan Bugia Vázquez, Luis A... rio Collado Méndez, Antonio Carmona Cabrera.

Eddy Lorance Chattey Suárez, Waldo Carmona Vent... Armando Arcadio Camejo Corrada, Manuel Chimeno Rod... guez, Manuel Cancio Rojas, Osvaldo Cabrera Docal, Franci... co Julio Crucet Rodríguez, Raúl Costo García, Antonio Cu... belo Hernández, Marcos Oscar de Cárdenas Díaz, Anton... Capiro Hernández, Freddy Calás Batista, Ramón S. Colla... Díaz, Gilberto Cascante Cobo, Ivan Cortada Romero, Pelay... Cuervo Galano, Manuel Cruz Vicaria, Pablo Eduardo Cast... llón Hernández, Tomás Concepción Jomanón, Elieser Cale... Urgielles, Reinaldo Castillo Ravelo, José Luis Castillo Barr... ras, José de Jesús Castaños Fernández, Ineido Cabrera Oto... ño, Sergio Carrillo Abreu, Rigoberto Cancino Hernández, A...

rto Miguel Campos González, Modesto Cejo Moreno, Humerto Creme Cantero, Jesús Carballeira Mora, Ovidio Cuesta Jarcia, Bienvenido H. Cabrera Bejerano, Eduardo Corresa Vitos, Silvestre Loredo Cárdenas Montes de Oca, Germán Cruz Valdés, José Caurera Pérez, Rafael Cabeza Fundora, Nelson Carbonell Badia, Arturo Cobo Avila, Juan Clark Sánchez, Modesto Luis Casteñer López, Waldo de Castro Verde Biol Fernando Serra Alonso, Healy Hary Cruz Bustillo, Gerardo Crespo Cruz, Paulino Carón Pérez, Osvaldo Erasto Castellanos Salabarria, Ramón Carmenaty Carbonell, Luis Enrique Chinea Ríos, Demetrio Joaquín Calas Boris, Manuel Fernando Calas Boris, Rolando Caseres Hernández, Francisco Manuel Camargo Saavedra, Roberto Carballo Díaz, Miguel Juan Cabrera Ortiz, Miguel Cruz Peraza, Humberto Chamizo Quintana, Sergio Castellón Serpa, Alipio Cháves Guerra, José Antonio Carreño González, Ermenegildo B. Cárdenas Montes de Oca, José M. Canosa Rodríguez, Fulgencio Castro Cuello.

Alcides Cabrera Porras, Manuel Enrique Casañas Sánchez, Gilberto Calderín Ruiz, José Antonio Cantón Bobadilla, Osvaldo Cortés Conde, Julio Cortés Valera, Alberto Carrillo Cruz, Virgilio Cuéllar Sosa, Armando Luis Calderín Blanco, Roberto Collado Alvarez, Victor Cárdenas Fernández, Evaristo Clemente Collazo Alvarez, José Canals Canosa, Pablo de la Campa Gutiérrez, Angel Cairo Ceballos, Rogelio Castellanos Ramos, Angel Casabona Ruiz, Elí César Guallanes, Ramón Cora Johnson, René Corvo Lorenzo, Mario Cruz Rivero, Fernando Capestany Izquierdo, Antonio Collada Suárez, Mario Cebello Suárez, Lomberto Díaz Pérez, José Díaz La Rosa, Leocadio Díaz Ortiz, Héctor Díaz Limontes, Adolfo Desiderio Díaz Cabrera, Mario Delgado Fernández, Pedro Ernesto Díaz García, Hildebram Díaz Rojas, Modesto Díaz Mason, Aníbal Benito Duarte Jurado, Mario Díaz Reyes, Enrique Eduardo Dieppa Recio, Humberto Díaz Fiallo, José Dearin González, Mario Domínguez Rivas, Jorge Delgado Rodríguez, Armando Díaz Fernández, Angel Luis Díaz Fernández, Luis Ignacio Diehl Fernández, Francisco Domínguez Ramos, René Díaz Escobar, Ovidio Díaz Méndez, Julio Díaz Vidal, Jesús Orlando Durán Aragón, Raúl Diez Argüelles Caso, Sergio Gilberto Díaz Morejón, Oscar Díaz Argüelles Pertierra, Pánfilo Israel Delgado Suárez, Atilano Domínguez Cadalzo, Armando Díaz Avila, Andrés Domínguez González, Julio Diez García, Pedro Díaz González, Enrique Eugenio Delgado Cuza, Eugenio Delgado Naranjo, Román Delgado Bello, Jesús Delgado García, Alonso Estrada Romero, Vicente Ramón Escobar Delgado, José Antonio Echevarría Domínguez, Pedro Bernardo Incinosa Valdés, Julio Esperón Espino, Guillermo Elías Elias, José Escandel Florit, Horacio Juan Espinosa Vega, Cerino Echevarría González, Francisco José Estévez Bonarfonte, Argelio Estupiñán Conti, Domingo Echemendía Escasante, José Egozi Behar, Esteban Escobar Morejón, Elio Estévez Rodríguez, José Julio Echevarría Gispert, Sixto Esquino Alonso, Hugo Aristides Elías Martínez, Ramón Fuentes Rosario, Pedro Franco Duharte, Rolando Franco Dalmau, Jorge Fernández Martínez, Heriberto Fernández Ortega, Alvaro Fajardo Ortega, Efren Figueredo Esteba.

Antonio Fernández Peydro, Ramón Arias Cruz, Angel Fernández Urdanivia, Israel Falcón González, René Fuentes Cerna, Roberto Fernández González, Juan Figueras Valdés, Ramiro de la Fe Pérez, Edel Román Fernández del Rosario, Ernesto Freyre Rosales, Ernesto Fernández Dalmau, Manuel Fraga Meireles, Eric Fernández Del Valle, Antonio Fernández Alvarez, Oscar Ferrer Sosa, Héctor Dario Francisco Feria Téllez, Manuel Ferrer Massip, Wilfredo Figueras Valdés, José Ramón Fernández Oliva, Victor Fernández Cruz, Ronald Fernando Peydro, Alberto Alejandro Fontova Reguicra, León Fontova Reguera, Juan Fernández Díaz, Adalberto Ferrer Niebla, Jaime Ferrer González, Severino Antonio Franco Duharte, Edgar Fernández Gutiérrez, Rodobaldo Fuentes Lozano, Luis Fajardo Acanda, Dionisio Fuentes Macías, Antonio Fernández Rodríguez, Ramón Fuentes Camejo, José M. Fajardo Montaño, Luis Mariano Figueroa González, Roberto Franchi-Alfaro García, Wilfredo Fernández García, Eduardo Fernández Arencibia, Matías Farias Cuadra, Héctor Freixas Campiña, Oscar Manuel Fernández Delgado, Gabriel Gómez del Río Remón, Andrés García Gutiérrez, Raúl González Jerez, Jorge Govín Throckmorton, Antonio González Vázquez, Manuel Gerardo Garrandes García, Manuel González Pérez, Daniel González Carmenate, Emilio González Guzmán, Sergio Galeano Fortún, Claudio Florencio González Morales, Rafael González Labrada, Arturo González Fernández, Cecilio González García del Prado, Héctor García Hernández, Carlos Manuel Garrido González, Tirso González Bardiñas, Pedro Godoy Iriarte, Félix Faustino González Alea, Carlos Gar-

bal, Pablo Ramírez Portas, Ramón F. Rodríguez León, Enrique Ruiz William Alfert, Roberto Román Muñoz, Rigoberto Roque Antuña, Rafael Rubio Quintana, Rafael Rayneri Villaverde, Roberto Rojas González, Orlando Rodríguez Alvarez, Albín Ross Díaz, Rómulo René del Rey Sorí, Oscar Rodríguez Castro, Pedro Rodríguez Pérez, Enrique Fernando Rodríguez Castellanos, Jacinto Rodríguez Ruiz, Salvador Reinaldo González, Pedro Salas Amaro, Julio Antonio Suárez Lamas, Joaquín Silverio Ferrer, Adalberto Sánchez Rodríguez, José Manuel Santos González, Máximo Sanabria Doy, Rolando Santana Arriete, Gustavo Suárez Izquierdo, Eduardo Sánchez Cadena, Daniel Santiago Payret, Manuel Sierra Lage, Antonio Salgado Canosa, Guillermo Salón Sacrista, José Luis Sosa Loret de Mola, Cándido Pedro Sierra Rey, Ramiro Sánchez Montesino, Juan de Sosa Chabao, Mario Smith Valdespares, Juan Bautista Sollozo López Centilla, Donato Soto Haime, Ricardo Luis Sánchez Valdés, Fernando Salas Puig, Enrique San Martin Reyes, Jorge Soulari Flaguer, Luis Tomes García, Juan José Tarajano Martínez, Agustín La Torre Rodríguez, Juan Eliseo Toraño Sánchez, Humberto Triana Tarraju, Gilberto Tabares Gómez, Antonio Terrada García, José Andrés Tuñón Calderín, Julio Adolfo Tarafa Betancourt, Héctor Lázaro Ugalde Vega, Juan Humberto Ulloa Calderón, Flavio Ubarri Márquez, Miguel Uría Rey, Oscar Vila Masot, José Antonio Vázquez García, Mario Valdés Acosta, Silvio Vigo Pacheco, José Luis Vivanco Pardo, Octavio Veloso de Armas, Roberto de Varona Villar, Marcos Alejandro Valdés Castilla, Juan Manuel Vives Espindola, Saturnino Alberto Valera Yanes, Armando Vázquez Almagro, Adrián Vidal Aznarez, Jesús Antonio Vázquez Barrero, José Ricardo Vázquez García, Roberto Vázquez de la Cruz Martín, Carlos Manuel de Varona Segura-Bustamante, Rigoberto Varona Leblanch, Alfredo Villa García, Roberto Ernesto de Varona Loredo, Pedro Antonio Valdés Chao, Heriberto Villamiel Rodríguez, José Valladares Acosta, Max Vila Fontanilla, Roberto Yanes Valdés, Carlos Roberto Zayas Cruz, Antonio Rafael Zamora Munne, Miguel Angel Zequeira Fernández.

A la suma de 25 mil dòlares

A LA SUMA DE VEINTICINCO MIL DOLARES ($25.000) a cada uno de los siguientes acusados: Humberto Guerra Godoy, Ramiro González Infante, Enrique González Pérez, René Gómez Figuerola, Miguel Angel González Pando, Jesús Godoy Martell, Luis Alberto Guerra González, Armando García Batista, Ignacio Gulu Figueredo, Leopoldo Gobantes Reyes, Tomás González Matos, Reinaldo García Cantón, Alfredo Crispín Guerra Hernández, Pedro González Fernández, José González Martí, Gil González Zayas, Omar González Vázquez, Hugo J. Gómez Ollarzábal, Wilberto Gil Cárdenas, Silfredo González Ferregur Vento, Federico García Gelis, Eugenio Gómez Chávez, Desiderio Gutiérrez Ruiz, Roberto Góngora Lara, Jorge Gonzales Cabrera, Bernardo González de la Torre Alvarez, Tomás Gajate Ruedas, Luis González Lalondri, Justo Esteban Gómez Vázquez, Juan González Castiñeiras, Carlos Hernández Vega, Jorge Oscar Hernández González, Roberto de los Heros Picaza, Carlos Hernández Hernández, Wilberto Hernández Delgado, Angel de la Cruz Hernández Conde, Manuel Antonio Hernández Díaz, Pedro J. Herrera Herrada, José Ramón Hernández Castillo, Emilio Herrero Cabezas, Raúl Hernández Hernández, Erasmo Hernández Gil, Victor Manuel Haber Haber, Francisco Hernández Luzardo, Serlando de Jesús Hernández Hernández, Huber Hernández Díaz, Jorge Hernández Chiroles, Rafael Hernández Nodarse, Gilberto Hernández Martínez, Orlando Hidalgo Carrero, Wilberto Hernández Valverde, Oscar Hernández Pino, Angel María Hernández Avila, Fernando Manuel Huergo, Jorge Infiesta Casais, Pedro Hipólito Iñigo García, Raúl Jiménez Domínguez, Mario Jauregui Cordero, Eric M. Jiménez Romero, Narciso Carlos Jorge Nasser, Emilio Jiménez Vela, Santiago Jont Camejo, Miguel López Benítez, Eduardo Lambert Martínez, José López Herrera, Eulogio Lavandeyra Torrejo.

Rubén López Quintero, José López Jérez Cristóbal López Núñez, Carlos López Lezcano, Manuel López Doniez, Manuel Lago García, Germán Luis Palomo, Martín Loriga Chávez, Manuel de José León Fernández, Milton Virgilio Anteo López Hidalgo Boch, Roberto López Cabrera, Valentín Leyva Enriquez, Miguel Enrique López Pérez, Antonio Lago García, Silvino López Pérez, Heberto Lorenzo Morales, Isidoro López

cia Rodríguez, Jorge González Fuentes, José Ramón Guerra Rojas, Miguel Angel Garete Noa, Fernando René Gutiérrez Quintanilla, Guillermo Guerra Hernández, Joaquín Rodolfo García Manresa, Pedro Guerra Batista, Emilio González Araugo, Armando Galis Menéndez, Roberto Lázaro García Pérez, Raúl González Llata, José Manuel Fausto González Mercier, Adalberto González González, Rodolfo González Blau, Alberto García Navarro Mayor.

Ramón Frank González Fernández, Luis González Padilla, Alfredo González Durán, José Ramón Gutiérrez Mendieta, Jorge García Rodríguez, Fulgencio Ricardo Gil Hernández, Ramón Gotardi Piquero, Benigno García López, Hiram Gómez Rodríguez, Luis Miguel Guerra Saiz, Juan Jesús González López, Antonio Miguel García Fandino, Antonio González de León, Benito González González, Antonio Gómez Candales, Pedro González Cruz, José M. García Labaniego, Oscar García Guerra, Ricardo Gómez Alonso, Ramón García Barrios, Reinaldo González Padrón, Enrique García Vázquez, Luis Manuel González Toro, Francisco Guerra Vázquez, Rubén González de la Heria, Raúl Leopoldo Granda Hernández, Raimundo Guerra Moya, Bernardo Gutiérrez González, Manuel González Ramón, Alberto Rolando Gómez Ibáñez, Manuel A. Granado Dia, Aeric Garcés Hernández, Juan Francisco García Menéndez, Emilio Guerra Freyre, Luis Guerra Freyre, Edwin González Morera, Serafín González Gómez, Luis Héctor Haget Guzmán, Emilio Antonio Han Lara, Julio Herrera Sánchez, Jorge Hernández Carnesoltas, Miguel de la Heria Ledesma, Jorge Herrera López, René Hernández Fresneda, Francisco José Hernández Calvo, Eliber Hernández Hernández, José Luis Hernández Vázquez, Freddy Izquierdo Roque, Juan Bautista Julién Martínez, Rolando Jiménez Alvarez, José Juara Silveiro, Emilio Juncosa Delgado, Ernesto de los Angeles Lluesman Pérez, Orlando Lendoiro Rosado, Félix López Fernández, Eliodoro Lazo Pedro, René Tirso, Ramón Luis Pelli, Armando López Escala, Rafael López Estrada, Humberto I. López Sardaña, Jorge Leyseca Garmendia, Raimundo López García, Martín Reinaldo Linares Reyes, Rodolfo Juan Llorente Torres, Carlos Luzán Castellanos, Eduardo Leyva Ramírez, Juan Manuel Levi Pardo, Juan Manuel López de la Cruz, Enrique Llaca Orviz, René de la Mar Maza, Juan Enrique Lambert Abiague.

José Lage Prada, Douglas Nelson Lethbridge Aguilera, Pablo A. Morejón Figueroa, Segundo Martínez Granja, Manuel Menéndez Pou, Jesús M. Morales Moreno, Ramiro Alfredo Montalvo Fernández, Mario Martínez Quevedo, Felipe Morin Rodríguez, José Ramón Molina Young, William Denis Muir Celorio, Enrique Teófilo Miguel Rivero, Antonio Santiago Martínez Garriga, Pablo Mut Montero, Orlando Lázaro Méndez Fernández, Segundo Miranda Hernández, Jorge Marquet Alderete, Andrés Manso Rojas, Hirán Avit Morales Pelegrín, Manuel Severo Martín Valdivia, Alberto Martínez Echenique, Evangelista Isidro Mursull Collazo, César Ernesto Martínez Butero, Orlando Montero de Armas, Alberto Eladio Mederos Rosabal.

Orestes Mirabal Hernández, Adrián Macia Vinet, Luis Enrique Morsse Delgado, José Eugenio de Miranda Agramonte, Rolando Mendoza Delgado, Fernando Marquet Martínez, Angel Murgado Ledo, Bernardo Miyares Mendoza, Sergio Miyares Mendoza, Mario Muxo Iparraguirre, Orlando Sixto Martínez Miller, Juan Alberto Mora Chávez, José Morales Amador, Ricardo Martínez Ortega, Erbio Juan Mir Pupo, José Manuel Macias Riera, Jesús Enrique Noriega Arjona, Alberto Naón Rodríguez, José Luis Navarro Casanova, Ricardo Nodarse Cardona, Carlos Francisco Navarrete Royo, Carlos Alfredo Nodarse Saliva, Rodolfo Núñez Webster.

Roberto Novo Barquer, Rafael Orsmas Fuentes, Carlos Emilio Ochoa Núñez, Raúl Serafín Ortega Alvarez, Hugo Olazábal Muñiz, Enrique Oviedo León, Gabriel de Jesús Oti Muntaner, Rolando Otero Hernández, Pablo Organvides Parada, Cecilio Juan Padrón Sánchez, Rolando Pérez Rodríguez, Guillermo Pérez Amador, José Praderes Pagés, Rosendo Pérez La Rosa, Oreste Praderes Pagés, Antonio Pineda Cabrera, Eduardo Penedo Abadin, José Ramón Pérez Peña, Orlando Piloto Valles, José Manuel Paz Cañizares, Edilio Pérez Zaldivar, Cándido Pacheco Rondón, Jorge del Pino González, Edelmiro Pérez Feal, Ceferino Ramón Pérez Carril, Carlos Paret Pérez.

Juan Pérez Franco, Roberto Pichardo Vázquez, Lorenzo Pardo Valdés, Florencio de Peña Flores, Faustino Peña Moreno, Manuel Pérez García, Angel Pedro Pérez Crespo, Jacinto de la Presilla Elía, Arturo Piqué Fernández-Coca, José A. Perdomo Estévez, Argimiro Póveda Pacheco, Julio González Montano, Jorge Rodríguez Fleites, Mario Ravelo López, Ismael de Jesús Rodríguez Pérez, Carlos Manuel Quesada Turiño, Elio Riverón Pérez, Carlos Roselló Barceló.

Antinio Ruiz de las Labranderas Medrano, Rosendo Rodríguez Ibarbia, Alejandro Rubio Sotolongo, Reinaldo Rivero Rodríguez, Rafael de los Reyes González, Carlos M. Reina Rodríguez, Jesús Rodríguez Ramos, Eudosio Rodríguez Lamas, José Guadalupe Reyes Hernández, Walter Rey Delgado, Almanzor Rodríguez Fernández, José Angel Rodríguez Mira-

González, Raúl Leal García, Roy Lacret Figueredo, Raúl Madrigal Mendigutia, Pablo Martínez Paradeda, Ramón M vidal Díaz, Isidro Jesús Montesino Acosta, Pedro Antonio M tínez Rivero, Julio Monzón Santos, José Maqueira Pérez, S vador Madruga Otero, Nilo Messer Pujol, Francisco Gustv Molina Saiz, Luis Gualberto Milo Martínez, Renato Morse Acevedo, Pedro Celestino Martínez Garcés, Luis Martínez López, Luis Moreno Alvarez, Pedro de la Caridad Monzón Rv Félix Moa Sánchez, Lucio Martín Suárez, Luis Martínez Rego, Martín Martínez Fernández, Pedro Jesús C. Mateo Rodríguez, Néstor Martí Manso, Hugo Molina Pérez, Julio Antonio Meastre Cordovés, Luis Medina Pérez, Salvador Miranda Cno, Faustino Martínez Camejo, Raúl Marrero Franklin, Heberto Moreira Izquierdo, Rigoberto Montesinos Rodríguez, José Rafael Martín Suárez, Roberto Macia Vinent, José Martínez Suárez, Rafael Martín González, Waldo Martínez Orequi Enrique Tito Martínez Rabentot, Jesús de C. Molina Quntana, Alfredo Murillo Fleitas, Ortello Fidel Martínez Cruz Francisco Menéndez González, Roberto Ursino Matienzo Ugtemendía, Plinio Pablo Méndez González, Hilario Montoto González.

Rigoberto Montero Pérez, Marcos Mesa Robert, Raúl Miranda Rodríguez, Luis Morsse de la Barrera, Orlando Malenado Pimienta, Idelfonso Martínez Hernández, Mario Medina Castillo, Epifanio Martínez Herrera, Alberto Muiña Bonis, Arturo Menéndez Rodil, Juan Montoya Maden, José Rafael Montalvo Gutiérrez, Anol Montoya Bruno, Manuel Molina Buchllon, Rafael Jorge Norat Moreno, Lorenzo Nodarse Pérez, Juan Ignacio Novaten Santiesteban, Reinaldo Núñez Aquia, Natividad Navarrete Fernández, César Noble Alzugaray, Victor Navarro Vega, Israel Olivera Izquierdo, Eugenio Olenik Olen, Eugenio Olivera Garriga, Claudio Orosco Crespo, Rafael Ortega Hernández, César Odriosola López, Héctor Ortega Lorenzo, Sergio Cirilo Oliva Rodríguez, Berardo de la Oza Fernández Juan Ortiz Rodríguez, Alberto Omnz Barreto, Eduardo Ramos Ochoa Peydro, Alberto Poveda Aguilar, Edilio Pereira Pérez, General Palencia Martínez, Carlos Pozo del Val, Bartolomé Panela González, Eleuterio Pita Otaño, Ramón Emilio Piño Herrera, César Pérez Abreu-Lenzano, Humberto Pérez Zamora, Evidio Pereira Acosta, Orlando Pérez González, Félix Rosa Puig Sánchez, Santos de Jesús Pérez Simón, Adolfo Padrón Pedroso, Rolando Pazos Díaz, Luis José Pino Segundo, Armando Pastor Rodríguez, Ricardo Pérez Gómez, Pablo Danilo Sixto Pérez Herías, Enrique Portelles, Isidoro Piñeiro Castañeiro, Joaquín Pena Cid, José Pumarada García, Carlos Padrón Suárez, Roberto Poyack Diehl, Arturo Pérez Acosta, Rubén Pérez Mellado, Manuel Ernesto Portuondo Castro, Gabino Ponte Medina, Alberto Gumensindo Pico Prada, Reinol Prendes Paz, Manuel León Ponce Martínez, Luis Pérez Rodríguez, Francisco Pérez Padrón, Giraldo Serafín Pentón Alfonso.

Mariano Pérez Rodríguez, Francisco Pérez Castro, Ernio Pino Betancourt, Concepciano Peña Valdivia, Harris Pérez Fernández, Rigoberto Pérez Cruz, Rolando Pozo Gregorio, Pérez Páez, Jesús Orestes Perdomo Rojo, Rafael Pérez Jiménez, Luis Pino Herrera, Manuel Pérez Salvador, Manuel Pérez Marques, Rubén Pérez Robira, Miguel Piñero Padilla, Everardo Pérez Noa, Angel Páez Plata, Salvador Pérez González, Guillermo Pérez La Rosa, Enrique Pérez Saavedra, Alberto Pérez Saavedra, Mario Octavio del Peral Mesa, Celso Pérez Rodríguez, Juan Norberto Prado Vernet, Ramón Lorenzo Quintana Balbón, Alfredo Rodríguez Fernández, Agustín Victor Rodríguez Nieves Miguel Angel Reyes García, Leonardo Ramos Parra, René Rey Delgado, Rafael Juan Rubio Bar Luis de los Santos Ramos Naranjo, Gerardo M. Rivero Quishada, Manuel Rey Delgado, Angel Hipólito Rodríguez Lemus, Pedro Pablo Rojas Ramírez, Isidro Roque Hernández, Jorge Roblejo Loriet, Miguel Ramos Temprana, Máximo Rodríguez Pozo, Benito Rodríguez Aguileiro, Antolín Esteban Rosado Vicente, Hugo Román Acebedo, Mariano Camilo Rodríguez Lozno, Gerineldo Ramos Abreu, Rodolfo Rodríguez Viña, Alber Armando Rodríguez Torres, Raúl Ramón Policarpio del Corzón de Jesús Ramírez Tome, Carlos Rivero Collado, Pedro Renaldo Rodríguez Frías, Pedro Ramón Romero Batista, Juan Raimundo Rodríguez Díaz, Ramón Rodríguez Felipe, Severino Raúl Rodríguez Marichal, Cecilio Ibrahin Ruiz Pérez, Garcilaso César Rey Padrón.

Rafael Rodríguez Salcedo, Jácome Gerino Rodríguez González, José Ramírez Sosa, Rogelio Rodríguez González, Roberto Rodríguez González, Juan Rodríguez Pérez, Armando Apolinar Ríos Luejes, José Gabriel Ríos Risech, Tomás Rodríguez Fuentes, Pedro Ríos Valdés, Reinaldo Rodríguez Pérez, Martín Ramis González, Mario Juan Rodríguez Muñoz, Oscar Rodríguez Rodríguez, Mariano Rodríguez Bande, Ibrahin Rodríguez Chávez, Juan Roque Bode, Osvaldo Rojas Enríquez Hernández, Carlos Reinaldo Hernández, Pablo Rodríguez García, José Eugenio Sosa Cabrera, Angel Juan Santo Vega, Daniel Santana Grande, Mario M. Francisco Sánchez Abascal, Jorge Armando Sánchez León, Miguel Angel Sosa Fonseca, Raúl Sáenz de la Torre, Miguel Angel Sánchez León

(Termina en la Pag. B-3)

Sentencia contra los invasores...

'Continuación de la Pag. B-2).

Raúl Sánchez Merciau, Salvador Serna Patterson, Rolando Solés Pi, Rafael Suárez Loinaz Guzmán, Renato Santos Prieto, Erasmo Sotuyo Pedrasa, Alberto Sibero Rego, Ovilio Suárez Santos, Enrique Saavedra Gómez, Jorge Luis Silveira Riera, Julio Sánchez de Cárdenas, Miguel Soto Díaz, Raúl Socorro Mejías, Jorge Silva Pedroso, Guido Sanz Pérez del Billar, Rodolfo Sorondo Quintana, Abelardo Silva Perdomo; Juan F. Sordo González, Paulino Sosa Valdés, Julio Serrano González, Roberto Sánchez López, Félix Santiesteban Castillo, Luis Suárez León, Humberto Jesús Sánchez Valdés, Israel Alberto Sarduy Casales, Daniel Santovenia Rodríguez, Ramiro Sánchez Oliva, José Jesús María Sosa Cabrera, Pedro Joaquín Subirats Urbay, Lorenzo Serrano Pérez, Tomás Bernabé Sierra Blanco, Pedro Santana Puente, Jacinto Sánchez Rubio, José Saad Pérez, Anastasio Suárez Viera, Orlando Sanabria Travieso, José Smith Castro, Rubén Soto Hayet, Herminio Sánchez Valdés, Teodoro Suárez de la Osa, Guillermo Sueiro Fernández, Oscar Sánchez Hernández, Raúl de la Torre Pita.

Pedro Pablo Torres Hernández, Luis Tejera Gutiérrez, Marco Antonio Torres Guerra, Angel Francisco Tocado Goenaga, Carlos Tomasino Marrero, Reinaldo Torrente Espiña, José Manuel Tejera Gutiérrez, Rafael Torres Jiménez, Doroteo Osvaldo Toledo Niebla, Carlos M. Tuero Zayas, Fernando Octavio Torres Mena, Juan Fidel Torres Mena, Antonio Delio Toca Cuenca, Roberto Torres Fernández, Mario Eduardo Torres Fábregas, Pablo Ubides Díaz, Orlando Urra Quiñones, Osvaldo de Varona de Varona, Raúl Elías Vallejo Pérez, José Rafael Verdeguer Luque, Carlos Manuel Villaverde Valdés, José Luis Viciedo Fernández, Antonio Venzal Alomá, Francisco Vicens Vega, José Manuel Ventoso Caamaño, Ismael Valladares Arocha, Orlando José Viñals Pifarrer, José J. Vergara Rodríguez, Tomás Vázquez Casanova, Carlos Augusto Viera Millán, Emilio de la C. Valdés Calderón, Rosendo Valdés Delgado, José Francisco Valdés Calderón, Jaime Varela Canosa, Agustín Vega Elozua, Francisco Vera Rodríguez, Luis Valdés Tabares, Domiliano Vázquez Cárdenas, Jorge Vega Casas, Carlos Viera Morales, Néstor Fiz Gerald William, José Benito Yanes Ramos, Iran Yanes Ramos, Carlos Yanes Ziegenhgir, Miguel Angel Sambrana Ponce, Eusebio Marcelo Zamora Acosta, Salvador Ziegenhgir Menéndez.

Notifíquese y remítase copia de esta resolución a los organismos del Estado que deban conocer de la misma a los efectos que correspondan.

Así por esta nuestra sentencia, la pronunciamos, mandamos y firmamos

Comandante Augusto R. Martínez Sánchez,
PRESIDENTE

Comandante Sergio del Valle Jiménez
VOCAL

Comandante Juan Almeida Bosque
VOCAL

Comandante Guillermo García Frías
VOCAL

Comandante Manuel Piñeiro Losada
VOCAL

Los «CONSIDERANDOS» son también ocho. El primero expone que «los hechos descritos anteriormente son constitutivos de un delito de traición», el segundo que «la responsabilidad total de los hechos calificados fue expresamente aceptada por el gobierno de una potencia extranjera, sin perjuicio de la responsabilidad individual que por su participación tienen cada uno de los acusados». El tercer CONSIDERANDO se jacta de que «en la batalla de Girón, sufre el imperialismo norteamericano una bochornosa derrota» y en el siguiente se expresa lo que puede considerarse una trágica burla: «que los soldados del pueblo, con ejemplar serenidad y siguiendo las normas que constituyeron una tradición legal a la Revolución por el Ejército Rebelde en su lucha contra la tiranía, *respetaron la integridad física de los invasores al apresarlos*". Pretenden, en ese párrafo, borrar, entre otros, el infame episodio de la trágica rastra. La rastra de la muerte en la que murieron asfixiados los valerosos brigadistas antes mencionados.

Luego de estas exposiciones el tribunal emite su fallo:

«Les imponemos como sanción por su traición a la patria, la pérdida de la ciudadanía cubana... y el pago de una indemnización en la forma y cuantía que más adelante se expresa»

Los 1,180 prisioneros que fueron sentenciados por el Consejo de Guerra, en juicio celebrado a puertas cerradas, tendrían que abonar una indemnización de $62 millones de dólares o, en su defecto, cumplir una condena de 30 años de trabajos forzados. La noticia fue publicada en los periódicos controlados por el régimen de Castro. Se le privaba a los brigadistas de la ciudadanía cubana, así como de todos los derechos civiles importantes.

La indemnización, que agrupaba a los prisioneros en cuatro categorías, se había fijado, expresó la corte, «de acuerdo con la responsabilidad individual que cada uno tuvo en la invasión». Las indemnizaciones fluctuaban de $25 mil a $500 mil dólares. Las otras categorías eran las de $50 mil y $100 mil dólares.

A la suma de $500 mil dólares fueron condenados José A. Pérez San Román, Erneido A. Oliva y Manuel Artime. A la de $100 mil dólares fueron sancionados, entre otros, José Andreu Santos, Jorge Alonso Pujol, Teófilo Lincoln y Santiago Babún Franco, Tomás Cruz, Orlando Cuervo Galano, Ulises Carbó, Ernesto Diez Arguelles, José Manuel Gutiérrez, el Padre Tomás Macho, Mario Martínez Malo, José Miró Torra, Felipe Rivero Díaz, José A. Rodríguez Lodo, José Raúl Varona, Napoleón Vilaboa, Rafael Villaverde y muchos más.

DESEMBARCAN LOS PRIMEROS HERIDOS

Condenados a la suma de $50 mil dólares aparecían Raúl Arango Kindelán, Ramón Arteaga Díaz, Luis Arrizurieta, Rodolfo Blanco Herrera, Juan José Buttari Crespo, Humbelino Bango Suárez, Arnoldo Borrego Suero, Jesús E. Berubides, Evelio Borrego, Rafael Cabezas, Antonio Carmona, Gilberto Cascante, Pelayo Cuervo Galano, Luis Chinea, Fulgencio Castro, Lomberto Díaz Pérez, Armando Galis Menéndez, Alberto García Navarro, Hiram Gómez, Juan Enrique Lambert, Jorge y Fernando Marquet, Alberto Martínez Echenique, Carlos Navarrete Royo, Enrique Oviedo León, Juan Pérez Franco, Enrique Ruiz Williams, Roberto Varona Loredo, Carlos Varona Segura Bustamante y otros más.

A la suma de $25 mil dólares fueron condenados Alvaro Fajardo, Reinaldo García Cantón, Gilberto Hernández Martínez, Luis Moreno, Segundo Miranda, Rigoberto Montesinos, Marcos Mesa, Rolando Pérez González, Enrique y Alberto Pérez Saavedra, Manuel Rey Delgado, José Gabriel Ríos, Juan Roque, Osvaldo Rojas, Miguel Angel Sánchez León y otros.

Los cuatro miembros del Comité de Familiares cubanos, Alvaro Sánchez, como presidente del Comité, Enrique Llaca, Vicetesorero, Virginia Betancourt y Ernesto Freyre se dirigieron de inmediato a La Habana para iniciar negociaciones con el propio Fidel Castro

LLEGAN LOS HERIDOS

Los acontecimientos se van produciendo con rapidez. El jueves 12 de abril se da a conocer una noticia que llena de alegría a los familiares de los brigadistas y a la ciudadanía. Antes de 72 horas serán puestos en libertad, y vendrán a los Estados Unidos, los 54 prisioneros que están heridos o enfermos. Es el primer paso para que termine el cautiverio de todos. Se sabe la noticia por un cable que llega de La Habana, firmado por los miembros del Comité de Familiares: Ernesto Freyre, Virginia Betancourt, Enrique Llaca, y Alvaro Sánchez. Llegarán en el vuelo 422.

El sábado, a las cinco de la tarde, más de 20,000 personas le dieron una afectuosa y calurosa bienvenida al primer grupo de brigadistas que, heridos, mutilados, enfermos, alcanzaba la libertad. Se mezclaban las lágrimas y la alegría. Llegaban, junto con el Comité de Familiares, Pablo Campos Gutiérrez, Armando Alayón Fernández, José Manuel Angel Pomar, Jorge Riga Casas, Humberto Cortina, René Lamar, Julio Mugsó, Luis Morse, Veracín González,

Manuel Rodríguez Fleitas, Pedro Arnao García, Bernardo Martínez, Emilio Junco, Carlos Aggi, Gilberto Fernández Ortega, Secundino Abut, Valentín Neiva, René Hernández, Bernardo Gutiérrez, Juan Higuera Valdés, José Ramón Fernández, Lorenzo Pardo Valdés, Humberto Hernández, Rafael Hernández, Felipe Morín Rodríguez.

También, Raúl Hernández Hernández, Jesús Delgado García, Rubén Pérez Rovira, Rubén Vázquez Casanova, Luis Medina, Cándido Sierra, Enrique Ruiz Williams, Oscar Sánchez Hernández, Pablo Castellón Hernández.

Venían más. Luis Figueroa González, Reynaldo Torrientes, Rolando Tol González, Anastasio Suárez, Mario Luxó, José Castaño Fernández, Eduardo Zayas Bazán, Rolando Pasos, Guillermo Cuervo Hernández, Luis Mido, Reynaldo Cáceres Hernández, Ovidio Suárez, Julio Cañizales, Adalberto Sánchez Rodríguez, Felipe Sirias, Ricardo Borroc, Enrique Hernández, José Ignacio Smith, José Martín Suárez, y Noelio Montero.

Algunos brigadistas requirieron atención quirúrgica[144]. Entre éstos se encontraban: Armando Alayón, Pedro Arnao, Ricardo Borroto Díaz, José Castaño, Pablo E. Castellón, Humberto Cortina, José R. Fernández Oliva, Rafael Hernández Nodarse, Dr. René de Lamar, Valentín Leyva, Felipe Morín, Luis Morse de la Barrera, Mario F. Muxó, Juan Figueras Valdés, Lorenzo Pardo, José Angel Pomares, Enrique Ruiz Williams, Anastasio Suárez Viera, Reinaldo Torrente Espina, y Tomás Vázquez Casanova.

Afirmaron que si fracasaban las gestiones para rescatar a los 1119 cautivos que permanecían en la Prisión del Castillo del Príncipe estaban dispuestos a regresar allí voluntariamente «nos consideramos prisioneros hasta que los otros recuperen su libertad», expresaron.

De estos heridos uno asumirá un papel importante en las nuevas negociaciones que pronto se iniciarán: Harry Ruiz William, segundo de la compañía de armas pesadas, a quien habían designado como el vocero de la Brigada. Lo espera en el aeropuerto Roberto San Román. Luego de saludarlo, desde un teléfono público hace San Román, que estaba en Miami al no haber caído prisionero, una

---

[144] Comunicación dirigida al Dr. José Miró Cardona por Noelio Montero Díaz, Jefe del Batallón de Prisioneros Liberados, y del Dr. René Lamar, Jefe de la Sección Médica, Mayo 19, 1962.

llamada. Queda concertada para dentro de 48 horas una entrevista en Washington con Robert Kennedy, Fiscal de la República.[145]

No es todo alegría en el exilio. Las negociaciones para liberar a los presos han producido la oposición de algunos grupos e intensificado las divisiones internas en las distintas organizaciones.

El Comité Ejecutivo del Frente Unido Revolucionario, que dirige Aureliano Sánchez Arango, es de los primeros en manifestar su oposición a las negociaciones afirmando que «la fraguada permuta de prisioneros por dólares o mercancía, conspira eficazmente contra la política de aislamiento económico adoptada por los Estados Unidos y los países latinoamericanos que cerraron su comercio con Cuba». Considera el Frente Unido Revolucionario que la negociación es «históricamente inmoral» ya que «la lucha entablada contra el régimen comunista de Cuba, constituye una pelea a muerte contra un sistema que degrada y envilece la especie humana y toda negociación que lo vigorice indica una traición al pueblo de Cuba». Firman por el Frente Unido Revolucionario, Aureliano Sánchez Arango, su Secretario General, y Ovidio Mañalich, Raúl Martínez Ararás, Ramón Pérez Veitía, Emilio Cancio-Bello, Ramón Myllar y Juan B. Vizcaíno.

La oposición la expresan también otros grupos.

LA «HUELGA DE HAMBRE» DEL PARQUE DE LAS PALOMAS

Poco antes de iniciarse las negociaciones, distintas organizaciones habían convocado a una huelga de hambre en el Parque de Las Palomas con el propósito, decían sus promotores, de «producir un hecho que fuera una clarinada en el exilio». Se convoca bajo la consigna de «Guerra o Hambre». Acusaban a los que se oponían a ella de propiciar «la coexistencia pacífica con el régimen de Castro» y autocalificaban su convocatoria a la «huelga de hambre» como una clarinada «contra la coexistencia pacífica, la relocalización y la sustitución de los cheques por armas para hacer la guerra contra el comunismo».

---

[145] Roberto San Román había establecido una relación amistosa con Robert Kennedy desde que participó, como testigo, en una de las largas sesiones de la Comisión Taylor. (Ver "Girón: La Verdadera Historia")

Tales grandilocuentes afirmaciones producen pugnas internas dentro de cada organización. Laureano Batista Falla, que dirigía en aquel momento al Movimiento Demócrata Cristiano (MDC), junto con José Ceñal y Guillermo Martínez se convirtió en abanderado de la «huelga de hambre». Posición opuesta la asumen Enrique Ros, Benigno Galnares, José N. Díaz Pereira y otros que se manifiestan en favor de las negociaciones encaminadas a la liberación de los brigadistas.[146]

En una carta circular a todos sus militantes decía el «Director de la Escuela Militar» de una de las organizaciones convocantes: «El pueblo no creyó que estábamos dispuestos a morirnos de hambre en favor de nuestra causa, y se equivocó». El pueblo no se había equivocado. La «huelga de hambre» no produjo ni un simple mareo a ninguno de sus pocos participantes.

La crisis del 30 de Noviembre dentro del Consejo se agudiza cuando comienzan las conversaciones para la liberación de los prisioneros de guerra de Playa Girón.

Dentro del Movimiento 30 de Noviembre Carlos Rodríguez Quesada, Roberto Armán Borrero, José Rodríguez Sierra, Jesús Brito y otros expresan vehementemente su oposición al canje o negociación. Actitud diametralmente contraria a la sostenida, dentro de esa organización sindical revolucionaria, por Jesús Fernández y Orlando Rodríguez.

Osvaldo Soto, dirigente de Unión Nacional Democrática 20 de Mayo respaldaba la huelga. Ya, antes, ambas organizaciones habían criticado públicamente lo que calificaban de «sometimiento del Consejo a los dictados de Washington» y su «quietismo ante el problema cubano».

Esto lleva a una decisión del Consejo Revolucionario Cubano, tomada el 13 de marzo de 1962, de separar de esa organización a Carlos Rodríguez Quesada y Osvaldo Soto como representantes, respectivamente, del Movimiento 30 de Noviembre y del Movimiento 20 de Mayo. Firman el acuerdo del Consejo Revolucionario las personalidades y miembros de las distintas organizaciones que lo

---

[146] En extensa carta a Laureano de marzo 16, 1962, uno de los discrepantes le manifiesta que: "La postura del MDC de oposición al Consejo Revolucionario es respaldada plenamente por mí.... pero esa oposición no debe llevarnos a posiciones falsas que ni allegan armas, ni despiertan conciencias ni obtienen respaldo de los aliados necesarios". Archivo personal de Enrique Ros.

componen: Manuel Antonio de Varona, Carlos Hevia, Sergio Carbó, José Alvarez Díaz, José Ignacio Lasaga, Antonio Maceo, Ricardo Lorié, Nino Díaz, Antonio R. Silió y, a nombre de las organizaciones que representan, firman también César Baró por el MRR; Raúl Méndez Pirez, por Rescate Democrático Revolucionario; José Fernández Badué, por el Movimiento Demócrata Cristiano; Pascasio Lineras, por el Frente Obrero Revolucionario Democrático (FORD); Francisco Carrillo, por Agrupación Montecristi; Enrique Huertas, por los Sectores Profesionales; Ernesto Despaigne, por el Sector Militar y Gerardo Quesada por Acción Revolucionaria Democrática.

La prensa mostraba la diversidad de criterios que existía sobre este tema. El Diario Las Américas y el Miami Herald, al igual que periodistas como Humberto Medrano, Mario Barrera y Hal Hendrix, criticaban la mencionada huelga, mientras que otros periódicos, como Patria, en la página editorial de Armando García Sifredo, consideraban como una clarinada la convocatoria.

El Directorio Revolucionario Estudiantil (DRE) alegando diversas razones, se separa también del Consejo Revolucionario el 18 de marzo, dando a la publicidad un documento no del todo crítico a la institución que preside Miró.

Se había puesto un precio a cada brigadista. Se entabla una prolongada negociación para convenir el pago y la libertad. Pero algunos padres se impacientan y se apresuran a rescatar a sus hijos.

El primero en hacerlo es el ex Vice Presidente de la República, Guillermo Alonso Pujol, que el 18 de abril de 1962 deposita en la oficina de Montreal del Royal Bank of Canada la suma de $100 mil dólares señalada para el excarcelamiento de su hijo Jorge. La operación financiera la hizo desde La Habana donde se encontraba para recibir a Jorge y trasladarse con él a Panamá.

El 31 de Julio, pagado sus rescates de $50 mil dólares por cada uno, arribaron a Miami Alfredo González Durán y Nelson Carbonell Vadía. El domingo 29 habían llegado Fabio Freyre y Jorge Govin a cada uno de los cuales le habían señalado un rescate de $100,000.00, Néstor W. Fitzgerald también llegó.

. Castro había reinventado el comercio de seres humanos.

CAPÍTULO V

ACTIVIDADES DE ALGUNAS ORGANIZACIONES. CONTINUAN LAS PUGNAS EN OTRAS

La huelga del Parque de Las Palomas, la atención pública que ésta creó y la decisión del Consejo Revolucionario de «solicitar de las organizaciones Movimiento 30 de Noviembre y Movimiento 20 de Mayo la sustitución inmediata» de los delegados que las representaban en aquel organismo, hizo estallar la crisis que, desde hacía un tiempo, se estaba incubando en ambas organizaciones. En otros grupos revolucionarios se agudizan las tensiones internas.

EL MOVIMIENTO 30 DE NOVIEMBRE

El Movimiento 30 de Noviembre se dividió en dos grandes facciones de similar fortaleza. Junto a Carlos Rodríguez Quesada, su antiguo Coordinador General, se agruparon, entre otros, los siguientes miembros de aquella organización: Roberto Armán Borrego, Coordinador de Finanzas; José Rodríguez Sierra, Coordinador Militar; Manuel Lescano, Responsable de la Delegación de Miami; Esteban Ferrer, Secretario de Organización; Nelson Cano, Responsable Estudiantil,[147] Elsa Alvarez Nerrade, Responsable Sección Femenina; Arturo González, Coordinador de Suministro; Antonio Villaverde, Coordinador de Asistencia Social; Dr. Denio O. Fonseca, Coordinador del Clandestinaje; Jesús Brito Armonetti, Subcoordinador de Clandestinaje; Alfredo Díaz Puga, Coordinador Obrero; Amado Jiménez, Coordinador Profesional; Rafael Valdés Martínez, Secretario de Actas.

Respaldando a Orlando Rodríguez y Jesús Fernández, que se alternan representando ahora al 30 de Noviembre ante el Consejo Revolucionario, se mantienen, entre otros, Prisciliano Falcón, que había salido al exilio por Venezuela y recién había llegado a Miami; Gilberto Montenegro; Armando Martínez; Joaquín (Quino) Torres,

---

[147] En febrero de 1962 compartían la dirección del movimiento estudiantil en esta organización Nelson Cano Pineda, Jesús Brito, y, Marcos Moré, éste último como Delegado en Miami.

que había sido Coordinador del 26 de Julio en Las Villas y Matanzas; Joaquín Agramonte, que había tenido la misma posición en Camagüey; Heriberto Sánchez Madrigal; Fernando Briques; Argelio Martínez, que fue Alcalde de Matanzas; Juan Armentoy, que formó parte de un equipo de infiltración y que murió combatiendo en Cuba. También Félix Egues Castilla, abogado, que había llegado en un pequeño barco pocas semanas antes de la crisis.

Unos se van y otros se incorporan. En la misma fecha en la que el Consejo Revolucionario está decretando la sustitución de dos de los delegados que constituyen aquélla institución, se anuncia la incorporación al Consejo Revolucionario de un nuevo organismo: la Asociación de Comerciantes, Industriales y Profesionales del Exilio en México, luego de una intensa entrevista con el Dr. Miró Cardona de los dirigentes de aquella asociación Alberto García Menocal y Juan Morenza junto con Silvio Uriarte e Israel Proenza. Poco antes, la ACIP había reorganizado su cuadro dirigente con las designaciones de los distintos secretariados: Mario Lamar, Francisco Borges, José Ordiere, Amaro Alvarez Torvo, Manuel Iglesias, Silvio Cancio Peña, Ing. Alejandro del Valle, Dimas Figueredo, Juan B. Pompino Matienzo, y otros. Había viabilizado la reunión Luis G. Botifoll, Director del Consejo Revolucionario.

Raúl Martínez Ararás,[148] que el 12 de abril, junto con otros dirigentes del Frente Unido Revolucionario, había firmado una «Declaración de Principios sobre la Negociación de los Prisioneros de Playa Girón» esta vez a nombre del «Movimiento Democrático de Liberación», vuelve el 20 de mayo a hacer públicas manifestaciones. Pide «armas y no lágrimas», prometiendo que «los hombres y mujeres del Movimiento Democrático de Liberación, que luchan en la clandestinidad, en Cuba, multiplicarán sus esfuerzos en la acción y el sabotaje». Firman, junto al viejo combatiente, Carlos Bustillo, Angel Manuel de Bien, Manuel Junquera, Gerardo Granados y Mario Fernández, Enrique

---

[148] Raúl Martínez Ararás, Contador Público; fue, junto a Fidel Castro, uno de los planeadores del asalto el 26 de Julio de 1953 a los cuarteles del ejército en Santiago de Cuba y Bayamo. Estuvo a cargo del asalto a éste último. En Julio de 1955 se distanció de Castro y tomó la vía electoral. Aspiró a senador dentro del Partido liderado por Carlos Márquez Sterling.

Rodríguez Beneján y Eugenio Latour, Gastón Renaud, Arturo Pou Leoto, Arsenio Fernández e Ignacio Galarraga.

LAS DOS TENDENCIAS DEL MOVIMIENTO DEMÓCRATA CRISTIANO (MDC)

El período que siguió a Girón mostró a muchas organizaciones divididas. La facción del Movimiento Demócrata Cristiano (MDC) adscrita al Consejo Revolucionario, que dirigía José Fernández Badué, trataba de mantener su vigencia a través de sus distintas secciones de trabajo, conferencias y actos conmemorativos. Durante gran parte de este período su directorio estuvo compuesto de los siguientes miembros:

José Fernández Badué, Delegado de esa facción ante el Consejo Revolucionario; Fermín Fleites Arocena, Subdelegado y Director de Asuntos Militares; Fernando Torcilla Regato, Director de Profesionales; Jorge Más Canosa, Director de la Juventud; Tomás García Curbelo, Director del Sector Empresarial; Francisco de la Torre, Director de la Sección Obrera; Georgina Lahirigoyen, Directora del Sector Femenino; Rafael Bergolla, Director de Organización; Felipe Dumois, Director de Finanzas; Danilo Puig Tabares, Director de Proselitismo; Rafael Aguirre, Director de Relaciones Exteriores; Fermín Peinado, Director de Programación; María Crispi, Directora de Asistencia Social; Antonio Calatayud, Director de Propaganda.

Como vocales aparecían en este Comité Ejecutivo Jorge Del A. Linares, David Orta Menéndez, Bernardo Maristany, Fritz Appel, C. Somohano, Arturo Zaldívar, Julio Ramos Díaz, Alberto Acosta, Conrado Gómez, Jorge Bosch, Jorge Castellanos Taquechel y César Madrid.

La otra facción, que desde la crisis de mayo de 1961 había sido presidida, indistintamente, por José Angel Ortega, Guillermo Martínez y Laureano Batista Falla, convocó en el mes de Junio de 1962 a un amplio comité representativo que pudiera arribar a una fórmula conciliatoria. Cuarenta y dos de los Delegados compondrían dicho Comité Representativo que comenzó a sesionar el 18 de Julio. Este Comité estaría compuesto de los siguientes delegados:

1.- José Ignacio Rasco	22.- Rubén Delgado
2.- Melchor Gastón	23.- Manuel Aguado
3.- Guillermo Martínez	24.- Arturo Sueiras
4.- Laureano Batista	25.- Dionisio Fajardo
5.- José Angel Ortega	26.- Alvaro Lorenzo
6.- Enrique Ros	27.- José R. Núñez
7.- Alberto del Junco	28.- Ana Villarreal
8.- Ernesto Rodríguez	29.- Ambrosio González del Valle
9.- José Ceñal	30.- Ramón Rasco
10.- Benigno Galnares	31.- Tony Pérez
11.- Ignacio Fleitas	32.- Humberto Pérez
12.-Alfonso Gómez Mena	33.- Oscar Castro
13.- Jorge Escala	34.- Nicolás Gutiérrez
14.- Enrique Villarreal	35.- Marcos Rodríguez
15.- Laureano Garrote	36.- Rafael Martín
16.- Héctor Castellón	37.- José Luis Alvarez
17.- Concepción López	38.- Julio Hernández
18.- Jesús Angulo Clemente	39.- Raúl Abreu
19.- Armando Quintana	40.- Adolfo Franco Pino
20.- Enrique Abascal	41.- Pedro García
21.- Jorge Mantilla	42.- Fausto González Chávez.

Diez sesiones celebró dicho Comité Representativo y, en carta de Ernesto Rodríguez, Presidente y Enrique Ros como Secretario, a Laureano Batista Presidente del MDC en aquel momento, se hacía constar que «independientemente de que el análisis de la labor rendida por este comité mostraría un saldo positivo, es evidente que no pudo lograr los fines para los que fue creado y, por decisión unánime de todos sus miembros, quedó disuelto en el día de hoy». De inmediato se convocó a un congreso para aprobar el reglamento y designar un nuevo ejecutivo. Con la participación de muchos de los que habían formado parte del Comité Representativo, el 25 de Agosto fue designado Ernesto Rodríguez como Presidente de esta mitad, o poco menos, del MDC.

Junto a estas actividades asamblearias, el movimiento realizaba, también, acciones militares que estaban a cargo de Laureano Batista. Precisamente en agosto le habían confiscado a la organización varias armas almacenadas en Hialeah. Era comprensible. Los sectores «amigos» obstaculizaban toda operación que se realizase «por la libre».

COMIENZA A ACTUAR ALFA 66 EN CUBA

En Cuba, Diego Medina funciona en contacto con otras organizaciones. Una de ellas, Rescate Revolucionario cuyo enlace es allá, Joaquín Banciella. Ya, antes, había participado en un plan de fuga para sacar a Humberto Sorí Marín que había sido herido la tarde que en Miramar habían detenido a Rogelio González Corzo, Rafael Díaz Hanscom[149] y otros. Sorí Marín estaba ingresado en el piso superior del Hospital Militar Carlos J. Finlay, del que era médico Diego Medina. Diego y Humberto eran amigos, relación surgida en Zaza del Medio. De acuerdo al plan, Sorí Marín se quejaría de un dolor que le sería diagnosticado por el médico Diego Medina como cálculo que requeriría tomarle unas placas. Lo trasladarían al departamento de rayos X que se encontraba en el extremo opuesto del hospital cerca de una puerta de salida donde estaría un carro, manejado por un oficial del G-2 que estaba en la conspiración. Por aquí sacarían al enfermo. No se pudo llevar a cabo el plan porque la madre de Humberto Sorí Marín creyó en la palabra de Fidel Castro, que le había asegurado que su hijo no sería fusilado. La familia, en el último momento, no dio el consentimiento para efectuar el plan de fuga.

Diego se mantiene activo. Está en continua comunicación con Osvaldo Ramírez, el Congo Pacheco, Tomás San Gil[150], Adolfo Sargén (miembro de la organización), alzados todos en el Escambray. Están allí también Medardo Salas y Elio Balmaseda. Varios serán hechos prisioneros y fusilados.

La lucha se hace difícil. Había comenzado el año 62 con la descorazonadora noticia de que Margarito Lanza Flores, más conocido por «Thorndike», había sido hecho prisionero en la zona de Quemado de Guines, en Las Villas, juzgado sumariamente y fusilado. El 16 de abril, también en la sierra de El Escambray, había caído Osvaldo Ramírez quien, por más de dos años, se mantenía

---

[149] Ver "Girón: La Verdadera Historia", Enrique Ros.

[150] Tomás Pérez Díaz (San Gil) es, para Diego Medina, "un verdadero héroe. Un héroe muchas veces olvidado".

alzado. Días después, en una operación separada, cae herido y muere, el Congo Pacheco. Caerá también Adolfo Sargén.

Alfa 66 en Cuba, como toda organización revolucionaria, es infiltrada en aquel momento. El doble agente, de acuerdo a la profusa información que posee hoy Diego Medina, era Enrique Ojeda, cuyo nombre de guerra era Raúl.

En aquella etapa del clandestinaje, gran parte de la actividad que se realizaba era recoger «las armas enterradas», que habían sido así escondidas por los teams de infiltración. Medina sabe, a través de fuentes fidedignas, la finca en que se encuentran –cerca de la Base de San Julián– apreciables cantidades de armas. Verifican a través de Marcelo Díaz, Capitán del Ejército Rebelde del Segundo Frente, y persona de absoluta confianza, la existencia y localización exacta de las armas. Como sacarlas y transportarlas al Escambray era el problema que ahora enfrentaba el joven dirigente de Alfa 66. Recomendado a través de otras personas confiables del movimiento, establece contacto con Enrique Ojeda, oficial del Ejército Rebelde que se compromete a organizar el traslado de las armas. Efectivamente, las mueve hacia La Habana.

Una persona de confianza, Abelardo Castro, cuñado del Dr. Jiménez Malgrat, verifica que las armas se encuentran ya en una casa en un reparto de La Habana. Pero Raúl, antes de entregarlas, quiere reunirse con varios miembros de la organización a quienes cita para, nada menos, la casa de Humbolt 7. Se produce una tersa conversación y una nueva cita ya que, desconfiado, Diego sólo lleva a esa reunión en Humbolt 7 a los miembros de la organización que ya Raúl conoce. No lleva a nadie nuevo. Días después, el doble agente es desenmascarado ante los miembros de Alfa 66.[151] Diego Medina se asila, junto con Abelardo Castro, en la Embajada del Ecuador, de cuyo embajador el Dr. Jimenez Malgrat era amigo y médico.[152] Al llegar,

---

[151] Enrique Ojeda (Raúl) se infiltra después en una conspiración que se está incubando en la Gran Logia Masónica de Cuba, en Carlos Tercero. A los pocos meses cayeron presos muchos de los masones que conspiraban.

[152] El 18 de marzo de 1962 entran Diego Medina y Abelardo Castroen la Embajada del Ecuador. Son meses de frecuentes cambios en las relaciones diplomáticas. En febrero cincuenta asilados políticos en la Embajada Argentina fueron trasladados a la legación de Brasil. El embajador de Suiza se hará cargo de los asuntos argentinos. Medina y Castro saldrán al exterior 9 de febrero de 1963.

encontrará allí, ya asiladas más de 200 personas. Para poner algún orden estaban organizados en «cooperativas».

Continúa en contacto con sus antiguos compañeros que habían venido a los Estados Unidos. No todos los 13 miembros del Segundo Frente que habían estado en MacAllen se integran en Alfa 66. Algunos prefieren mantenerse como Segundo Frente; otros pasan a distintas organizaciones. No se produce entre ellos una total desvinculación. No existe, en modo alguno, una escisión; es sólo una posición que se asume, momentáneamente, desde un punto de vista estratégico. Lázaro Asencio, a invitación de Jesús Fernández y Orlando Rodríguez comienza a trabajar con el director de prensa del Consejo Revolucionario, Ramiro Boza. Tiene a su cargo un programa radial en la WMIE, que es hoy la WQBA, junto a otro villareño, Salvador Lew[153]. Mantiene durante unos seis meses programas radiales con Gabriel Casanova y Mario Porta, dirigidos hacia Cuba.

ALFA 66. CAMPAMENTOS EN LAS BAHAMAS. LA ORGANIZACIÓN EN CUBA

Al no pedir ni recibir respaldo oficial era necesaria para el Segundo Frente del Escambray la tarea de recaudación de fondos que se hacía ardua en la etapa de desaliento que siguió a la derrota de Girón. Pero que hacía aún más difícil la imagen de «fidelismo sin Fidel» que proyectaba el movimiento. La realización de esta situación condujo a sus dirigentes a crear una nueva organización que, en lo exterior, no tuviese vinculación alguna con el organismo en que habían militado.

Fue Antonio Veciana[154] quien propuso el nombre y la idea. Se constituye aquí en Miami pero se da a conocer, públicamente, en

---

[153] Hay un hecho poco conocido que puede explicar la identificación que se ha mantenido por años entre estas personas que provienen de la lucha estudiantil en Cuba. Muchos de ellos fueron fundadores de la Federación Nacional de Institutos de Segunda Enseñanza. Lázaro Asencio fue su primer presidente; Emilio Caballero su primer vicepresidente; Orlando Bosch, su primer secretario general. Salvador Lew fue presidente del Instituto de Remedios; Pedro Yanes, presidente del Instituto de Saguá la Grande; Armando Fleites procedía igualmente de las luchas estudiantiles en Las Villas.

[154] Antonio Veciana, contador público, había militado en Cuba en el MRP que dirigía Manolo Ray. Tuvo una notable participación en distintas conspiraciones y atentados en la isla hasta que pudo escapar en octubre de 1961. En Miami se vincula con los oficiales rebeldes del Segundo Frente.

Puerto Rico. Se organiza de inmediato la primera acción: un ataque a un campamento ruso en Isabela de Sagua. Luego, casi de inmediato, otro a un cuartel del ejército castrista también en la Isabela. Luego vendrá un ataque a Tarará, con un breve desembarco.

Aunque el abastecimiento provenía de los Estados Unidos, ningún comando partió de este país. Mantuvo Alfa dos campamentos en Las Bahamas, como precaución, para proteger mejor las armas que ya adquiría en cierta abundancia con los fondos que obtenía, ahora con más facilidad, por el prestigio que la nueva organización iba adquiriendo con sus ataques comandos. Se le da continuidad a las operaciones. Se atacan barcos rusos anclados en puertos. La denuncia llega a las Naciones Unidas, presentada por el delegado soviético. Se produce otra acción en la playa Juan Francisco, que llaman Juan Fanguito, entre Caibarién y Sagua.

SE CONGESTIONAN LAS EMBAJADAS

Continúan actividades, de muy distinta naturaleza, en distintos frentes. En Cuba, Guillermo Ara en marzo es condenado a 20 años de cárcel por intentar salir del país en una lancha. David Salvador recibe una condena de 30 años, con la amenaza de ser juzgado, después, por otros delitos. Las condenas no impiden el éxodo masivo. Los cubanos se siguen escapando en pequeños botes.

Otros salen por vía del asilo político. En abril parten de la Embajada de Ecuador José Leandro Cembal, que había sido armero del grupo liderado por el Comandante Paneque; Héctor Gallardo del MRP; Pura Amador Rodríguez, hermana de Juan Amador Rodríguez; Ernesto Alanió, Auditor del Ejército Rebelde, que sale con su hijo; Pedro Beltrán Valdés quien, por haber estado antes asilado en la Embajada de Venezuela, ingresó en la del Ecuador bajo el nombre de Manuel Fidalgo Alvarez; Armando Alanis; Vilma Escobar y su hijo; Esteban Cueto Naranjo, César Barba y otros.[155]

---

[155] Datos tomados del Diario que llevó Diego Medina durante el año que permaneció asilado en la Embajada.

ASPECTO DE UNO DE LOS "SECTORES" DE LA EMBAJADA
DE EL ECUADOR

Cerca de 250 asilados se encontraban hacinados en mayo de 1962 en el recinto de la Embajada de El Ecuador repartidos en 5 "sectores" que denominaron el Garage, el Patio, el Platanal, el Palomar y la Sala. La foto corresponde al Platanal.

ASILADO AGREDIDO POR EL EMBAJADOR DE BRASIL

Grupo de asilados en la Embajada del Ecuador, de cuya sede se hizo cargo Brasil. Al extremo derecho aparece René Bermúdez, asilado cubano agredido por el Embajador Brasileño Luis L. Bastión Pinto cuando éste se irritó porque Bermúdez le tomó una foto. Al extremo izquierdo el ingeniero Vicente Iser quien había tenido a su cargo el Proyecto Eléctrico de Cuba en el plan de 6 años de Ernesto (Ché) Guevara.

DIPLOMÁTICO BRASILEÑO AMIGO DE LOS ASILADOS

Momentos en que el funcionario Hersil Pereira Franco, de la Embajada de Brasil, informaba a mujeres y niños asilados en la Embajada del Ecuador que habían culminado con éxito las gestiones realizadas para la salida de 150 asilados. Saldrían en mayo 19, 1962 en un vuelo de KLM.

El 4 de abril de 1962 se confirma el rompimiento de relaciones diplomáticas de Ecuador con Cuba. En el edificio principal de la Embajada, que se encontraba en el Country, permanecía asilado Andrés Vargas Gómez quien pasa ahora al otro local de la Embajada. Siguen aquí asilados, entre otros, Vicente Iser; José Antonio Rodríguez, Jesús Quiroga, Armando Ruano, Rafael Portuondo Bello, Miguel Isa y su hija Juanita Isa, José Antonio Echave Lamadrid; Carlos Menéndez Aponte del Directorio Revolucionario Estudiantil (DRE); Evaristo Fernández, de la Dirección General de la Juventud Anticomunista Revolucionaria (JAR); Héctor Leo Castaño; Yolanda Linder, del MRP; Roberto Hernández de la Paz, el Comandante Raúl Díaz Torres, Tomás Miguel Roché y Reinaldo Estorino López.[156] Forman círculos de estudios a los que asisten Willy Gordillo, René Bermúdez, Jorge Hernando Abdo que recibe en la embajada la noticia de que es padre; Felipe Jiménez, Arturo de Johng, y algunos de los antes mencionados.

Tan solo en este recinto de la Embajada del Ecuador permanecen asilados más de 200 cubanos. Entre ellos Raúl E. Martínez Malo, Israel Ruano, Roberto Ravelo, Pedro Samell, Bernardo Nodas, Domingo del Ceñal; Lázara Ana Guerra; Lidia Valdivia; Nancy Peña; María R. Navarro; Alberto M. Hernández.

Brasil se hace cargo de la sede diplomática de Ecuador al romper relaciones con Cuba esta última nación. Llega a la sede, en lujoso automóvil, el diplomático brasileño, Luis L. Bastion Pinto. Un refugiado, René Bermúdez, que tiene una cámara, le toma una foto. El diplomático, colérico, se le abalanza y trata de arrebatarle la cámara. En el forcejo se queda tan solo con la correa del estuche y con ella golpea violentamente el rostro del asilado, al tiempo que grita «esto sólo para comenzar». La respuesta de los asilados a la injustificada agresión fue violenta y apropiada.[157]

Tantos son, y tantos los problemas, que constituyen, por decisión unánime una comisión que los representará en sus gestiones ante la embajada. La comisión está compuesta de Andrés

---

[156] Su primo, Julio Estorino, se encuentra en ese momento, asilado en la Embajada de Uruguay.

[157] Diario de Diego Medina, confirmado por Vicente Iser asilado en ese momento en la sede, y publicado en el periódico Patria, de Miami, de Junio 22, 1962.

Vargas Gómez, Alberto M. Hernández Hernández, Manuel Rivera Romero, Héctor Castaño Reyes y Evaristo Fernández Padrón.

Se hacen intensas gestiones para lograr los salvoconductos para tantos asilados. En agosto, Jesús Marinos, Delegado del Consejo Revolucionario y el joven estudiante Rafael Orizondo, del DRE, se entrevistan en Quito con funcionarios de la Presidencia y del Ministerio de Estado del Ecuador.

Como en tantas sedes diplomáticas donde los que se han acogido a su refugio son muy numerosos, se producen en la Embajada del Ecuador fricciones entre los asilados. Para resolverlas, en forma amistosa se crea una Comisión de Orden de la que formarán parte Reynold Monzón Pérez, Armando García; Alberto Marrero Pérez, Hilarión Prado Aldama, Juan García Monteagudo, Domingo Cañal Ferrer y otros 6 asilados.[158]

CUATRO INTENTOS DE INFILTRACIÓN. UN SENDERO DE SANGRE

Estamos en septiembre de 1961. Los últimos miembros del Directorio Estudiantil y del MRR que se habían infiltrado en Cuba en los días anteriores al 17 de abril ya han salido clandestinamente (Manuel Salvat, Raúl Villaverde, Manolín Guillot, Rafael (Chichi) Quintero, Ernesto Fernández Travieso, Luis Fernández Rocha, Jorge Sonville, los hermanos Blanco y muchos más. Otros se encuentran asilados o encarcelados (Miguel García Armengol (Miguelón), Alberto Muller).

Varios, temerariamente, han renunciado a su asilo político, abandonando las embajadas que les dan protección, y se han vuelto a incorporar a la lucha (Antonino Díaz Pou).

Otros han sido fusilados o han muerto combatiendo (Virgilio Campanería, Rogelio González Corso, Alberto Tapia Ruano).

Se considera necesario reorganizar, dentro de Cuba, los cuadros que están dispersos. Se toma la decisión (¿Por quién?: ¿Por la Agencia? ¿Por las organizaciones?) de enviar, a ese fin, hombres a la isla. Se selecciona para la peligrosa misión a Manolín Guillot y a Rafael Quintero.

---

[158] Datos del Diario de Diego Medina, ya citado.

Parten en los primeros días de noviembre hacia el Punto Unidad (al lado del más conocido Punto Fundora en la costa norte de Matanzas). Sería una operación de exfiltración e infiltración. Van a recoger a Antonino Díaz Pou, que había salido de la Embajada de Venezuela y continuaba su labor clandestina; a Emilio Martínez Venegas (2521), que tan destacada participación había tenido en el entrenamiento y en la labor de los teams de infiltración, y a Ricardo Chávez (el Mejicano) que había participado en el temerario rescate de Bandín y, entre otros, en el atentado a Carlos Rafael Rodríguez en la Vía Blanca. Está planeado que se infiltrarán Chichi y Manolín.

Al acercarse la lancha, toda la costa se ilumina. Se oyen disparos de armas de distintos calibres. Cae herido, junto a la playa, Antonino Díaz Pou (2502)[159]. En diciembre será fusilado. Emilio y Chávez pueden escapar. Se frustra la operación. La primera. Ha costado una vida.

Pasan unos pocos días y vuelve a realizarse otra doble operación de exfiltración e infiltración. Saldría del territorio Emilio Martínez Venegas e ingresarían Guillot y Quintero. En tierra guía a Martínez Venegas un abnegado compañero, Juanín Pereira. El punto de desembarco será la Coloma, en Pinar del Río. Va de capitán del barco Manolín Gutiérrez. Se acerca la lancha. La luz del faro serviría de orientación. Hacia allá se dirige la embarcación, pero no era ese el faro convenido. Las autoridades cubanas habían cambiado las luces. El G-2 alertados por el traidor Mongo Bringuier tenía rodeado el punto de desembarco. Identifican a Juanín Pereira como el responsable de la operación y allí, en la playa, lo ejecutan. Emilio Martínez Venegas es arrestado. Cumplirá larga condena de cárcel. Nadie puede infiltrarse. La segunda infiltración frustrada. Ha costado otra vida.

En los primeros días de diciembre se hace el tercer intento. Vuelven, como en las oportunidades anteriores a comunicarse con la clave de Manolito Reyes el radio-operador. Con el código acordado informan fecha, lugar y hora para realizar la operación. El barco, bien armado, lo capitanea Leslie Nóbregas. Al acercarse a la orilla, dos barcos castristas los intercepta. Nóbregas dispara las ametralladoras y paraliza las dos embarcaciones. Se ha malogrado el tercer intento de infiltración. ¿Qué ha pasado?

---

[159] Antonino Díaz Pou será luego procesado y morirá ante el paredón en diciembre de ese año.

Manolito Reyes había caído preso[160] semanas atrás y Seguridad del Estado conocía el código utilizado para transmitir y recibir mensajes.

Se hacía ya imperativa la infiltración de Rafael Quintero y Manolito Guillot. Se dedice hacer «una operación en negro»; es decir, ejecutar la infiltración sin que haya equipo de recepción. Parten, a fines de diciembre –¡era la cuarta intentona!– hacia Paredón Grande, al norte de Camagüey. La lancha la dirige, esta vez, Félix I Rodríguez. Se realiza el desembarco, con éxito, por uno de los cayos cerca de la Laguna de la Leche. Llevan, también, dos toneladas y media de armas. Pasarán los infiltrados a Morón. De allí a La Habana.

OPERACIONES CON LA COMPAÑÍA

Grayston Lynch,[161] uno de los dos norteamericanos que, incumpliendo las instrucciones de sus superiores, desembarcó en Bahía de Cochinos con los hombres que había entrenado, comenzó a llamar, apenas dos meses después del desastre de Playa Girón, a muchos de los jóvenes a quienes había entrenado como hombres rana y que habían

---

[160] Narración de Rafael (Chichi) Quintero a Enrique Ros. Confirmada, con ligeras variaciones, separadamente, por Carlos Bandín y José Mercochini (Pepe Prince) que militaban en el MRR en tendencias opuestas a las de Quintero.

[161] Grayston L. Lynch tiene una larga historia militar. Entró en el Ejército de los Estados Unidos en 1938 y sirvió como sargento de patrulla en la Segunda División de Infantería durante la Segunda Guerra Mundial en Europa. Desembarca en Omaha Beach, en Normandía, y, luego, es seriamente herido en combate. Años después comandó, como capitán, un team de las Fuerzas Especiales en Laos. Comenzó a trabajar en la Agencia Central de Inteligencia en 1960 precisamente en la operación que condujo a la Invasión de Bahía de Cochinos. Lynch ha recibido las más valiosas condecoraciones militares, incluyendo el Corazón Púrpura.

Al dar comienzo la operación anterior se le había asignado a Gray, como lo llamaban afectuosamente los brigadistas, la tarea de cooperar en la preparación de una base temporal de entrenamiento que se estaba acondicionando en una antigua Base Naval en el río Mississippi, a 20 millas de New Orleans. Su primera misión: entrenar 11 hombres ranas cubanos que habían recién llegado de la isla Vieques en Puerto Rico. Era la misma base donde se entrenaría Nino Díaz y su grupo y otros teams de infiltración. En febrero de 1961 recibió Gray nuevas órdenes: Ir a Cayo Hueso y hacerse cargo como "case officer" del Blagar uno de los barcos que serán utilizados en Bahía de Cochinos. En los muelles estarían, uno junto al otro, el Blagar y el Bárbara J y varios botes "fantasmas" de 35 a 110 pies, pintados de negro, que servían para suministrar equipos y materiales al movimiento clandestino en Cuba. Gray estuvo con la Jefatura de la Brigada.

podido regresar. Y Gray continuó su labor hasta poco después de la Crisis de los Cohetes. Trabajaba bajo la supervisión de Ted Shackley.

En verdad, pocos cubanos tenían una relación oficial, identificada con la CIA; normalmente esa relación estaba basada en un entendimiento verbal. No se firmaban papeles, no se ofrecían contratos. «Por su parte, la CIA nunca reconocía sus propias operaciones. Todos sabían quién era quién y todo lo que estaba pasando».[162]

Desde una base en Big Pine Key, la mayor de las pequeñas islas que rodean Cayo Hueso, comenzó otra vez, el viejo y respetado agente, el entrenamiento de la nueva hornada de hombres ranas que estaría formada por muchos que habían desempeñado la misma tarea en la etapa que culminó el 17 de abril.

Allí se reunieron Amadito Cantillo, Carlos Font, Andrés Pruna (Pruna, el Cousteau cubano, como muchos lo conocían), Carlos Betancourt y otros.[163] Luego tuvieron que moverse a Elliot Key. Mantenían distintas casas de seguridad en el área de Homestead, en Florida City. Estaban también dos hermanos que tendrían luego una notable participación en acciones que pronto se realizarían: Miguel y Ramoncito Orozco.[164] También Jorge Navarro (el Puma) y Félix Sosa, que llegaría a Capitán del Ejército de los Estados Unidos y moriría con ese grado en Vietnam.[165]

---

[162] Félix I Rodríguez. "Guerrero de la Sombra".

[163] Amadito Cantillo Huguet, Carlos Font Bocellosa, Andrés Pruna Bertot y Carlos Betancourt Ramos, aunque muy jóvenes, tenían amplísima experiencia en acciones de infiltración. Los cuatro habían pertenecido al equipo de hombres ranas que habían funcionado activamente en el proceso que culminó en Girón y, muy particularmente, durante el desembarco.

[164] Miguel Angel Orozco Crespo fue de los primeros brigadistas. Marchó hacia los campamentos el 21 de julio de 1960. Le correspondió el número 2537. Ramón Ignacio Orozco pasó a los campamentos exactamente un mes después, el 21 de agosto. Luego de recibir el necesario entrenamiento se incorporan a los teams de infiltración.

Tienen otro hermano, Claudio, que, como ellos había sido de los primeros en incorporarse a la guerra libertadora. El primero de agosto Claudio pasa a los campamentos, formará parte del batallón de paracaidistas junto a Sergio Carrillo, José (Pepe) Juara, Herman Koch y Carlos Navarrete. En la batalla de Girón es hecho prisionero junto a sus compañeros brigadistas. Cuando Miguel y Ramón en los meses del verano y otoño de 1962 realizaban misiones de infiltración, Claudio Orozco sufría la prisión castrista.

[165] Jorge Navarro (2536) fue de los primeros en recibir entrenamiento para formar parte de los equipos de infiltración. Pasó a la isla Useppa (ver Girón: La Verdadera Historia) el 21 de

La CIA sigue incorporando más hombres. Para los primeros meses de 1962 un número apreciable de cubanos trabajaba con la Agencia. «En aquellos momentos contábamos con unos 355 enrolados en el grupo. Estaba lo que llamábamos la *marina* o unidades navales; el equipo de *hombres ranas*; los **comandos** y los *teams de infiltración*».[166] La persona designada para hacerse cargo de algunos teams de infiltración era conocida como «Principal Agent» (PA); todos los PA eran cubanos. Los oficiales de enlace de cada grupo eran denominados «Case Officer» (CO); todos eran norteamericanos.

Los teams de infiltración eran parte importante de la Brigada 2506. Permaneciendo presos en La Habana los miembros de la Jefatura Militar de la Brigada, muchos de los hombres que integraban los equipos de infiltración continúan operando movidos por el elevado estímulo de ver liberada a su patria.

Están participando en esta nueva etapa Carlos Hernández (Batea), Nilo Alvarez Milián, Enrique Casuso, Jorge Gutiérrez Izaguirre; Diego L. González, Ramón Machado, Ernesto Esteban, Miguel Alvarez, Benito Clark, Enrique (Kikio) Llansó, Abel Pérez, y muchos más.

Muchos de ellos se mantienen en contacto con Gray pero, también, con William Robertson a quien llaman con familiaridad y camaradería «Rip».[167]

---

julio de 1960, junto con Conrado Caballero Acosta (2547), Pedro R. Vera Ortiz, Pedro Acebo Rodríguez (2562) y Reinaldo García Martínez (2535).

Félix Sosa Camejo ingresa también de los primeros, el 21 de agosto de 1960, pasando por la isla Useppa. Había llegado a Miami en un pequeño bote, cuando apenas tenía 20 años. De inmediato se incorporó a lo que llegaría a ser la Brigada 2506. Luego de Girón participó en acciones comandos, de infiltración y de inteligencia. Más tarde Félix Sosa se alistó en el ejército de los Estados Unidos peleando bravamente en Vietnam. Recibió doce condecoraciones. Murió en combate, con el grado de Capitán a los 28 años de edad.

[166] José Enrique Dausá en conversación con el autor. Dausá era un "Principal Agent" (PA).

[167] William Robertson, conocido como "Rip", había sido capitán de los Marines en el Pacífico durante la Segunda Guerra Mundial y oficial paramilitar (case officer) con la CIA en Corea. Hablaba español con gran fluidez. Rip se había incorporado a la Agencia Central a través del antiguo comandante de su Regimiento, el General Robert Cushman, que se encontraba en la División del Lejano Oriente. Luego de Corea, Rip participó en la operación que produjo en 1954 el derrocamiento del Presidente Jacobo Arbenz, en Guatemala.

La "Operación Cuba" sería su segunda misión con la Agencia Central. En este proyecto respondía al Coronel Jack Hawkins, que venía temporalmente de los Marines, en cuyo cuerpo había peleado en Corregidor, como Capitán de la Cuarta División, y en

El grupo de estos jóvenes se va ampliando. Estará Pedro Acebo y Conrado Caballero, de Pinar del Río. Rafael Alvarez Contreras, Angel Hernández, y Pedro Vera Ortiz.[168] También Orlando Arrazola, telegrafista, Reinaldo García Martínez (Chiqui), Miguel Penton quien, junto a su hermano Giraldo llegaría a los campamentos el primero de agosto de 1960; Rafael García Alvarez, Claudio Filpes, Mario Alberto Enrique (radioperador) y Angel Millán Díaz[169]. Luis Sierra está como telegrafista.

Participan más. Rafael Usatorres, Lito González, Juan Hernández Medina, Juan Tamayo, Humberto Olivera, José González, Florencio Valdés, Orlando García, Nelson Torrado, Rodolfo Hernández, Manuel García Rubio, de Las Villas; Carlos López Oña, Nestor Izquierdo, Vicente Blanco.[170]

Okinawa. En la "Operación Cuba" Rip fue asignado como "case officer" (CO) del Bárbara J., donde iría con las fuerzas del Segundo y Quinto Batallón que entraron en Playa Larga. Fuente: Grayson Lynch. "Por qué fracasó la Invasión". Revista Réplica, Agosto 4, 1976.

[168] Las vidas de Pedro Vera Ortiz, Conrado Caballero y Miguel Orozco estuvieron siempre muy estrechamente relacionadas. Juntos secuestraron un barco en La Habana en mayo de 1959. Juntos ingresaron temprano en los campos de entrenamiento y participaron en Bahía de Cochinos. Sus vidas siguieron unidas en las posteriores actividades encubiertas. Luis Sierra pasa a los campamentos el primero de agosto de 1960 y Angel Hernández Valdés (2557) fue en el grupo inicial; ambos participarán en gran número de acciones, antes y después de Girón.

[169] Orlando Arrazola Rodríguez vino de Nueva York a incorporarse a la Brigada 2506, sirvió en la invasión como artillero del Bárbara J y jefe del Team Especial. (Fuente: Diario de una Traición, 1961, de Leovigildo Ruiz). Angel Millán Díaz ingresó el 25 de enero de 1961. Luego de Girón, al no caer prisionero, se incorporó a los teams de infiltración. Reinaldo García Martínez, se incorporará luego al ejército de los Estados Unidos y se retirará con el grado de Coronel.

[170] Rafael Usatorres, Carlos López y Nelson Torrado habían llegado a los campamentos en viajes sucesivos. El primero el 30 de agosto, 1960, el último el 19 de septiembre. Participan activamente en la etapa de Girón y en las operaciones que se realizan en la segunda mitad de 1961 y a lo largo de 1962. Igual que Vicente Blanco (2503), Juan Tamayo, Humberto Olivera y Rodolfo Hernández (2554). Manuel García-Rubio (2542) estuvo, junto a su hermano Jorge García Rubio (2528), en el primer grupo que se incorporó el primero de julio de 1960, y, como los anteriores, Nestor Izquierdo, Florencio Valdés y Juan Hernández Medina participaron en ambas etapas. Nestor Izquierdo (Tony) morirá en Nicaragua el 10 de septiembre 1979, combatiendo a los sandinistas.

UNO DE LOS TEAMS DE HOMBRES RANAS

Muchos de los jóvenes que formaron parte de los equipos de Hombres Ranas funcionaron tanto en la etapa que culminó en la derrota de Playa Girón como en la posterior que se mantuvo aún después de la Crisis de los Cohetes. En la foto, cuatro de estos combatientes: Andrés Pruna, Carlos Font, Amadito Cantillo y Carlos Betancourt.

Otro grupo lo forman Alberto Ponzoa, Nelson Iglesias, Alberto Beguiristaín, el Pibe Morejón, Cuco Lazárraga, Carlos Pascual, José Enrique Dausá y otros.

Estos combatientes, que a diario arriesgan su vida y su libertad, se sienten más vinculados a sus respectivos «case officers» que a la propia Agencia Central, con cuyos altos oficiales poco contacto mantienen. Distantes se sienten, también, del aparato civil. Del Consejo Revolucionario Cubano.

EL CONSEJO REVOLUCIONARIO LUCHA EN DISTINTOS FRENTES

Luego de Girón, Miró tiene que enfrentar críticas y retos. La última –importante por la recia personalidad del discrepante, pero no la más seria que ha tenido que encarar el Presidente del Consejo– le llega de Carlos Prío Socarrás, el ex-Presidente de la República.

Propugna el antiguo mandatario la creación de un gobierno en el exilio; pide que el Frente y el Consejo reconozcan «sus evidentes equivocaciones»; se considera a sí mismo «con autoridad para aconsejar», y termina Carlos Prío calificando al Consejo Revolucionario de ser «un organismo inoperante». Quién, por el Consejo, responde a los ataques es Tony Varona, que afirma que si el exilio está dividido es «por aquéllos que quieren ser jefes; por los que llegaron a última hora, que tratan de formar tienda aparte y luego piden unidad».

Arrecia en aquel mes de octubre de 1961 la demanda de distintas organizaciones por la creación y el reconocimiento de un gobierno en el exilio. La Asociación de Funcionarios del Poder Judicial, con la firma de Alabau Trelles y Elio Alvarez expone los fundamentos constitucionales de «la proclamación del magistrado Julio Garcerán como legítimo Presidente Constitucional de Cuba».

En igual sentido se manifiesta la Juventud Anticomunista Revolucionaria (JAR) con la firma de Danilo Baeza, Alberto Sánchez, Carlos Whitmarsh, Angélica Lavín y Enrique Pablo Rodríguez, y la Cruzada Auténtica Revolucionaria cuyo Directorio Ejecutivo lo componen Leopoldo Morffi, Oscar Díaz, Román Peña, Gabriel Méndez, Antonio López Coujil, Orquídea Marroquín, Elvira Corral, Miguel A. Ríos, Miguel Reigada, Gilberto Ondara y José M. Brito.

140

En este lamentable mes de octubre, otras organizaciones se enfrentan a problemas de distinta naturaleza. Justo Carrillo que, desde siempre, ha presidido la Organización Montecristi, anuncia el 3 de octubre que se separa del Consejo. Días después, el Comité Ejecutivo de esa Agrupación dió a conocer «a la Opinión Pública» un extenso y confuso documento, cuya esencia era que un representante de la organización continuaría en el Consejo. A su vez, el «Movimiento 30 de Noviembre» aboga por la constitución de un «Consejo Obrero Revolucionario»; y una de las facciones del Movimiento Demócrata Cristiano impugna la representación que en el Consejo ostenta el Delegado de la otra facción.

El Consejo Revolucionario pelea en distintos frentes. Miró Cardona y Tony Varona vuelven a Washington, en los últimos días de febrero, 1962. Temprano, en enero, Miró había hablado con Dean Rusk. Se dice que ahora habían venido en busca de definiciones, tarea difícil en la Administración de Kennedy. Se hospedan en el Hotel Raleigh, donde –comenta Bohemia Libre–[171] «en 1898 murió el Gral. Calixto García cuando estuvo en esa ciudad en las infructuosas gestiones que le había encomendado la Asablea de Representantes de la Revolución Cubana. ¡Mal augurio!».

Se entrevistan con funcionarios de la Cancillería, visitan diplomáticos latinoamericanos y son recibidos por algunos senadores y congresistas. ¿Entrevistas con el Secretario de Estado Rusk o con el Presidente Kennedy?. Decididamente, NO!.

Ahora, en mayo 22 el Consejo tiene que salirle al paso a unas declaraciones de Teodoro Moscoso que, como Director del Programa Alianza para el Progreso,[172] al dirigirse a una Convención de Mujeres del Partido Demócrata de los Estados Unidos, había afirmado que «Norteamérica se había ocupado demasiado de la situación cubana, ocasionando el mal funcionamiento de la Alianza para el Progreso». Ignoraba Moscoso, distinguido hombre público, que mientras existiera en el corazón de América un foco subversivo estaría condenada al fracaso la Alianza para el Progreso. Así le respondía la organización cubana al Asesor Presidencial.

---

[171] Bohemia Libre, Marzo 11, 1962. Bohemia Libre se editaba en Caracas, Venezuela, bajo la dirección de Miguel Angel Quevedo que por más de 3 décadas había sido su director en Cuba.

[172] Armando García Sifredo consideraba más necesaria una "Alianza para el Regreso".

En junio viaja Miró por México, Guatemala, Costa Rica y otras naciones. Busca apoyo para la causa cubana. Recibió palabras, pero poco respaldo.

Como para sanar las heridas que había dejado en el exilio la controversial huelga de hambre en el Parque Las Palomas a alguien se le ocurrió convocar para el 20 de mayo en el propio Bayfront Park a destacadas personalidades de distintas, y, a veces, opuestas corrientes ideológicas. Sería «un gran acto unitario». Fueron invitados a participar Carlos Márquez Sterling, José Miró Cardona, Manuel Ray Rivera, Jorge García Montes, Manuel Antonio de Varona, Carlos Hevia, José Ignacio Lasaga, José Ignacio Rivero, Aureliano Sánchez Arango, Francisco Carrillo, Osvaldo Soto, Gregorio Escagedo, Tulio Díaz, Julio Garcerán, Juan Antonio Rubio Padilla. También los militares. Los coroneles Ramón Barquín, Eduardo Martín Elena, Angel Sánchez Mosquera, M. Varela Castro; los comandantes Nino Díaz, Pedro Luis Díaz Lans, Eloy Gutiérrez, Gabriel Abay; los capitantes Roberto San Román, Ernesto Despaigne, José López León, y otros. Pocos se dieron por citados.

Cansado de incomprensión y luchas comineras, Carlos A. Piad, que en Washington está al frente de la Delegación del Consejo Revolucionario pide ser relevado de la frustrante posición[173] pero no le aceptan su petición.

Los Delegados del Consejo Revolucionario se mantienen activos. En Panamá labora Heriberto Corona que va a asumir otras responsabilidades y será sustituido por José Julio Fernández; en Colombia se encuentra Máximo Sorondo; en Chile, estará primero Jesús Valdés Crespo y, luego Max Azicri Levy; ambos recibiendo la muy valiosa cooperación de Lilia Duthil de Blanco. En Costa Rica funciona Francisco Ruiz; en El Salvador, Fermín Cross, y en Guatemala, Orlando Núñez. Como Delegado funciona en México, Carlos Fernández Trujillo; Raúl de Juan está en la Argentina, y, luego, José Julio Fernández ampliará su responsabilidad a toda la América Central.

Con el probable, pero no admitido, propósito de contrarrestar las continuas críticas a que el Consejo Revolucionario es sometido

---

[173] Telegrama Western Union de Piad al Consejo, de fecha mayo 2, 1962.

por la prensa local, esa organización comienza a transmitir el 20 de junio de 1962, en Miami, un programa radial dominical.[174]

El Consejo continúa la publicación de su revista «Cuba Nueva» que, bajo la dirección de Angel del Cerro, había comenzado a editarse el 15 de marzo de 1962. Tiene en mayo de ese año una circulación de 35 mil ejemplares.

Regresaba Miró Cardona de un extenso viaje por Centro América y Panamá buscando la reafirmación del apoyo a la Cuba democrática que esas naciones habían expresado a principios del año en Punta del Este. Se había entrevistado con el presidente Francisco Orlich y el Embajador Gonzalo Facio, de Costa Rica; con el Presidente Ramón Villeda Morales, de Honduras; el Presidente Cordón de El Salvador; el Canciller Unda Murillo, de Guatemala; y el Presidente Roberto Francisco Chiari de Panamá. Venía Miró satisfecho de haber podido constatar «la solidaridad militante de Panamá y las Repúblicas Centroamericanas... que están unidas junto (a nuestra) Cuba».[175] Pero se encontrará en Miami una situación inesperada.

Con gran sorpresa para la comunidad exiliada que, en aquella época era extremadamente conservadora, en la edición de julio de Cuba Nueva[176] aparecía, además de un extenso trabajo del Dr. Miró Cardona sobre el «Programa para el Gobierno Provisional», una reseña que muchos consideraron elogiosa sobre «la apasionante y trágica historia del Movimiento Revolucionario 26 de Julio», en la que se les prodigaba a sus miembros los más generosos calificativos: «ejemplar heroísmo», «la abnegación y el valor excepcionalmente mostrados» y otros. Produjo estupor aquel artículo. Ya para la edición del próximo número «Vida Nueva» tenía un nuevo director: Fermín Peinado.[177]

---

[174] El 29 de mayo, 1962, Ernesto (Bebo) de Aragón firma, a nombre del Consejo Revolucionario, un contrato con los WRUL.

[175] Revista Cuba Nueva, Volumen 1, Número 8.

[176] Volumen 1, Número 9, Julio 15, 1962.

[177] Al terminar el año, Miró hizo una reseña, mes tras mes, de lo realizado en 1962. Discretamente dejó de mencionar el mes de julio en su narración. (Ver Revista Cuba Nueva. Suplemento Especial, enero 1, 1963).

EL FRENTE REVOLUCIONARIO DEMOCRÁTICO (FRD)

El FRD que en marzo de 1961 había unido al MRP de Ray para constituir el Consejo Revolucionario no se resigna a perecer. Manuel Antonio de Varona, el antiguo Coordinador del Frente, se opone a la reunión convocada para el 25 de julio en Washington por el congresista norteamericano Víctor Anfuso.[178] Considera el Dr. Varona que la conferencia y las instituciones y personas que la han organizado «no representan la voluntad de las organizaciones revolucionarias que han estado representando al pueblo de Cuba y han estado combatiendo a Fidel Castro». Las declaraciones las emitía a nombre del Frente Revolucionario Democrático. Para algunos era una hábil manera de dejar constancia de la vigencia del FRD al que muchos consideraban disuelto después de la formación del Consejo.[179] Pero la razón era otra.

La idea de constituir un gobierno en el exilio tenía apreciable respaldo en la comunidad cubana. La dificultad estribaba en *quién* debería encabezar ese gobierno. Carlos Prío Socarrás, un grupo apreciable de jueces y funcionarios del poder judicial y diversas instituciones y personalidades respaldaban la proclamación del Dr. Julio Garcerán, antiguo magistrado del Tribunal Supremo, como Presidente de ese gobierno en el exilio. Tony Varona impetuoso y leal, asume, a nombre del casi inexistente FRD, la actitud agresiva y polémica que no le es apropiada tomar a Miró Cardona. Miró, como presidente de la organización que en el Washington oficial ostenta la representación cubana, debe mantener un tono moderado.

Será ésta, en julio de 1961, la primera de las varias confrontaciones entre estos dos grupos políticos que aspiran a ostentar la representación cubana en el exilio. De un lado estará el Consejo

---

[178] Víctor Anfuso, congresista por el estado de Nueva York, alentaba, con figuras cubanas residente en Miami, Washington y Nueva York, la formación de un gobierno cubano en el exilio.

El 10 de julio de 1961 presentó en el Congreso una Resolución pidiendo la aprobación de tal medida. La prensa cubana, siempre mirando hacia el Norte y preocupada con la implicación que esto podía tener, inició un intenso barrage de descrédito hacia quienes respaldaban la Resolución. Los calificaba despectivamente de "anfusorios". (Ver Bohemia, Revolución y Hoy, de Julio, 1961). La Resolución no prosperó en el Congreso Federal.

[179] Será el 9 de octubre de ese mismo año (1961) que se disuelve el Frente Revolucionario Democrático para fusionarse en el Consejo Revolucionario.

Revolucionario, presidido por Miró Cardona, y las organizaciones que lo integran. En el lado opuesto se encontrará el expresidente Carlos Prío Socarrás, Aureliano Sánchez Arango y la Junta de Liberación que él preside, el Frente Unido de Liberación Nacional[180] y recias personalidades e instituciones. La pugna afectará a muchas organizaciones.

SE DIVIDEN LOS JUECES

La Asociación de Funcionarios del Poder Judicial, que preside Francisco Alabau Trelles, labora intensamente por la designación de Julio Garcerán a la presidencia de ese distante y poco realizable gobierno en el exilio. En agosto de 1961 se produce una notable escisión en esa organización judicial.

Un grupo de Magistrados, Jueces y Fiscales forman la Judicatura Cubana Democrática con la siguiente directiva: José Morell Romero, Gustavo de Ribeaux Figueras, Fernando Arsenio Roa Uriarte, Clara Luz Martí Nodal, Raúl Delgado Pereda, Gustavo Delgado Bacallao y Ramiro Fernández Morís.

Entre los asociados se encuentran: Emilio Menéndez, M.F., Marquez de la Cerra, A.F. Silio Gutiérrez, Eduardo Le Riverend Brusone, M. Hernández Hernández, A.M. Campos Cárdenas, Luis Espíndola Palacios, Raúl Blanco Laredo, Angel Allende González, Alberto Ayala Morales, Alberto Bages Rojas, Jorge Boza Masvidal, Francisco Calderín Toste, René Cárdenas Abreus, Adolfo Cuevas Rodríguez, Gustavo Delgado Bacallao, Octavio Delgado Pereda, Raúl Delgado Pereda, Tomás Diego Robbio, Agustín Elizondo Serize, Francisco Fernández Espinosa.

También integran la nueva organización, Ramiro Fernández Moris, Juan A. García Hernández, Hiram García Rodríguez, María D. Herrera Herrera, Néstor Hoed De Beche, Guillermo Jorge Ramírez, Hortensia Labourdette, Clara L. Martí Nodal, Manuel Navas Aguilar, Tomás Oria Ramos, René Pérez Amargos, Inés Puig Sánchez, Zenaida Reyes Reyes, Gustavo de Ribeaux Figueras, Leoncio Rodríguez Esquivel, José M. Rodríguez Fernández, Mario Ruiz

---

[180] El Frente Unido de Liberación Nacional está representado en esos momentos por Felipe Vidal Santiago, Julio Duarte, Humberto Núñez, Luis Durán, José R. Miret y Jorge Fernández Capote.

Herrera, Susana Sánchez Grey, Ricardo Sardiñas Menéndez, Mario J. Torres Pérez, R. Ravelo Fiol, Olga Valdés Acosta, Miguel Falber Morejón, Angel Segura Bustamante, Jorge Guerra Romero y Elio Nardo Báez.

Junto a Frank Alabau Trelles, que mantiene una posición muy distante del Consejo Revolucionario, permanecen los siguientes miembros del poder judicial: José Portuondo de Castro, Rafael Herrera Téllez y Cayetano Socarrás S. Martín, Vice-presidentes. Elio Alvarez López, Secretario General y Ramón Moliné López, Vice-secretario. Enrique de Lamar Maza, Tesorero y Juan Calvo González, Vice. Roberto Herrera Rodríguez, Secretario Propaganda y Argentina Tejera Fraga, Vice. Dr. Rafael Blanco Martínez, Secretario Organización, y Mario Martínez, Vice.

Las dos organizaciones de jueces, magistrados y funcionarios de la judicatura cubana se distancian la una de la otra, pero sus integrantes continúan realizando esfuerzos para denunciar al régimen opresivo de Castro y recabar el apoyo de los miembros del poder judicial, los sectores profesionales y los gobiernos del continente.

Frank Alabau, que preside la Asociación de Funcionarios del Poder Judicial, recorre distintos países. La misma labor realizan, entre otros, José Morell-Romero y Gustavo Ribaux de Judicatura Cubana. Éstos últimos propician una reunión de los presidentes de la América Central con John F. Kennedy. Conferencia que se celebra en San José, Costa Rica, pero que, a pesar de las objeciones de Morell-Romero no incluye, en la agenda oficial, el tema de Cuba.[181]

Mientras se realizan estas actividades, Cuba se va convirtiendo en un arsenal. Llegan a la isla armas soviéticas de todo tipo. Altos funcionarios norteamericanos pretenderán por meses cerrar sus ojos a esa evidencia.

---

[181] José Morell-Romero, "Revolución en Cuba", 1993: "Uno de los presidentes me pidió que redactara la agenda de la reunión en relación con Cuba. Pero los diplomáticos cambiaron la agenda. Aunque el problema cubano no estuvo oficialmente en ella, se conversó sobre el tema. Razones obvias impidieron hacer comentarios públicos sobre este problema".

CAPÍTULO VI

¿QUIÉN PLANTEA COLOCAR COHETES EN CUBA?

Existe una clara distinción entre el suministro continuado, y desde muy temprano, a Cuba de la Unión Soviética y de los países de la Europa Oriental y el posterior envío y emplazamiento de los cohetes. Castro recibió, antes y después de Girón, sustanciales cantidades de armamentos. «Nosotros le dimos a ellos tantas armas como el ejército cubano podía absorber» admitió Kruschev en su autobiografía.

El motivo de la decisión de enviar cohetes a Cuba no está totalmente aclarado. Los que participaron de esta etapa en la Unión Soviética cuentan una historia. Los cubanos otra. Los norteamericanos, nada pueden aportar en este tema porque estaban ajenos a esas negociaciones.

¿Fue Kruschev o Castro quien primero propuso el envío de armamentos nucleares a la isla?. Veamos las distintas versiones, y las muy recientes revelaciones.

LA VERSIÓN SOVIÉTICA

El Embajador Soviético en Cuba en aquel momento, Alejandro Ivanovich Alekseyev,[182] afirma que la decisión de enviar cohetes a Cuba se tomó en una reunión convocada por Kruschev en Moscú, y a la que asistieron, entre otros, Mikoyán, el Mariscal Sergio S. Biryusov,[183] Gromyko, el Mariscal Rodion Malinovsky, y Fedor

---

[182] En mayo 2, Kruschev citó a Moscú a Alejandro Alexeyev informándole que sería nombrado embajador en La Habana y que participaría en los próximos días en una reunión del "Polit Bureau". Una semana más tarde, en esa reunión, se le informó del envío de cohetes a Cuba. Castro ni siquiera había sido consultado. Fuente: Declaraciones de Alekseyev en la Conferencia de La Habana, enero 1992.

[183] Mariscal Sergio S. Biryusov, estaba al frente de las Fuerzas de Defensa Soviéticas (PVO) cuando fue derribado el U-2, piloteado por Powers en 1960. Al momento de la Crisis de los Cohetes Biryusov comandaba las Fuerzas Soviéticas de Cohetes. Se le atribuye a él haberle sugerido a Kruschev la instalación de proyectiles en Cuba.

Burlatsky, quien fuera Consejero de Nikita Kruschev y Director de un periódico soviético. Burlatsky refiere en un artículo publicado en El Nuevo Herald el miércoles 28 de Octubre de 1992 la conver-sación sostenida por él con Kruschev cuando éste le pidió que revisara el mensaje personal que le estaba enviando a Castro en Octubre de 1962 explicándole «a su disgustadísimo socio como y por qué había surgido la idea de crear una base de misiles en Cuba».

Dice Alexeyev[184] que temprano en mayo, estando en La Habana, fue llamado a Moscú por Mikoyán. Ahí conoció que iba a ser designado embajador en La Habana.[185]

Tarde en el mes de Mayo el Premier Kruschev en una reunión con varios dirigentes soviéticos le informó que iría a Cuba –junto con Rashidov y Biryuzov -para explicarle a Castro la necesidad de emplazar cohetes en Cuba para «ayudar al campo socialista».

Por no estar Alexeyev aún acreditado como embajador, la delegación fue presidida por Sharaf Rashidov, miembro alterno del Presidium, el oficial soviético de más alta jerarquía que visitaba Cuba desde Mikoyán en 1960. Al llegar a La Habana en la primera quincena de junio «para estudiar problemas de irrigación» como se anunció oficialmente, se reunieron con Castro y le hicieron el

---

Andrei A. Gromyko. Ministro de Relaciones Exteriores sirvió como tal bajo los gobiernos de N. Kruschev, L. Brezhnev y A. Kosygin.

Mariscal Rodion J. Malinovsky, Ministro de Defensa. El 23 de Octubre colocó a las fuerzas armadas soviéticas en pie de guerra. El día 26 -como consecuencia de las conversaciones entre Kruschev y Kennedy- recibió instrucciones del Primer Ministro de dejar sin efecto esas órdenes. (Al mismo tiempo Kennedy autorizaba a las Secretarías de la Marina y de la Fuerza Aérea la desmovilización de las reservas que habían sido llamadas a servicio activo con motivo de la crisis).

Anastas J. Mikoyan, Vice Primer Ministro de la U.R.S.S. durante la Crisis de los Cohetes. Firmó el primer acuerdo comercial soviético cubano (2-13-1960). Fue enviado nuevamente a La Habana el 2 de Noviembre de 1962 para tratar de convencer a Castro a permitir la inspección en Cuba de la retirada de los cohetes. Recibió oficialmente al dictador cubano en la prolongada visita de reconciliación que Castro realizó a la Unión Soviética el 27 de Abril de 1963.

[184] Conferencia de La Habana, enero 9, 1992. "Cuba on The Brink", James G. Blight.

[185] El anterior embajador, Sergei Kudryavtsev (De Julio 7, 1960 a Mayo 30, 1962), no tenía prácticamente acceso a Fidel Castro. Las comunicaciones se realizaban con Alekseyev que fungía como corresponsal de TASS.

planteamiento. Luego de consultar con varios dirigentes[186] Castro expresó su consentimiento respondiendo, según Alexeyev «Sí, coloquen los cohetes en Cuba y ellos servirán tanto para salvar la Revolución Cubana como para asistir al campo socialista».

Anatolii A. Gromyko[187] afirma que la Unión Soviética decidió instalar cohetes en Cuba sólo después que los Estados Unidos habían rechazado las proposiciones soviéticas de que las bases norteamericanas y los proyectiles soviéticos fueran eliminados de sus emplazamientos en otros países. En su libro «A Través de Ojos Rusos: Los Mil Treinta y Seis Días del Presidente Kennedy», Gromyko da una parcializada e ingenua versión sobre la decisión rusa de situar estos proyectiles en Cuba: «Rusia decidió que tenía una obligación con el mundo de preservar la paz, una paz puesta en peligro por la temeridad del imperialismo norteamericano». El hijo del Vice-Primer Ministro se descalifica a sí mismo como una fuente confiable al afirmar que con esa propuesta «Moscú ofreció a Washington paz en lugar de guerra nuclear».

El Viceprimerministro Aleksei N. Kosygin, siguiendo la línea oficial trazada en aquella etapa, informó a los dirigentes del Partido Comunista en Moscú que los cubanos habían solicitado los proyectiles para proteger su seguridad nacional.[188]

En su carta de Octubre 27 de 1962 a Kennedy, el Premier Soviético cuenta la misma historia: «Llevamos armas allá a petición del gobierno cubano... incluyendo 20 cohetes balísticos de alcance intermedio... que estarían atendidos por militares soviéticos... nuestro objetivo era únicamente defender a Cuba».

Años después, la versión oficial comienza a cambiar. Nikita Kruschev, en una entrevista televisada en 1967, dijo que cuando supo de la constitución de un país socialista cerca de los Estados Unidos comprendió que éste no duraría mucho si no lo ayudaban. «Por eso, después de consultar con mis colegas, decidí enviar

---

[186] Castro consultó con el Ché Guevara, el Presidente Osvaldo Dorticós, Blas Roca y Emilio Aragonés (Michael R. Beschloss "Los Años de Crisis".

[187] Anatolii A. Gromyko, hijo del canciller soviético André Gromyko.

[188] Informe de noviembre 6, 1962 de Kosygin a los dirigentes del Partido Comunista de la Unión Soviética.

algunos cohetes a Cuba»[189]. Es una explicación, como puede verse, excesivamente simplista. Ya antes, había dado otra.

No hay una evidencia clara de cuándo los soviéticos decidieron colocar cohetes ofensivos en Cuba, aunque esto ha sido objeto de mucha especulación. De acuerdo a Brugioni,[190] el cálculo más apropiado es el que la decisión se tomó entre el otoño de 1961 (cuando se hizo evidente que sus esfuerzos en Berlín habían fracasado) y Enero o Febrero de 1962 (cuando el personal militar soviético comenzó a inspeccionar áreas específicas en Cuba).

Kruschev ha afirmado que la idea de instalar proyectiles en Cuba le surgió durante una visita a Bulgaria en Mayo de 1962.[191]

Al hablar específicamente del envío de proyectiles balísticos a Cuba Kruschev afirma en su libro «Kruschev Remembers»[192] que al regreso de su viaje a Bulgaria «convocamos a una reunión, en nuestro gobierno, y presenté mi idea. En el curso de la discusión nosotros decidimos *instalar cohetes de alcance intermedio, equipos de lanzamiento y bombarderos YL-28 en Cuba*».

Kruschev con frecuencia se contradice. En un momento afirma que «el gobierno de Cuba, en el verano de este año, solicitó del gobierno soviético, que le ofreciera una mayor asistencia...» Otras veces es él quien ha tenido la idea y quien ha tomado la decisión. Pero ante el Congreso Soviético ofrece una versión distinta:«Si hubiéramos tenido la seguridad de que los Estados Unidos no invadirían a Cuba... no hubiera habido necesidad de colocar esos cohetes en Cuba», expresa el Primer Ministro Soviético que, a su vez, estaba siendo sometido a una áspera crítica en el Soviet Supremo.

---

[189] Sunday Times, Londres, julio 16 de 1967.

[190] Dino A. Brugioni, graduado de George Washington University, se unió a la CIA en 1948 y se convirtió en un experto en instalaciones industriales soviéticas. Miembro fundador del Centro Nacional de Interpretación fotográfica estuvo envuelto en los estudios que crearon el U-2. Trabajó en el caso cubano analizando e interpretando las fotos tomadas sobre los sitios en que estaban emplazados los satélites en Cuba.

[191] "Kruschev Remembers". 1974. Traducido por Strobe Talbott.

[192] "Kruschev Recuerda" son las notas autobiográficas del Primer Ministro Soviético. Fue publicada en inglés en 1970, traducida por Strobe Talbott. La autenticidad de este libro no ha sido verificada.

En su informe ante el Soviet Supremo, el 12 de diciembre de 1962,[193] Kruschev afirmó que «después de la aplastante victoria de Castro sobre los contrarrevolucionarios (en Bahía de Cochinos) nosotros intensificamos nuestra ayuda militar a Cuba...nosotros estábamos seguros de que esa invasión era sólo el comienzo». Continuaba explicando Kruschev que «todo el mundo estaba de acuerdo en que los Estados Unidos no dejarían sola a Cuba a no ser que nosotros dijéramos algo..., nosotros teníamos que pensar en como confrontar a Norteamérica con algo más que palabras». Fue «durante mi visita a Bulgaria que *tuve la idea* de instalar en Cuba cohetes con cabezas nucleares sin que los Estados Unidos lo supieran hasta que fuese muy tarde para hacer algo sobre esto. Yo sabía que lo primero que teníamos que hacer era hablar con Castro y explicarle _nuestra estrategia».

«Lo más importante era que la instalación de nuestros misiles en Cuba frenarían, yo pensé, a los Estados Unidos de realizar una acción militar contra el gobierno de Castro». Agregaba en su informe ante el Parlamento Soviético la razón más valedera para justificar aquella decisión: «Además de proteger a Cuba, nuestros cohetes hubieran igualado lo que en el occidente llaman *la balanza del poder*». Utilizaba a Cuba como un simple peón en su aspiración de lograr la paridad nuclear con los Estados Unidos. Castro era solo un instrumento para alcanzar ese propósito.

Más adelante veremos, con la información ya desclasificada y la admisión de los principales actores, la verdadera historia de esta decisión que puso al mundo al borde de una confrontación nuclear. O, al menos, así se nos hizo pensar.

LA VERSIÓN CUBANA

Por años, Castro, cuidando su imagen de líder nacionalista del tercer mundo, se esforzaba en dejar siempre constancia que había sido él quien –más para la defensa del campo socialista que la de la propia isla– había solicitado de Kruschev la instalación en Cuba de proyectiles balísticos.

---

[193] Un amplio resumen del discurso de Kruschev ante el Soviet Supremo aparece en la edición de diciembre 13 de New York Times en 1962.

Lee Lockwood, periodista norteamericano, recogió en su obra «Castro's Cuba, Cuba's Fidel» tres extensísimas entrevistas con Castro mientras viajaba con él por distintas regiones del país durante varios días. El libro, con una inmensa profusión de fotos, lleva los elogios a «una de las figuras políticas más fascinantes e influyentes en el mundo de hoy», al borde de la más burda adulación.

El periodista y fotógrafo de LIFE pone las siguientes palabras en boca de Castro: «Naturalmente, los cohetes no hubieran sido instalados si la Unión Soviética no hubiera estado preparada para enviarlos. Pero tampoco hubieran sido enviados si nosotros no hubiéramos sentido la necesidad de proteger la nación. Nosotros tomamos la decisión en un momento en que creímos que eran necesarias medidas concretas par paralizar el plan de agresión de los Estados Unidos, y le planteamos esta necesidad a la Unión Soviética».

El «nosotros» de la expresión «nosotros tomamos la decisión» es, como vemos, bien ambigüa; aunque al terminar la expresión con «nosotros le planteamos esta necesidad a la Unión Soviética» parece aclarar que fue él quien solicitó el envío de los cohetes a Cuba.[194] Los datos, ya indiscutidos, que hoy se han hecho públicos descubren la falsedad de esa afirmación.

Pretendiendo cubrir su imagen de líder nacionalista, no sometido a los soviéticos, Castro insistió durante los años inmediatos a la Crisis de Octubre, que él era quien «para defender la seguridad de la nación... y ayudar al campo socialista» había solicitado el emplazamiento de los misiles.[195] En octubre de 1963 Castro le expresó a Herbert L. Mathews que la idea había sido de él y no de los rusos. Fue ésta, también, la posición que por algunos años mantuvieron los jerarcas soviéticos para defender la imagen nacionalista de su subordinado.

Veinticinco años después, en 1987!, todavía pretendía hacer creer que era él y no Kruschev quien había decidido colocar cohetes en Cuba. «La iniciativa de solicitar *medidas* que darían a Cuba absoluta garantía contra una guerra convencional y contra una invasión de los Estados Unidos, fue nuestra».[196]

---

[194] Lee Lockwood, "Castro's Cuba and Cuba's Fidel", 1967.

[195] Discurso de Fidel Castro, mayo 23, 1963, al regresar de su viaje a la URSS.

[196] Entrevista con Tad Szulc. Fidel, obra citada.

Pasan cinco años y, entonces, admite la verdad que ya todos conocen. En el discurso pronunciado en La Habana, en enero de 1992, Castro narra que en una visita a Cuba del Mariscal Petrov Vydiusov,[197] «indudablemente un hombre muy inteligente y enérgico»,... «éste traía la misión de proponer la instalación de cohetes estratégicos y, tal vez, estaba temeroso de que nosotros pudiéramos rechazarlos». Una clara admisión por parte de Castro de que fue una iniciativa soviética y no cubana la instalación de esos proyectiles en Cuba. Es aún más enfático Castro:

«No tuvimos ninguna duda. Primero, cuando se nos planteó el tema de los cohetes nosotros consideramos que era algo beneficioso para la consolidación del poder defensivo de todo el bloque socialista. Además, representaba nuestra defensa». Admite *«el hecho de que la presencia de los cohetes convertiría a Cuba en una base militar soviética lo que tendría un alto costo político para la imagen de nuestro país».*

Castro ocultó por años que él había consentido la instalación de cohetes nucleares en Cuba, y que, con su sometimiento, exponía a toda la nación a su exterminio.

Y aquí viene una confesión que muestra la hipocresía del dirigente cubano:

«Yo no dije públicamente una sola palabra sobre los cohetes porque a mí no me parecía correcto que la esperanza en ser defendidos la pusiera nuestro pueblo, nuestra gente, en respaldo que vendría del exterior».

Apelaba falsamente al nacionalismo, mientras hacía descansar su defensa en cohetes y personal soviético.

Que fué la Unión Soviética, y personalmente Kruschev, quien propuso y decidió colocar cohetes atómicos en suelo cubano ha sido admitido, en etapas, por los funcionarios soviéticos y cubanos.

Primero se enfatizó que el emplazamiento de los misiles en Cuba *había sido solicitado por Castro* para la defensa de Cuba y para servir al campo socialista«. Luego se sostuvo, por los soviéticos, que, por las dos razones antes señalados, *Kruschev había decidido*, y Castro había aceptado, colocar los cohetes.

---

[197] Conferencia de La Habana, 11 de enero 1992. Ya citada.

Finalmente ha sido admitido que la decisión había sido tomada por Kruschev para fortalecer la posición militar soviética.

Castro aceptó con criminal frialdad que Cuba se convirtiera en escenario de una confrontación nuclear. No lo dice un adversario de su régimen. Lo admite –30 años después– nada menos que el Jefe de su Estado Mayor en aquel momento, el general Sergio del Valle[198] (y que aún se mantiene junto a Castro), al confirmar que el acuerdo militar firmado entre Cuba y la Unión soviética se realizó «no sólo para defender el territorio de Cuba, sino para establecer la cooperación militar entre las dos naciones», agregando que «esto le daba al acuerdo un espíritu de solidaridad» y demostraba:

«el conocimiento de Cuba de que en caso de un conflicto militar entre los Estados Unidos y la Unión Soviética, Cuba se convertiría automáticamente en un objetivo estratégico».

El conflicto entre los Estados Unidos y la Unión Soviética podría surgir por diferencias en Berlín, en la Europa Oriental, en Laos o en Cambodia. No importaba. Cuba –toda su población– era gustosamente ofrecida por Castro como «objetivo estratégico».

ACCIONES COMANDOS. SABOTAJE. OPOSICIÓN INTERNA

En Agosto de 1962 aumenta visiblemente la presencia soviética en Cuba. El 21 de ese mes, Diario Las Américas destaca la denuncia del Consejo Revolucionario de «la llegada a Cuba de tropas rusas para mantener a Castro en el poder y agredir a Iberoamérica». El Departamento de Estado se había apresurado a calificar de «técnicos» a los 5,000 soviéticos cuya presencia había sido reiteradamente denunciada por refugiados cubanos y personas debidamente informadas.

Un destacado dirigente cubano, exilado, el Dr. José Ignacio Lasaga, critica acerbadamente «las declaraciones formuladas por algunos funcionarios del Departamento de Estado, en relación con el desembarco de varios miles de empleados del gobierno soviético en Cuba, en que se trataba, al parecer, de

---

[198] Declaraciones del Gral. Sergio del Valle el 5 de enero de 1991 en la Conferencia de Antigua que reunió a participantes en la Crisis de los Cohetes. "Cuba entre las superpotencias", de James G. Blight. Obra aún no publicada. Cortesía de su autor James G. Blight.

disminuir o atenuar la importancia que le habían concedido a este hecho distinguidos periodistas norteamericanos y cubanos». A continuación, el Dr. Lasaga formulaba cinco preguntas al Departamento de Estado.

La denuncia fue escuchada en Washington. Tres días después, el Presidente Kennedy, en rueda de prensa, comenzó afirmando que «no tiene información alguna sobre desembarco de tropas soviéticas en Cuba», y que «el aumento registrado recientemente no constituye el preludio de ninguna operación militar». Pero, respondiendo a agudas preguntas de periodistas que se habían nutrido de la información reiteradamente ofrecida por fuentes del exilio, el Presidente se vio obligado a ofrecer, o a admitir, que el gobierno norteamericano estudiaba esos informes. No obstante, volvió a insistir en que los Estados Unidos «no tenían noticias que indicaran que entre las 3,000 personas que supuestamente llegaron a Cuba a bordo de 15 barcos soviéticos había tropas militares».

Los cubanos exiliados, con la información que a diario recibían de los cientos de refugiados que llegaban de la isla, seguían forzando a los funcionarios norteamericanos a admitir la evidencia de esa presencia que era cada vez más visible. A los dos días de las declaraciones del Presidente, el Departamento de Estado admitió que «unos 15 buques de carga de países del bloque comunista están en viaje a Cuba en una aparente intensificación del movimiento de suministros militares y técnicos a ese país», reconociendo que «estos 15 barcos se suman a los 16 que fueron descargados en puertos cubanos entre los últimos días del mes de Julio y el 7 del corriente»,[199] pero reiteraba que «no hay confirmación de las noticias de que el bloque de países soviéticos esté ayudando a Cuba a construir plataformas para el lanzamiento de cohetes».

Paralelamente a este incesante ingreso en Cuba de tropas soviéticas, calificadas por las fuentes oficiales norteamericanas de «técnicos», aumentaba la lucha clandestina dentro de la isla.

Las acciones de sabotaje se multiplican. En los depósitos de gasolina y petróleo del gobierno situados en Colón, provincia de Matanzas, se produce el lunes 14 de mayo «un violento incendio». Así, escuetamente lo califica el periódico «Hoy». El incendio alcanzó tan gigantescas proporciones que «los bomberos de Cárdenas, Matanzas,

---

[199] Declaraciones de Joseph W. Reap, funcionario de prensa del Departamento de Estado.

Tinguaro y otras poblaciones vecinas a Colón tuvieron que acudir al lugar del incendio», narró la agencia noticiosa internacional.

Días atrás, el viernes 27 de abril, el fuego había destruido un depósito de fertilizantes del INRA en El Cotorro. Horas después era en la Refinería Shell, en la Bahía de La Habana, donde se producía otro incendio.

No cesan las manifestaciones de rebeldía. En Pinar del Río se repiten acciones temerarias. Se queman cañaverales, se atacan pequeños cuarteles. El 8 de mayo muere en combate, en las lomas de Candelaria en Consolación del Sur, Francisco Robaina («Machete») cuyo grupo venía operando en la provincia pinareña. Son capturados tres de sus compañeros.[200] El grupo, denominado «Cuba Libre», había sido constituido desde 1960 por Emilio Adolfo Rivero Caro y Helio Nardo Baez, según relata Rivero Caro al autor. «Robaina era hombre de insólito valor personal» recuerda Rivero Caro.

El domingo 13 de mayo «una nave pirata fuertemente artillada» atacó a una lancha patrullera de la Armada Cubana, «causando la muerte a tres marineros cubanos y heridas a otros cinco». Así relataba la prensa oficial el nuevo ataque de los cubanos exiliados. La lancha de patrulla SV-289 que operaba a lo largo de la costa norte, entre Matanzas y La Habana, fue la que se convirtió en blanco del rápido ataque. El anuncio oficial conectó la nave atacante a las acciones contra una refinería de petróleo y los ataques con bombas incendiarias a los cañaverales.

Calificándolos de agentes de la CIA, el Tribunal Revolucionario de La Habana juzga y condena en la primera quincena de julio a varios revolucionarios de la zona de Jaruco.[201] El 18 de Agosto se produce el fusilamiento en la ciudad de Camagüey de cuatro «contrarrevolucionarios» que habían sido acusados de «recaudar fondos destinados a la compra de armamentos que serían empleados contra el gobierno»[202].

---

[200] Periódico "Hoy", marzo 7, 1962.

[201] El 9 de Julio de 1962 mueren en el paredón Eugenio Medina Díaz, Osmín Gorrín Vega y Ramón Fundora Sánchez. Días antes, también acusado de actividades contrarrevolucionarias, es fusilado Roberto Hernández Hernández.

[202] Los fusilados eran Osmedo Rodríguez Acevedo, Erenio Hernández Pupo, Carlos González Mantilla y Alfredo Florencio Estrada. En el encuentro con las tropas del régimen había perecido el "contrarrevolucionario" Mario Valdés Campanioni.

En la primera foto uno de los barcos del DRE. El ataque al Hotel Rosita de Hornedo, donde celebraban una fiesta militares soviéticos, se realizó en otro barco, una Bertrand de 31 piés.

En la segunda foto un grupo de miembros del DRE durante el entrenamiento en la Isla Catalina de República Dominicana. El gobierno de los Estados Unidos presionó al de Santo Domingo para que expulsara a los miembros del DRE.

Los *planes* militares contra Castro se aceleran. El O-PLAN 312 con especificaciones para un detallado ataque aéreo, el O-PLAN 314 y el O-PLAN 316 que señalan los requerimientos para opciones militares a larga escala han sido concluidos. La Oficina de la Comandancia en Jefe del Atlántico, (CINCLANT), presenta «una proyección de las fuerzas militares norteamericanas que lograrían derrocar al gobierno de Castro». Todos son planes. Como diría un asesor militar, hay que distinguir entre «planeación» e «intención». Entre planes y acción. Nunca la política norteamericana hacia Castro ha carecido de planificación. Le ha faltado, entre otras cosas, decisión.

Junto a estos truculentos proyectos, que mantienen ocupados a los más altos oficiales de las fuerzas armadas norteamericanas, se van desarrollando las pequeñas acciones. Las únicas que se hacen. Las otras se quedan en lo que son, simples planes.

BARCOS DEL DIRECTORIO ESTUDIANTIL AMETRALLAN EL LITORAL

Los jóvenes del Directorio siguen activos. En la IX Conferencia Internacional de estudiantes que se celebra en Natal, Brasil, los representantes de los Estudiants libres de Cuba Pedro Interian y Elio Más, del DRE, ponen en ridículo a la delegación castrista al forzarla a admitir que la FEU no ha celebrado elecciones para seleccionar sus Delegados. Para la X Conferencia Internacional de Estudiantes que se efectuará en Québec, Canadá la FEU se vio forzada a convocar a amañadas elecciones. Había resultado «electo» José Rebellón.[203]

Los estudiantes cubanos desenmascaran a los títeres castristas en todas las tribunas internacionales. En los primeros días de agosto el encuentro se produce en la gélida Finlandia. Participan en Helsinki en un congreso mundial de juventudes, Manuel Salvat y

---

[203] La delegación presidida por Rebellón estuvo constituida por Blas Arrecha, Roberto Vizcaíno, Presidente de la Facultad de Economía; José Venegas; Orlando Pichardo y Roberto Echevarría. Eran 8 los jóvenes del Directorio Estudiantil (DRE) que asistieron al X Congreso: Alejandro González, Rogelio Helú, Joaquín Pérez, Lourdes Casals, Rafael Trejos, Juan Koch, José J. Rodríguez y Eduardo Muñiz, que preside las delegaciones.

una delegación del DRE[204]. Allí retan a un debate público a los jóvenes marxistas cubanos presididos por el Comandante Joel Iglesias. El emplazamiento no fue aceptado. De las palabras pasaron a los puños. Joel Iglesias salió con la nariz partida, y, otro comandante, Rolando Cubelas optó por una discreta retirada. Era comprensible.

Pocas semanas antes, Cubelas había establecido contacto con la Agencia (o, más correctamente, «un funcionario de la Agencia»[205] había iniciado conversaciones con Cubelas) que planeaba su deserción en Helsinki. El interés de la Agencia Central era el de reclutar a Cubelas para convencerlo de que se mantuviese en el gobierno revolucionario, cerca de Castro como hasta ahora, y mantuviese informada a la CIA «de las cosas internas del régimen», y para que «tomara parte en fomentar un golpe de estado en Cuba».[206] La Agencia tuvo éxito en disuadir al «líder estudiantil y comandante del Ejército Rebelde» de su deserción en Helsinki, pero fracasaría en sus otros complicados y teatrales planes.[207]

No sólo luchan los estudiantes cubanos en Congresos y Asambleas. Ni sólo con los puños.

Uno de los proyectos elaborados luego, en 1964, era un plan de asesinar a Castro que se intentaría en 1965. El término utilizado fue siempre el de «eliminación física». La semántica parece que era, para Cubelas, importante!. Al menos, en las primeras conversaciones.

Transcurren unos días y el gobierno de Castro se ve estremecido con un temerario ataque en horas de la noche del viernes 24 de Agosto. Es el propio Castro quien hace el dramático anuncio:

---

[204] Forman la delegación del Directorio Revolucionario Estudiantil José Manuel Salvat, Enrique Baloyra, Juan Koch, y Carlos Hernández.

La delegación castrista estaba compuesta de Joel Iglesias, Ricardo Alarcón, Giraldo Mazola, Aldo Alvarez, José Venegas y Rolando Cubelas; más sus guardaespaldas. Fuente: Operación América. Julio Dubois.

[205] "Alleged Assassination Plots". Audiencias del Senado Federal, 1975. Documento citado. El código que se le asignó a Cubelas era "AM/LASH".

[206] Ibid.

[207] Los detalles para el atentado se acuerdan en Madrid con Cubelas quien viaja de París a Madrid para esa entrevista el 25 de diciembre de 1964.

COMBATIENTES DEL DIRECTORIO

Carlos E. Hernández, Jorge Sonville (posteriormente fue Jefe de la Oficina de la CIA en Italia y Portugal) y Humberto Solís.

Carlos E. Hernández y José Basulto participantes en el ataque al «Rosita de Hornedo» el viernes 24 de agosto de 1962.

«A las 11:30 PM, el litoral de la ciudad de La Habana fue atacado por barcos artillados que hicieron numerosos disparos de cañón calibre 25. Las naves atacantes, amparadas en la oscuridad, se acercaron hasta un kilómetro aproximadamente de la costa, abriendo fuego sobre los edificios de la calle primera del Reparto Miramar».

Los barcos, una PT convertible, tripulada por quince estudiantes; y una veloz lancha «Moppy» de 34 pies con un cañón de 20mm y un mortero 60 que lleva a bordo ocho estudiantes. Portan carabinas M-1, M-2 y rifles FAL. La misión de la P.T.: escoltar la «Moppy» y cubrirla.

Se acercan a la costa frente a Guanabo y continúan bordeando la costa. La P.T. detiene su marcha, y solo avanza, frente al radar del Morro la rápida lancha con sus ocho estudiantes. Atraviesa la rada de la desembocadura el Río Almendares, frente a la Puntilla. Se acercan al objetivo. A las 11:30 de la noche, Manolo Salvat imparte la orden de disparar. El cañón de 20mm tronó más de 10 veces. Traspasó paredes y cristales. Las carabinas y fusiles de los tripulantes llenaron de plomo el edificio. Sus luces se apagaron.

Había sido atacado el teatro «Chaplin», situado en el antiguo «Rosita de Hornedo», donde se alojan «técnicos rusos y checoeslovacos».[208] La responsabilidad del ataque la asume el Directorio Revolucionario Estudiantil, cuyo Secretario General, Juan Manuel Salvat,[209] dirige la nave agresora.

Los que hoy condenan este tipo de acción lanzaban loas y felicitaciones a la acción de aquellos jóvenes cubanos. El Miami Herald, en su editorial del Martes 28 de Agosto de 1962, al referirse a los estudiantes que realizaron esta operación comando afirmaba que:

«Ellos dijeron en voz alta que la liberación de Cuba no está muerta sino en custodia de hombres ingeniosos y temerarios».

---

[208] El 22 de marzo en el Teatro Chaplin "el Profesor soviético Dimitri Shobeltsin entregó al Primer Ministro Fidel Castro la Medalla del Premio Lenín de la Paz". Fuente: Cable de la UPI de esa fecha.

[209] Al describir la acción, el Miami Herald termina el informe con esta nota: "Líder del ataque se convierte en padre. Manuel Salvat, el estudiante exiliado cubano que dirigió el ataque marítimo a La Habana, se convirtió hoy en padre. La esposa de Salvat, Marta, dio a luz en el Mercy Hospital a una niña de siete libras y 13 onzas".

«El ataque notificó a toda Latinoamérica, donde el gran gesto es apreciado, que el día de ajustar cuentas puede estar cerca. Para los cubanos en la isla, luchando en secretos lugares, y afuera, planeando para ponerle fin al exilio, fue esto un mensaje notificante para mantener en alto su coraje».

«A los amigos de Cuba, de todas partes, la acción demostró que si se les suministrase las herramientas, los cubanos están listos a dar la sangre y el corazón para redimir a su patria».

«El ataque puede ser llamado muchas cosas: fútil, sin objetivo, desafiante, aún ilegal y potencialmente embarazoso para el país que alberga a los que en él participaron. Todas esas cosas son ciertas, hasta un grado. Pero también es cierto que algún día, en el corazón de una Habana Libre, habrá un monumento a este grupo de temerarios».

Habían participado poco más de una docena de jóvenes. Entre ellos, además de Salvat y Basulto, se encontraban Rodolfo Valladares, Bernabé Peña, Isidro Borjas que era el capitán del barco, Lázaro Fariñas, Lesly Nóbregas, Carlos Hernández (Batea), Albor Ruiz, Francisco García, Luis Camps, Julio Jo, Alfredo Fontanills y Francisco Blanco.

ATACA ALFA 66

La presión de los grupos de acción del exilio no cesa. Dos semanas después, la radio de La Habana daba a conocer en tono alarmante, un comunicado del Ministerio de las Fuerzas Armadas. Informaban, histéricos, de la «agresión pirata a dos buques en Caibarién». El comunicado del ministerio castrista decía que «a las 2:50 de la madrugada anterior (septiembre 10, 1962), una embarcación... de unos 40 pies de eslora y de dos motores, abrió fuego contra las embarcaciones cubanas «San Blas» y «San Pascual», esta última de 350 pies de eslora, así como contra el carguero británico «New Lane», rociando las embarcaciones con balas trazadoras».[210]

Había sido la organización Alfa 66 la que había realizado el temerario ataque. Estropeaban así el largo discurso que esa noche

---

[210] El comunicado agregaba que el San Blas recibió 18 impactos de bala y la nave británica, que se hallaba en Caibarién, había recibido tres impactos.

pronunciara el «Primer Ministro y Secretario General de las Organizaciones Revolucionarias Integradas (ORI), Comandante Fidel Castro».

En el discurso de aquella noche, Castro lanzó una velada amenaza de ataque nuclear a los Estados Unidos al tiempo que pretendía desvirtuar que ya se encontraban en Cuba proyectiles ofensivos.

«La Unión Soviética no necesita trasladar a ningún otro país, por ejemplo a Cuba, los medios de que dispone para rechazar la agresión. Nuestros recursos nucleares son tan potentes por su fuerza explosiva, y la Unión Soviética dispone de cohetes tan potentes para el transporte de esas ojivas nucleares, que no tiene necesidad de buscar un lugar para implantarlos en cualquier otro punto fuera de los límites de la Unión Soviética».

Era un hombre solo, silbando en la noche. Castro, que ya había convenido con Kruschev la introducción de armas nucleares en Cuba, se permitía lanzar veladas amenazas. «Como es sabido, a petición del gobierno cubano y en vista de la amenaza de los círculos imperialistas agresivos, la Unión Soviética envía también a Cuba cierta cantidad de armamentos». Respaldando las palabras de Castro, el Kremlin, a través de su agencia noticiosa TASS afirmaba que «una acción de Estados Unidos contra Cuba podría desatar una guerra nuclear».[211]

«El gobierno de Estados Unidos no está intimidado con estas amenazas» fue la respuesta transmitida a través de La Voz de las Américas.

Se peleaba también en las montañas. Osvaldo Ramírez, que había sobresalido por su incansable y prolongado batallar en el Escambray, y a quien Castro le había ofrecido una amnistía que el bravo guerrillero no aceptó, cayó, combatiendo, el 16 de Abril de 1962.[212] Estaba, en esos momentos, como señala Enrique Encinosa, tratando de vertebrar una extensa red de suministro, reclutando a simpatizantes de la zona.

---

[211] La cancillería soviética dos días antes reafirmaba, públicamente, el envío de tropas y armas al gobierno de Castro.

[212] Enrique Encinosa. Obra citada.

Con grandes titulares de primera plana destaca la noticia la prensa oficial. Le conceden más espacio y mucho mayor destaque que al primer aniversario del desembarco del 17 de abril. Su segundo, el «Congo» Pacheco había sido herido y capturado en otro punto del Escambray. Meses atrás había caído Tondike. A estos hechos nos referiremos más adelante.

La efectividad y frecuencia de los ataques lo admitirá, años después, el Gral. Fabián Escalante, del Ministerio del Interior (MININT) y miembro del Comité Central del Partido Comunista de Cuba.[213] «Entre enero y agosto de 1962, en esos 7 meses, se realizaron 5780 actos de sabotaje, terrorismo y destrucción de nuestro país».

Las operaciones son, también, detectadas y calibradas por la CIA. El 11 de septiembre, 1962, el Tte. Gral. Marshall S. Carter, Sub-Director de la Agencia Central de Inteligencia envía un mensaje clasificado a McCone, el Director de la Agencia. Le informa que «un grupo de exiliados llamado Alfa 66... probablemente realizó la acción (de septiembre 11) y que el grupo de estudiantes exiliados anunció públicamente su intención de atacar barcos saliendo o entrando de Cuba».[214] Se extiende más el informe. «Hay un creciente sentimiento de frustración entre los refugiados y un creciente peligro de que se realicen operaciones unilaterales e incidentes como éstos».

Los grupos de acción del exilio no le daban respiro al régimen castrista. El jueves 11 de Octubre comandos de Alfa 66 atacan campamentos rusos enclavados en Isabela de Sagua, dinamitando, en su retirada, el patio del ferrocarril y un almacén de aprovisionamiento militar.

El lunes siguiente se produce un nuevo ataque. Esta vez contra una lancha patrullera que se encontraba frente a la costa de Varadero. Dos de los tripulantes de la lancha, que fue hundida, resultaron heridos y tomados prisioneros en el combate. Típicamente, un comunicado de La Habana informaba que «una lancha PT había atacado *una embarcación deportiva cubana*» y que «en el hecho, dos personas resultaron muertas y otras dos lograron regresar ilesas». Los dos «muertos» (el Sargento de las Fuerzas

---

[213] Gral. Fabián Escalante. Conferencia de Antigua. Enero 4, 1991.

[214] Cable septiembre 11, 1962. Documento 22. Brassey's. Obra citada.

Armadas Cubanas Filiberto Suárez Lima y el Cabo Miguel Cao Mandina), recogidos por los comandos, pidieron asilo político en los Estados Unidos. La operación también la había realizado Alfa 66. «Se trata –decía el comunicado emitido por el Ministerio de las Fuerzas Armadas– del quinto ataque denunciado contra embarcaciones en la costa de Cuba en los últimos meses».

ROBERT KENNEDY, FISCAL GENERAL, PIDE MAS ACTOS DE SABOTAJE

Pocos días antes de los ataques comandos a los campamentos soviéticos y a la lancha patrullera, nada menos que el Fiscal General de los Estados Unidos, se reunía con el Director de la Agencia Central de Inteligencia, con el Jefe del Estado Mayor de las Fuerzas Armadas y con otros muy altos funcionarios para informarles de las discusiones que ha tenido con el Presidente sobre Cuba y manifestarles «lo poco satisfecho que se encuentra el Presidente con la falta de acción en el campo de sabotaje,... que nada avanza». Expresa «su preocupación general sobre el desarrollo de la situación».[215] Esa reunión se producía el 4 de Octubre.

Días después, el 16 de Octubre, convoca el Fiscal General, Robert Kennedy, otra reunión en sus propias oficinas. Asisten, entre otros, el Gral. Lansdale, el Gral. Johnson y el Coronel Patchell.

En ella, Robert Kennedy presenta las mismas quejas sobre las pocas acciones de sabotaje que se están realizando en Cuba. En vista del poco progreso alcanzado el propio Fiscal General «le dará a esta operación una mayor atención personal».

Richard Helms[216] impugna las palabras del hermano del Presidente y encomia la labor de los jóvenes cubanos que realizan las riesgosas misiones y que, comprensiblemente, quieren conocer exactamente el objetivo de estas operaciones «en las que ellos están arriesgando sus vidas». Repite Helms a los allí reunidos y dirigiéndose a Bob Kennedy, su

---

[215] Memorándum sobre la reunión Mongoose, de Jueves Octubre 4 de 1962. Documento 41.

[216] Richard Helms, Director de Planificación de la CIA.

«conversación con el joven cubano del DRE217 que señaló que ellos estaban dispuestos a comprometer a su gente sólo en operaciones que ellos consideraban sensibles. Y en la terminología cubana «sensible» significa «una acción que pueda contribuir a la liberación de su patria».

Una verdadera lección para el Fiscal General que se apresuró a cambiar de tema.

CASTRO RECONOCE EL DAÑO INFLIGIDO

El lunes 22 de Octubre presenta el delegado cubano ante las Naciones Unidas, Mario García Incháustegui, un informe en el que se denuncia documentadamente las agresiones norteamericanas contra Cuba en los últimos tiempos». Menciona el documento el ataque «por una embarcación pirata el 12 de Mayo a una lancha patrullera del gobierno de Cuba». No a una lancha de pescadores. No a una lancha de recreo. La «embarcación pirata» ataca a una lancha patrullera perfectamente armada.

Luego se refiere el Jefe de la Delegación Cubana en las Naciones Unidas al «bombardeo naval» realizado por el Directorio Revolucionario Estudiantil el 24 de Agosto de ese año. «La noche del 24 de Agosto de 1962, el Primer Ministro del Gobierno Revolucionario Dr. Fidel Castro denunció que, a las 11:30 minutos de la noche de ayer, el litoral de la ciudad de la Habana fue atacado por barcos artillados que hicieron numerosos disparos de cañón calibre 20». En este tono melodramático continúa García Incháustegui describiendo la acción comando del Directorio Estudiantil.

«El ataque, sorpresivo y traidor, reviste la cobardía, el espíritu criminal y filibustero de sus gestores, el gobierno de los Estados Unidos y los agentes mercenarios reclutados por él y que actúan impunemente desde las costas de la Florida haciendo escarnio de las elementales leyes y normas internacionales».

Ante el alto organismo internacional, la misión cubana informa que «en rueda de periodistas...el dirigente de esa organización

---

[217] Documento 49, "Memorándum sobre la Operación Mongoose". Es éste un memorándum escrito el propio 16 de octubre de 1962 y que hasta 1994 estuvo clasificado. Brassey's Edition 1994.

contrarrevolucionaria (DRE), Juan Manuel Salvat, coordinador de dicha operación de bombardeo naval, presentó a Leslie Nóbregas y a Isidro Borjas, que mandaba la nave». No podía faltar la coletilla: «Hacemos responsable al Gobierno de los Estados Unidos de ese nuevo y cobarde ataque a nuestro país». En la misma exposición se refiere el delegado cubano al ataque de «una embarcación pirata...al barco «San Pascual», de 350 pies de eslora y al buque mercante de bandera inglesa «Newland», que se encontraba a poca distancia«. El ataque, que se produjo en Cayo Francés, a 16 millas de Caibarién, fue adjudicado por el delegado castrista a la organización Alfa 66. Exponía el vocero de Castro que la nave «Newland» fue intensamente ametrallada por la embarcación de la «Organización Alfa».

La denuncia continuaba describiendo otras acciones. Admite García Incháustegui que el 13 de Octubre «una embarcación pirata atacó, con ráfagas de ametralladora calibre 30, a las dos de la madrugada, cerca de Cayo Blanco, próximo a la ciudad de Cárdenas, a una lancha deportiva en que viajaban varios ciudadanos cubanos». Sin inmutarse ni tomar aliento, continúa expresando que «como consecuencia del ataque, resultaron heridos dos *milicianos,* quienes fueron secuestrados por los agresores llevándolos primero a la posesión británica de Cayo Sal y, posteriormente, trasladados en forma ilegal a territorio norte-americano». El que «los ciudadanos» resultaron ser «milicianos armados» carece, para este vocero, de toda significación.

Como se ve, las acciones comando de las organizaciones del exilio se repetían incesantemente. Lo confirma, ese 22 de Octubre, la propia delegación cubana ante las Naciones Unidas al repetir que:

«todas estas acciones vienen a sumarse a centenares de violaciones denunciadas por Cuba, desde el primero de Julio de este año, a través del Ministerio de las Fuerzas Armadas Revolucionarias, del espacio aéreo y marítimo de Cuba».

Y vuelve a mencionar, en particular, al grupo estudiantil al expresar que «un cable de la AP, proveniente de la ciudad de Caracas de Septiembre 9 de 1962, informa que un representante del titulado Directorio Revolucionario Estudiantil, aseveró que esa organización revolucionaria atacará cualquier buque soviético que sorprenda en aguas territoriales cubanas».

No habían caído en oídos sordos estas denuncias cuando se formularon originalmente. Horas después de ocurrida la acción, el Departamento de Estado expresó que tenía pruebas de que el Directorio Revolucionario Estudiantil anticastrista era responable del ataque de la noche anterior al litoral del Puerto de La Habana, y el Departamento de Justicia anunciaba una investigación para determinar si la Ley de Neutralidad de los Estados Unidos había sido violada como consecuencia de este episodio.

Al Directorio se le hizo difícil –aún con los propios fondos que ya tenían y con otros que privadamente podían conseguir– realizar en los próximos meses operaciones comandos. Pero éstas se continuaban efectuando por otros hombres y organizaciones. Dentro, o fuera, de la Compañía.

LLEGAN BARCOS SOVIÉTICOS CON ARMAS Y COHETES

El viaje de Raúl Castro a Moscú, a comienzos de Julio, ha dado frutos. Tarde en ese mes de Julio los aviones de reconocimiento norteamericanos observaron unas hileras de barcos que salían de puertos soviéticos en el Mar Norte y en el Mar Báltico hacia Cuba. Este imprevisto aumento en el tonelaje despertó la curiosidad de agencias de inteligencia americanas.

Mucho de este tráfico desembarcaba en el Puerto de Mariel en la costa norte de la provincia de Pinar del Río.

Por sus agentes en Cuba, la CIA pronto supo que Mariel estaba siendo transformada, y que los cubanos que vivían cerca de los muelles habían sido forzados a dejar sus hogares y que centinelas rusos custodiaban los muelles. En Agosto 24, antes de que el Senador Keating pronunciara el primero de sus muchos discursos alertando sobre la creciente presencia militar soviética en Cuba, el Departamento de Estado, a través del Director de Inteligencia e Investigación Róger Hilsman, informó que entre Julio 26 y Agosto 8, ocho barcos del bloque soviético habían arribado a Cuba y que tal vez los demás habían llegado de Agosto 9 al 24 llevando cantidades de equipo electrónico y de construcción. «Por lo que hemos observado de estos embarques, aparece que mucho de este material irá para mejorar las defensas costeras y aéreas...cohetes iguales a los suministrados por los soviéticos a Irak e Indonesia». Igualmente informaba la llegada de 3,000 a 5,000 técnicos militares soviéticos.

Cinco días después los Estados Unidos conocían que mucha de la carga dejada en Mariel y otros puertos contenían cohetes de superficie al aire (SAM). En Agosto 29 un avión de reconocimiento U-2 volando sobre la provincia de Pinar del Río captó la primera prueba fotográfica de dos bases de cohetes SAM. El Director de la CIA McCone informó a Kennedy que, en su opinión, Rusia estaba preparándose para introducir cohetes ofensivos. Ni el Presidente ni sus asesores prestaron atención a esta advertencia.

Ahora es el Ché Guevara[218] y Emilio Aragonés[219] los que viajan, como ya hemos mencionado, a Moscú a fines de Agosto. No se van con las manos vacías. En Septiembre 2 el Kremlin anunció –luego de la visita– que el gobierno cubano había solicitado su ayuda en armamentos y en especialistas para entrenar soldados cubanos, y que el gobierno soviético había aceptado suministrar ambas cosas. Fue el acuerdo público.[220]

La llegada de estos armamentos a Cuba era detectada por las fotos tomadas por los U-2. El 3 de septiembre la Agencia Central de Inteligenciapresenta un informe de las «actividades militares soviéticas en Cuba». Se confirma la existencia de misiles en la isla y de barcos rusos en ruta hacia Cuba.

---

[218] Ernesto (Ché) Guevara es el Ministro de Industrias.

[219] Emilio Aragonés es hombre de confianza de Castro. En los primeros días de la Revolución lo designa Alcalde Cienfuegos en sustitución de Serafín Ruiz de Zárate, que pasa a ocupar el Ministerio de Salubridad. Más tarde, como Capitán del Ejército Rebelde, participó en la Primera Limpia del Escambray, donde se encontraba cuando se produjo el desembarco de Girón. Pasó luego a formar parte de la Dirección Nacional de la ORI.

[220] En esa oportunidad se formalizó también el convenio secreto inicialado por Raúl Castro el mes anterior. La Unión Soviética enviaría a Cuba, de acuerdo al convenio, las siguientes unidades militares:
Una división de cohetes de mediano alcance, con un radio de 2,500 kilómetros.
Dos divisiones de cohetes de defensa aérea.
Cuatro regimientos motorizados, con tres baterías tácticas de proyectiles nucleares.
Un regimiento de 40 naves aéreas MIG-21.
Dos regimientos de cohetes dirigidos.
Un regimiento de helicópteros de transporte MI-8.
Un regimiento para la defensa costera con cohetes Sopka.
Una brigada de barcos patrulleros Komar, con dos lanzadores de cohetes cada uno.
Se había previsto que la Unión Soviética llevaría a Cuba 45,000 soldados. Cuando se produjo la crisis (octubre 22, 1962)ya habían estacionados en la isla 42,000 hombres. (Datos ofrecidos por el Gral. Anatoly Gribkov, Inspector General del Ministerio de Defensa Soviético, quien planeó la operación "Anadyv" y tuvo a su cargo la supervisión de su desarrollo en Cuba). (Conferencia de La Habana, 1992, James G. Blight y otros, "Cuba on the Brink").

Para no alarmar al Presidente Kennedy, Nikita Kruschev, en Septiembre 4, envió al Embajador Soviético en Washington a visitar al Fiscal General Bob Kennedy. El mensaje era sencillo: Una promesa de que la Unión Soviética no crearía problemas a los Estados Unidos –en Berlín o en el Sureste de Asia–, durante la campaña electoral. Kennedy le habló de los armamentos recién enviados a Castro. Dobrynin afirmó no conocer que se hubieran enviado cohetes de ningún tipo a Cuba. No obstante, se envió un comunicado a la Unión Soviética diciendo que la introducción de misiles ofensivos de tierra a tierra en Cuba o de «cualquier otra capacidad ofensiva de significación» crearía un tema de graves consecuencias.

CUBA SE VA CONVIRTIENDO EN UNA FORTALEZA

La Unión Soviética continuaba convirtiendo a Cuba en una fortaleza. «Dedicamos día y noche a la preparación y traslado de esta fuerza. Tuvimos que usar 85 buques de nuestra marina mercante, y reunir en secreto estos barcos en siete puertos distintos del Mar Blanco, el Mar de Barents, el Mar Báltico, el Mar Negro, y otros».[221]

Mientras, a la Florida llegaban cientos de mensajes de refugiados cubanos afirmando que antes de abandonar la isla habían visto un intenso movimiento de camiones transportando objetos tubulares. Otros afirmaban haber visto con absoluta certeza, cohetes ya instalados. Podían estar fundamentados o no, pero eran cientos los informes. Los técnicos gubernamentales descartaron estos informes como alarmas manufacturadas por exiliados con la esperanza de «llevar a los Estados Unidos a una guerra con Cuba y de esta forma reconquistar su patria».[222]

Los informes de las agencias de inteligencia sobre la localización e identificación de los sitios en que se estaban emplazando los proyectiles eran continuos. En septiembre 6 se informa de «un total de 9, probablemente 10 emplazamientos de SAM».[223] Al

---

[221] Gral. A. Gribkov, en la Conferencia de La Habana, 1992. Notas textuales. James y Blight. "Cuba on the Brink".

[222] Cable de McCone a Carter. Obra citada.

[223] Cable de Carter a McCone, septiembre 6, 1962. Brassey's.

siguiente día el Director de la CIA considera «la probabilidad de misiles de superficie a superficie, de tipo portátil en Cuba». En septiembre 8 ya son 12 los emplazamientos identificados, y «consideramos que deben haber 25». ¿Respuesta de Dean Rusk? «Debido a violaciones de U-2 en Saklalin y a *las públicas promesas del Presidente* de revisar los procedimientos» se aprobó reducir por el momento las operaciones de los U-2.[224] No hay peor ciego que el que no quiere ver.

A su regreso, McCone encontró que durante más de un mes no se habían hecho vuelos de reconocimiento sobre la zona occidental de Cuba.[225] En Octubre 14 dos pilotos de la fuerza aérea, completamente familiarizados con las modificaciones que el CIA le había hecho al U-2, entraron el espacio aéreo de la zona occidental de Cuba ese domingo. San Cristóbal encabezaba la lista de los puntos que reconocerían. Los pilotos eran Rudolf Anderson Jr. y Richard S. Heysel, de Michigan. Este viaje despertará a John F. Kennedy de su letargo.

---

[224] Cable de Carter a McCone, septiembre 8, 1962. Obra citada.

[225] John A. McCone, Director de la CIA, viajó a París en Septiembre 3 y permaneció en aquella ciudad hasta fines de ese mes. Se mantuvo, por telex y teléfono, en continuo contacto con su Agencia.

Sábado, junio 3 de 1961: En la Embajada Norteamericana en Viena, Kennedy recibe a Khrushchev. También en la foto el Embajador Mikhail Menshikov y el Primer Ministro Andrei Gromyko. La debilidad mostrada por el presidente norteamericano debe haber impulsado los planes de Khrushchev en Cuba.

CAPÍTULO VII

KENNEDY: LAS ARMAS SON DEFENSIVAS

El Presidente Kennedy vuelve a dar muestras de carecer de visión. No acepta lo que para tantos es obvio. Se niega a reconocer el peligro. Sigue confiando este hombre, al que luego presentarán como un visionario, en que las armas –que ya no puede ignorar– son sólo «defensivas». En Septiembre 13, en conferencia de prensa, el Presidente volvió a asegurarle al país que los embarques de armas a Cuba «no constituían una amenaza seria a ninguna parte de este hemisferio». McCone, Keating, Capehart, seguían arando en el mar.

El Presidente Kennedy reconfirma a la prensa que los nuevos embarques soviéticos a Cuba «no constituyen una seria amenaza a cualquier parte del hemisferio» pero que si en algún momento

«los armamentos enviados a Cuba fueran a poner en peligro o a interferir con nuestra seguridad... o si Cuba intenta en algún momento exportar sus propósitos agresivos por la fuerza a cualquier nación de este hemisferio o se convierte en una base ofensiva militar de capacidad significativa para la Unión Soviética, entonces este país hará lo que debe de hacer para proteger su propia seguridad y la de sus aliados».

Eran sólo palabras. Esa declaración no satisfizo la creciente preocupación del Congreso, que en octubre 3 pasó la Resolución autorizando el uso de la fuerza, si era necesario, para proteger a los Estados Unidos y los intereses de la seguridad hemisférica. La única disensión vino de legisladores que consideraron que la declaración no era lo suficientemente fuerte. El Congreso también autorizó al Presidente –que por seis semanas continuaba afirmando que las armas que se encontraban en Cuba eran sólo defensivas– llamar al servicio activo hasta a 150,000 reservistas, lo que permitiría fortalecer las fuerzas armadas en puntos esenciales sin una movilización general.

Pero Kennedy, que en la Crisis, según uno de sus muchos exégetas, «mostró determinación, freno y dureza»,[226] sólo exhibió el

---

[226] A. Schlesinger. "One Thousand Days"

freno y no la determinación. Por ninguna parte, la dureza. Lejos de apoyarse en el impresionante respaldo del Congreso, de las naciones aliadas, de las Fuerzas Armadas y de la ciudadanía, el Presidente se apresuró a transmitir señales de apaciguamiento. De inmediato, el Subsecretario de Defensa, Arthur Sylvester, negó «que se haya ordenado ninguna alerta o que se hayan tomado medidas militares de emergencia contra el régimen comunista de Cuba». Respondía así a informaciones profusamente divulgadas el viernes 19 de septiembre de que los cubanos habían instalado bases de proyectiles balísticos de alcance intermedio capaces de lanzar cohetes a mil o mil quinientas millas. Eran éstas, denegaciones oficiales. Gran parte de la población norteamericana estaba consciente de la inusual dimensión de los ejercicios de entrenamiento a los que se había recién unido el gigantesco portaviones Enterprise, el Independence, 3 portaviones más pequeños y cerca de 20 destructores que se movían en dirección a la Isla Vieques este domingo 21.

INFORMES DE LOS CUBANOS EXILIADOS

Los cubanos que recién llegaban exiliados comenzaron, desde temprano, a informar de camiones transportando largos y extraños objetos tubulares, movimientos de convoyes militares, excavación de trincheras y túneles, uso de concreto en proyectos militares, actividades en cuevas y cavernas, edificación de campos militares, aeropuertos, estaciones de radares; movimiento de entrenamiento militar, emplazamientos de cañones y armas pesadas; equipos militares en fincas o áreas arboladas y otros datos que recogían, en Miami fundamentalmente, las agencias de inteligencia.

Miami se convirtió en un hervidero donde trece agencias federales competían con la Agencia Central de Inteligencia para interrogar a los refugiados. Estas agencias incluían el Departamento de Estado, el Departamento de Comercio, el Pentágono, la Contrainteligencia del Ejército, la Oficina Naval de Inteligencia, la Oficina de la Fuerza Aérea de Investigaciones Especiales, el Servicio de Salud de Educación Militar, Inmigración, La Voz de las Américas, la Guardia Costanera, y la Oficina de Salud Pública. En adición, menciona Brugioni,[227] autoridades locales y unidades de

---

[227] Dino A. Brugioni. Obra citada.

inteligencia de los departamentos de policía de Miami y del Condado Dade deseaban interrogar a algunos de los recién llegados. Muchos de los refugiados tenían información valiosa, otros informes no confiables o información incorrecta, intencional o no. Separar lo correcto de lo falso no era una fácil tarea.

Las agencias dedicadas a la recolección de inteligencia propusieron el establecimiento de un centro conjunto de interrogación en la antigua base aérea de los marines de Opa Locka, para procesar a los refugiados cubanos recién llegados y acelerar el flujo de información de inteligencia a Washington. El Centro quedó administrado por la CIA y fue conocido como Centro de Admisión del Caribe. Éste fue aprobado por el propio Presidente y comenzó sus operaciones en Marzo 15 de 1962.

OCULTACIÓN DE INFORMACIÓN A LA POBLACIÓN

Algunos quieren negar que el Presidente Kennedy ocultó, por motivos políticos, la continua llegada a Cuba de barcos soviéticos transportando bombarderos, aviones. Sin embargo, tan tarde como Octubre 11, informado por el Director de la Agencia Central de Inteligenciade la fidedigna información que mostraba la dimensión de la capacidad ofensiva de Cuba, *el Presidente solicitó que dicha información fuese ocultada hasta después de las elecciones* porque:

«*si esta información llega a la prensa, un nuevo y más violento tema cubano sería inyectado en la campaña y esto afectaría seriamente mi independencia de acción*».[228]

La política por encima de la seguridad nacional.

Cuando McCone le expresó que las fotografías que le mostraba ya habían sido diseminadas entre varios departamentos militares y que otras serían reportadas en el boletín de la CIA el jueves, el Presidente solicitó que, entonces, *el informe se redactase para indicar una probabilidad y no un hecho ya consumado* porque «en el análisis final nosotros sólo hemos visto huacales y no los armamentos».[229]

---

[228] Memorándum de Octubre 11, 1962 de John McCone, dejando constancia de su informe al Presidente. Bassey's.

[229] Memo de J. McCone. Fuente citada.

El Presidente necesitaba impedir que, por concepto alguno, llegase a hacerse de público conocimiento ésta, para él, tan grave información. Pidió que, sólo a aquellos dentro de la USIB responsables de darle asesoramiento al Presidente se le ofreciese esa información y que dentro de los círculos de la CIA sólo fuese informado el mínimo número de expertos. Fue más lejos el Presidente en aplicar una mordaza: *«El Presidente solicitó que toda futura información fuese suprimida».* Irónicamente, en esa conversación el Presidente mencionó que «tenemos que hacer algo drástico sobre Cuba».

La Agencia Central de Inteligencia había recibido aproximadamente 60 informes sobre la aumentada actividad en los muelles de Cuba; cuarenta de estos informes procedentes de la Oficina Central que habían instalado en Opa Locka; el resto de fuentes perfectamente controladas era considerada confiable.[230] En ese memorándum de la CIA se informa que de 4,000 a 6,000 personas del bloque soviético han arribado a Cuba desde Julio 1o.; muchos son técnicos; otros se supone que sean militares. La mayor parte de éstos recién llegados que vienen del bloque soviético se mantienen separados de la población cubana.

El memorándum recoge una alarmante implicación en su punto c): Nuestras observaciones indican el «posible establecimiento de facilidades soviéticas COMINT (Comunicaciones) y ELINT (Inteligencia Electrónica) dirigida contra Cabo Cañaveral» y otras importantes instalaciones de los Estados Unidos. Este memorándum de Agosto 20 señala que este crecimiento de la actividad militar en Cuba coincide con el viaje de Raúl Castro a Moscú «y esto puede, por sí mismo, ser de importancia».

Es, por supuesto, importante. La posible instalación de centros de inteligencia electrónica dirigida hacia Cabo Cañaveral representa un serio peligro que debe comunicársele de inmediato al Presidente.

Al día siguiente de redactarse en agosto este memorándum del Director de la Agencia Central de Inteligencia, se produjo una reunión de éste con el Presidente Kennedy y con la sola presencia del General Maxwell Taylor, Jefe del Estado Mayor Conjunto de las Fuerzas Armadas de los Estados Unidos.

---

[230] Según aparece en el Memorándum de Agosto 20 de John McCone, desclasificado en 1992.

Lo que se discutió no es aún –luego de 33 años– conocido en su totalidad, porque de los cinco puntos tratados tres siguen considerados como secreto sensitivo. Lo único que se dió a conocer en 1992, luego de transcurrir 30 años de estos hechos, es que el Director de la Agencia revisó con el Presidente y el Jefe del Pentágono la situación cubana y que «el Presidente obviamente estaba bien familiarizado con la situación» y que el Presidente expresó su preocupación sobre las observaciones personales y las observaciones manifestadas por (una persona cuyo nombre aparece aún omitido), durante su reciente viaje a Cuba de acuerdo a un memorándum adjunto que tampoco ha sido aún dado a la publicidad.

Este memorándum es revelador porque indica que «el Presidente obviamente está bien familiarizado con la situación cubana». Por tanto, si no ha actuado con la energía que los dirigentes militares y políticos demandan, no es, en lo absoluto, por falta de información. Otros serán los motivos.

24 horas después, en Agosto 23, vuelve a reunirse el Director de la CIA con el Presidente. Esta vez estarán presentes, además, el Secretario de Defensa McNamara, el Subscretario de Defensa Gilpatrick, el Gral. Taylor y McGeorge Bundy. El tema que se discute, por supuesto, es Cuba. Luego de considerar otros puntos, el Presidente solicitó un análisis del daño a los Estados Unidos y el efecto en Latinoamérica que pudiera ocasionar las instalaciones de proyectiles y, pregunta sobre lo que «podemos hacer en contra de las bases de cohetes en Cuba».

El Presidente quiere saber «si podemos eliminar las bases por aire o si es necesaria una ofensiva por tierra o si podrían ser destruidas por una acción guerrillera de importancia». Kennedy se pregunta: ¿Qué debemos hacer en Cuba si los soviéticos precipitan una crisis en Berlín?. Siendo esto una alternativa a la proposición de ¿qué podrían hacer los soviéticos en Berlín si nosotros actuamos en Cuba?.

Luego del mitin, en una conversación privada con Robert Kennedy, John McCone, Director de la CIA expresó «que él consideraba que Cuba era nuestro más serio problema». La respuesta de Bob Kennedy sigue siendo hoy, 33 años después, considerada secreta. En la copia original del Memorándum aparece tachada esa respuesta.

El Presidente está perfectamente enterado de la grave situación.

El Tte. Gral. Marshall S. Carter, Diputado General de la Agencia Central de Inteligencia, le informa al Presidente que las misiones de observación realizadas en Agosto 29 indicaban la posibilidad de la presencia de otros tipos de emplazamientos de cohetes, posiblemente proyectiles de superficie a superficie. Este emplazamiento se encontraba cerca de Banes (Documentos #12). Inmediatamente la Casa Blanca ordenó silenciar esta noticia.

El primero de Septiembre llamó el Presidente al Gral. Marshall Carter (que está sustituyendo temporalmente al Director de la Agencia Central de Inteligencia) y lo instruye a continuar suprimiendo («the clamps were to remain») información sobre Cuba «excepto para el muy mínimo acceso de los que deben saberlo para informarle al Presidente».[231] Y continúa llegando a manos del Presidente información cada vez más alarmante.

Tres días después, el martes Septiembre 4, informa el Presidente la presencia de misiles defensivos en Cuba. Para que no se llamaran a engaño, el Gral. Carter les confirma a Kennedy y a Rusk, el jueves 6, la posible presencia de *emplazamientos* de cohetes *ofensivos* «tierra a tierra» en Banes. ¿Respuesta?: ¿Investigar mas? No!. Las únicas instrucciones emitidas fueron las de «ocultar completamente la información». Se le aclaró a todos los funcionarios con acceso a las noticias que se mantenía la estricta política de no dar información.[232]

Los datos precisos, verificados por la comunidad de inteligencia del gobierno, le llegaban –por los canales oficiales– al Presidente. No eran sólo informes de «refugiados sin instrucción» que daban datos sobre proyectiles balísticos o armas sofisticadas que no conocían. No. La información durante todas estas semanas era recogida por los U-2 y la recibía el Presidente a través de los más altos funcionarios de su Administración. Pero nada hacía. Nada cambiaba.

El 7 de Septiembre llega por los canales oficiales un cable. Han conocido por la indiscreción del embajador cubano en Praga (Raúl

---

[231] Memo de Septiembre 1ro., 1962 de William A. Tidwell, Sub-Director de Inteligencia y Planeación de la CIA. Brassey's. Obra citada.

[232] Memo de Lyman B. Kirkpatrick, Director Ejecutivo de la CIA. Brassey's. Obra citada.

Roa Kouri) que Cuba tiene «cohetes del mismo tipo que derribó al U-2» (al de Powers, sobre Rusia, en 1960).[233] Reacción del Presidente?: «Detener por el momento la operación de los aviones U-2»[234]. Por supuesto las razones expuestas para la cancelación son otras. Pero a pesar de que el Presidente conoce el acelerado ritmo de los emplazamientos de proyectiles balísticos y «lo importante que, en estos precisos momentos, resulta para los objetivos de inteligencia norteamericanos volar sobre Cuba», la decisión de este mandatario que «mostró excepcionales cualidades de liderazgo» fue la de detener los vuelos. La suspensión se mantendrá por un mes.

La Administración se negaba a admitir las innegables evidencias. El propio McGeorge Bundy, Asesor Legal del Presidente, el 14 de Octubre, precisamente el mismo día en que el U-2 tomaba las reveladoras fotografías, concurre a un programa de televisión. Y afirma que «hasta ahora todo lo que se ha entregado en Cuba cae dentro de la categoría de asistencia que la Unión Soviética ha ofrecido, por ejemplo, a estados neutrales como Egipto e Indonesia».[235].

Bundy, como su superior Kennedy, echaba por la borda todos los informes que hasta ese momento había recibido de la comunidad oficial de inteligencia de los Estados Unidos. Es aún más categórico este hombre que tanto influye sobre el mandatario norteamericano. Segundos después reafirma:

«Yo sé que no hay evidencias en este momento, y creo que no hay posibilidades, de que los cubanos y el gobierno de Cuba y el gobierno soviético se pongan de acuerdo en intentar instalar armas de capacidad ofensiva».[236]

RESOLUCIÓN CONJUNTA DEL CONGRESO DE OCTUBRE DE 1962

La Cámara y el Senado, independientemente de la militancia partidista de sus miembros, reiteradamente expresaban su preocupación ante el acelerado ritmo que tomaba los embarques de

---

[233] Cable DCI74272 de Sept. 7. Documento 17. Brassey's.

[234] Cable 74587 de Sept. 8. Documento 18. Brassey's.

[235] ABC. Temas y Respuestas. Octubre 14 de 1962.

[236] ABC. Programa ABC, antes citado.

armamentos soviéticos a Cuba y la llegada a la isla de militares que la Administración se empeñaba en calificar de técnicos.

Como manifiesta expresión de ese sentimiento el Congreso norteamericano aprobó en Octubre 3 de 1962, cuando aún el Presidente se negaba a admitir los informes oficiales que las agencias de inteligencia le hacían llegar sobre la presencia de armamentos ofensivos en Cuba, la Resolución Conjunta 87-733 expresando la posición de los Estados Unidos con relación a la situación en Cuba.

La Resolución, aprobada por la Cámara y por el Senado Federal, declaraba que los Estados Unidos estaban determinados a prevenir *por cualquier medio que fuese necesario*, incluyendo el uso de las armas, que el régimen marxista leninista en Cuba extendiese, por la fuerza o con amenaza de fuerza, sus actividades agresivas o subversivas a cualquier parte de este hemisferio. La Resolución recogía el acuerdo del Senado aprobado en Septiembre 20 de 1962 y el de la Cámara de Representantes aprobado en Septiembre 26 de aquel año.

Decía con absoluta claridad la Resolución Conjunta que esta nación estaba determinada, además, a prevenir en Cuba la creación o uso de un aparato militar externamente respaldado que pusiera en peligro la seguridad de los Estados Unidos. Identificaba, así, con toda claridad, la situación que, aún en esa fecha Octubre 3, el Presidente Kennedy se negaba a reconocer.

Se basaba esta Resolución Conjunta de Octubre de 1962, en los fundamentos de la Doctrina Monroe de 1823 que declaraba que los Estados Unidos considerarían como peligroso a la paz y seguridad de esta nación cualquier intento de poderes europeos de extender su sistema a cualquier porción de este hemisferio.

Invocaba igualmente el Tratado de Río de 1947, y la Declaración de los Cancilleres de la Organización de Estados Americanos en Punta del Este en enero de 1962 que consideraba incompatible con el sistema interamericano al gobierno de Cuba por identificarse con los principios de la ideología marxista leninista y establecer un sistema político, económico y social basado en aquella doctrina y aceptar asistencia militar de poderes comunistas extracontinentales.

Aunque la Resolución Conjunta del Congreso se toma el miércoles 3 de Octubre, el Presidente todavía se resiste a informar a la ciudadanía del creciente peligro que se va incubando a pocas millas de la costa. Al día siguiente recibe el resultado de su encuestador político Louis Harris: el 62% de los votantes tiene una opinión negativa sobre como se está manejando el caso cubano. Las elecciones congresionales se celebrarán en cuatro semanas. Algo hay que hacer.

DOCTRINA MONROE

Hasta 1962, la Doctrina Monroe era la piedra angular de la política exterior de los Estados Unidos.[237]

Realmente, la Doctrina Monroe había sido violada desde que el 2 de diciembre del pasado año Fidel Castro declaró que era «Marxista-leninista» y había alineado oficialmente a su régimen al bloque soviético. Le había faltado en ese momento al Presidente Kennedy la firmeza del Presidente Monroe que, en su mandato, rechazó la pretensión rusa de inmiscuirse en este hemisferio y, también, la de Inglaterra que se negaba a reconocer la independencia de las antiguas colonias españolas.[238]

El Presidente Kennedy tenía, por tanto, –como bien apunta Malcolm E. Smith Jr. –[239] amplios precedentes para invocar y poner en práctica la política que había garantizado la integridad territorial de este continente por cerca de 140 años. La amenaza al bienestar y a la seguridad del continente que representaba el sometimiento de Cuba a una potencia extracontinental era evidente.

La omisión de Kennedy de invocar la Doctrina Monroe para proteger la nación fue –y repetimos las palabras de Smith– un trágico y casi fatal error. Se inhibió de hacerlo en 1961. Ahora,

---

[237] Precisamente fue una injerencia rusa en el continente americano lo que llevó a la promulgación de esta doctrina. "El continente americano no estaba ya sujeto a nuevos establecimientos coloniales europeos" expresaban las instrucciones emitidas en 1823 por el Presidente James Monroe a su Secretario de Estado John Quincy Admas, respondiendo a la demanda del Zar Alejandro que reclamaba toda la costa del Océano Pacífico de Norteamérica.

[238] En el tradicional Mensaje al Congreso del Estado de la Unión, Monroe expresa que "consideramos cualquier intento de otros estados de extender sus sistemas a cualquier porción de este hemisferio, como peligroso a nuestra paz y seguridad".

[239] "Los trece mayores errores de Kennedy en la Casa Blanca", Malcolm E. Smith, Jr., enumera a Laos, Vietnam, Bahía de Cochinos, el Muro de Berlín, la Crisis de los Cohetes, entre estos errores.

cuando toda la información disponible mostraba el creciente arsenal de armas soviéticas en Cuba, Kennedy volvía a inhibirse, pretendiendo ignorar lo que para los altos mandos militares, los dirigentes de las agencias de inteligencia, las figuras políticas y la prensa era evidente y se denunciaba abiertamente.

La Cuba sovietizada, apuntaba Andrés Valdespino,[240] reúne todas las características de la «intervención de una potencia extracontinental en los destinos de un país de América» a que se refiere la Doctrina Monroe. Y para acentuar, aún más, la flagrante violación de la Doctrina Monroe, Valdespino citaba en el artículo aquí mencionado el siguiente párrafo de la Doctrina: «Toda tentativa de parte de las potencias europeas por extender su sistema a cualquier país de este hemisferio será considerada como un peligro para nuestra paz y nuestra seguridad».

La historia juzgará severamente al Presidente Kennedy por no invocar en aquel momento la Doctrina Monroe, uno de los más sólidos pilares de la política exterior de los Estados Unidos. La doctrina que, en palabras del Presidente Grover Cleveland, «no dejaría de estar en vigor en tanto subsista nuestra República.[241]

OPERACIÓN MONGOOSE

. Habían transcurrido seis meses del fracaso de Playa Girón. La oposición interna en Cuba estaba siendo aplastada. El interés del gobierno norteamericano y de las agencias encargadas de las operaciones encubiertas lucía inexistente. Solo en apariencia.

. Las administraciones norteamericanas funcionan con planes meticulosamente preparados. Lo grave es que tales planes no se mantienen y, por supuesto, no se ejecutan en la forma programada.

Así, todas las actividades que se realizaron hasta la fracasada invasión de Playa Girón estuvieron planeadas en un documento que por varias décadas permaneció clasificada como secreto sensitivo: «El Programa de Acción Encubierta contra el Régimen de Castro»

---

[240] Andrés Valdespino. "¿Tiene o no Tiene Vigencia la Doctrina Monroe?". Bohemia Libre, Septiembre 16, 1962.

[241] Cita mencionada por Mario Lazo en "Daga en el Corazón".

firmado por el Presidente Eisenhower en marzo 17 de 1960.[242] Todos conocemos los cambios que a aquel programa se le hicieron y que produjeron la derrota.

El mismo patrón se repetirá en 1962. En noviembre 30 de 1961, John F. Kennedy autoriza la creación de la «Operación Mongoose.» De nuevo, una campaña de acción encubierta supersecreta .usará todos nuestros recursos... para lograr el derrocamiento del régimen comunista de Castro«. Emplearán acciones subversivas, sabotaje, presiones políticas y económicas y, aunque hoy parezca ridículo, guerra psicológica.[243]

En octubre de 1961 se ordena, como vemos, por el propio Presidente Kennedy, planes para la posible remoción de Castro[244]. Días después los Jefes del Estado Mayor aprueban una versión revisada de un plan de contingencia de invasión a Cuba[245]. No se detienen ahí los proyectos, aunque, como de costumbre, habría muchos planes y poca acción.

La Operación Mongoose,[246] una campaña supersecreta de acción encubierta en la que podremos «usar nuestros medios disponibles... para ayudar a Cuba a derrocar el régimen comunista» como informó el Presidente Kennedy al Secretario de Estado Dean Rusk[247], estaba dentro de la jurisdicción de la CIA, pero era

---

[242] Enrique Ros. "Girón: La Verdadera Historia", 1994.

[243] Alleged Assessination Plots. (A su vez tomado del informe del Comité Selecto del Senado para estudiar Operaciones del Gobierno con Respecto a Actividades de Inteligencia). Reporte 94-465, 94th Congressional.

[244] Operational Plan 316. Jean R. Moenk. USCONARC Participation in the Cuban Crisis 1962, copia desclasificada que aparece en el Archivo de Seguridad Nacional. James G. Hershberg. Obra citada.
(The National Security Archive, es un instituto de investigación de política exterior que tiene base en Washington).

[245] Moenk. USCONARC. Documento citado.

[246] La Operación Mongoose representa una nueva fase de las acciones organizadas para derrocar al régimen de Castro. Como de costumbre, los planes se elaborarán en Washington pero el militar de alto rango que estará al frente de la misma admitirá, al presentar su primer imaginativo (por lo fantasioso e ilusorio) proyecto que "sabe muy poco sobre la situación cubana".

[247] Ver el memorándum del Presidente Kennedy al Secretario de Estado de noviembre 30 de 1961, que aparece también mencionado en el informe del Comité Selecto de Operaciones Gubernamentales sobre "Alegados Planes de Asesinato sobre

supervisada por un panel de alto nivel compuesto de funcionarios de la CIA, Departamento de Estado, Departamento de Defensa y la Casa Blanca y el Fiscal General Robert Kennedy. Este panel sería conocido como Grupo Especial Aumentado (SGA) y operaría con gran secreto.[248] La Operación Mongoose habrá de convertirse en «la mayor operación realizada por la CIA y llegó a contar con más de 400 agentes».[249]

No confiando en la eficiencia de la Agencia Central de Inteligencia, el Presidente comisionó para su supervisión al Grupo Especial (SGA), aumentado ahora con su hermano Bob y el General Maxwell Taylor. Designa como jefe de la operación al Brigadier General Edward G. Lansdale[250] que había tenido, bajo la Administración de Eisenhower, una breve relación con el caso cubano.

De inmediato Robert Kennedy convoca al Grupo Especial (SGA) informándoles la designación del Gral. Lansdale como «Jefe de Operaciones» con amplia autoridad para contactar a todas las agencias del gobierno: Desarrollará un programa de largo alcance que será revisado por el Grupo Especial y «presentado, para su aprobación, a una más alta autoridad».[251] Es obvia la identidad de esa «más alta autoridad».

Dirigentes Extranjeros" editado por el Senado de los Estados Unidos en noviembre 20 de 1975 (Página 139).

[248] Grupo Especial Aumentado (SGA) estaba compuesto del Asesor Presidencial ante el Consejo de Seguridad Nacional, McGeorge Bundy; el Subsecretario de Estado Alexis Johnson; el Subsecretario de Defensa Roswell Gilpatric; el Director de la CIA John McCone; el Jefe del Estado Mayor Conjunto, Gral. Lyman Lennitzer; el Fiscal General Robert F. Kennedy y el Asesor Militar del Presidente, Gral. Maxwell D. Taylor. El Secretario de Estado Rusk y el Secretario de Defensa McNamara, aunque no eran miembros formales del grupo, atendían a algunas de sus reuniones. (Informe del Comité del Senado antes citado).

[249] James G. Hershberg. "Before the Missile Crisis".

[250] El general Edward G. Lansdale tuvo a su cargo la construcción de la planta de radio que, durante el proceso de Girón, operó desde la Isla Swan. En 1954 había realizado igual tarea cuando Castillo Armas organizó la invasión a Guatemala para derrocar al gobierno de Jacobo Arbenz. Luego se convirtió en un especialista de contrainsurgencia en Filipinas y Vietnam.

[251] Acta de diciembre 1, 1961 de la reunión del Grupo Especial (SGA) con el Fiscal General, Robert Kennedy.

Ya en enero de 1962 ha trazado su meticuloso plan de acción.[252] De inmediato notifica al Pentágono lo que espera de esa institución, en igual sentido se dirige a otros departamentos y agencias. Consciente de los problemas del pasado (que habrán de repetirse una vez más) plantea, por escrito, que todas las preparaciones militares quedaban sujetas a «obtener una decisión política sobre las fundamentales intenciones de los Estados Unidos» esto es, cuan decidido está el gobierno central para apoyar decisivamente las acciones que fuesen necesarias para el derrocamiento del régimen de Castro. Esperaba Lansdale recibir el total respaldo de la Administración. Pero sus superiores limitarían sus planes a menos grandiosos objetivos.

Su «Proyecto Cuba», tenía como propósito «ayudar a los cubanos a derrocar al régimen comunista desde adentro e instituir un nuevo gobierno con el que los Estados Unidos puedan vivir en paz». Procurará Lansdale «fomentar una revolución en Cuba». A ese efecto da a conocer el 20 de febrero el Plan de Acción Básica de la Operación Mongoose.

Muchos cubanos perderán sus vidas, serán sometidos a crueles torturas y otros sufrirán largos años de prisión, como consecuencia de las rencillas internas de la Administración y la falta de respaldo de las más altas esferas del gobierno.

EL PLAN DE ACCIÓN DEL GENERAL LANSDALE

Da a conocer el Gral. Lansdale su «Plan de Acción Básica» con una admisión simple, pero imperdonable en quien ocupa tan alta posición en el más importante organismo de inteligencia del gobierno norteamericano: «Sabemos muy poco sobre la situación real dentro de Cuba». Después de 3 años de permanecer Castro en el poder y luego del desastre de Bahía de Cochinos! este alto funcionario admite no conocer mucho sobre el problema cubano. Pero pregona, como una meritísima meta que «estamos dando urgentes pasos para aprender más».

Y este hombre que admite «que sabe muy poco sobre la situación cubana» presenta un «plan de acción» que en marzo (apenas dentro de 30 días!) «convencería a potenciales comba-

---

[252] Ver James Hershberg - Página 243.

tientes que los EStados Unidos les daría armas y equipos»; en Abril la CIA instalaría un «transmisor de radio clandestino para difundir noticias, consignas y *música de la resistencia*». En junio establecía «bases para operaciones guerrilleras y oficinas centrales clandestinas, en la isla, para comunicarse con todos los elementos de la resistencia».

Ya en julio tendrá situada la «organización básica del clandestinaje en las cercanías de los aeropuertos y centros de comunicación».

Para agosto producirá –el famoso organizador de las guerrillas en Filipinas y Vietnam– un «simbólico paro gradual del trabajo en la isla, para darle a los obreros un sentimiento de participación en el movimiento popular, sin temor a represalias inmediatas», al tiempo que «las guerrillas son activadas en áreas claves». Las actividades de septiembre de este imaginativo militar están todavía –33 años después!!– clasificadas como secreto sensitivo.

Ya para octubre «The Ugly American»[253] tiene al «pueblo cubano en una abierta revuelta» para derrocar al régimen comunista. Por supuesto, el nuevo Bolívar facilitará en ese mes de octubre «el regreso de los refugiados cubanos que estén calificados y quieran contribuir a la liberación de su patria». Desde un escritorio en Washington este Brigadier General, «que sabe muy poco sobre la situación en Cuba», en apenas 8 meses ha liberado al pueblo cubano.

Coincidió el nombramiento del Gral. Lansdale de Jefe de la Operación con la selección de John McCone como Director de la CIA. Como jefe del grupo de trabajo de la Operación Mongoose fue designado William K. Harvey,[254] veterano operador de la Agencia, quien actuaría desde Miami.

En esos momentos la oficina de la Agencia en Miami estaba dirigida por Thomas Cline y Theodore Sharkley.[255] Cline, con más de

---

[253] Diversos autores afirman que Lansdale, considerado por muchos como el arquetipo del espía norteamericano en el extranjero, inspiró el personaje central de la novela de Willian Lederer y Eugene Burdick "The Ugly American" y la de Graham Greene "The Quiet American".

[254] William K. Harvey, había estado al frente de la oficina de la CIA de Berlín. En abril de 1962 encabezará en Miami el Grupo de Trabajo W (Task Force W).

[255] Ted Sharkley, como W.K. Harvey, estuvo primero asignado a Berlín en la década de los 50. Su base en Miami era conocida como JMWAVE.

15 años de servicio en la CIA, había establecido contacto con muchos de los combatientes cubanos que se entrenaron en Panamá para la frustrada invasión del 17 de abril. Sharkley, en el área del Caribe, se estrenaba con la «Operación Cuba».

Mientras John A. McCone,[256] recién confirmado director de la Agencia Central de Inteligencia, se familiarizaba con su nueva posición, la guerra encubierta contra Castro continuaba bajo la dirección de Harvey, quien se había distinguido descubriendo en Europa espías y agentes soviéticos. En la «Operación Cuba» empleará recursos y tiempo en alucinantes entregas de píldoras, detonadores, rifles y trajes de baño impregnados de sustancias venenosas[257] para «liquidar» a Castro. En Europa había tenido éxito. En el Caribe sólo cosechará fracasos.

Típicamente, como en todos estos fantasiosos planes, una semana después, exactamente una semana, en una reunión del Grupo Especial Aumentado (GEA, en inglés SGA) se reduce el «Proyecto Cuba» de Lansdale a, simplemente, un programa de recolección de inteligencia. Surgirán ásperas fricciones entre tres fuertes caracteres: Robert Kennedy, el Gral. Lansdale y William K. Harvey. Se agudizarán esas fricciones en los eventos que precedieron a la Crisis de Octubre.

Con sus vidas, sus cuerpos mutilados y años de prisión pagarán muchos cubanos la confianza depositada en estos aliados. Los únicos, pero no confiables, aliados.

---

[256] Al renunciar Allen Dulles como Director de la Agencia Central de Inteligencia el 29 de Noviembre de 1961, el Presidente designó a John A. McCone. De familia católica, residente en San Francisco, McCone se graduó de ingeniero en la Universidad de California y se desenvolvió como un exitoso industrial y banquero. Gozó de gran prestigio profesional. De todos era conocido su profundo sentimiento anticomunista. McCone formó su equipo con algunos de los oficiales de la CIA que habían sido marginados por Dick Bissell: Richard Helms, Subdirector de la Agencia y Director de Planificación; Lyman Kirkpatrick Jr., Director Ejecutivo y otros. Utilizó su amistad personal con Kennedy para restablecer puentes de comunicación con la Casa Blanca y restaurar las relaciones de la agencia con el Congreso y con los departamentos de Estado y Defensa, que habían sido afectadas por la tirante situación producida con la fracasada invasión de Bahía de Cochinos.

[257] Informe del Comité Selecto del Senado de Estados Unidos sobre Intentos de Asesinatos, Congreso 94, Noviembre 18, 1975.

FRICCIONES ENTRE BOB KENNEDY Y WILLIAM HARVEY

Contrastando con las magníficas y amistosas relaciones entre McCone y los Kennedy, especialmente Bobby, existió desde un principio una profunda animosidad entre Harvey y el hermano del Presidente. Harvey se había hecho cargo de tres operaciones distintas contra Castro. La primera era la infiltración de gente; la segunda, el suministro de pertrechos, provisiones y equipos a los grupos internos; y tercera, las operaciones de sabotaje.

Comienzan pronto las contradicciones. En Agosto 21, 1962 en una reunión del Grupo Especial (SGA), McNamara declaró que ya era hora de tomar pasos agresivos en el campo de inteligencia, sabotaje y acciones guerrilleras. Se anticipaba a las instrucciones que, 48 horas después, daría el propio Presidente de la nación.

El Memorándum de Acción de Seguridad Nacional No. 181 (NSAM-181) del Presidente Kennedy, elaborado el 23 de Agosto de 1962, le dió un nuevo ímpetu a la Operación Mongoose y al Plan Militar de Contingencia sobre Cuba. Con esa fecha el Presidente Kennedy ordenó al Gral. Maxwell Taylor,[258] que era en ese momento su Asesor Militar y Presidente del Grupo de Trabajo (SGA) que desarrollara, «con la mayor prontitud posible» varias actividades proyectadas para la Operación Mongoose.

Al revisar documentos que hasta muy recientemente estaban clasificados como secretos sensitivos[259] aparece que el Fiscal General era uno de los que más alentaba la preparación y ejecución de estas acciones. El fracaso de algunas de éstas irritaba profundamente a Bobby Kennedy que se enfrascaba en violentas discusiones con Harvey quien, a su vez, era un permanente crítico de la política de la Administración, especialmente hacia Cuba.[260] La nada constructiva relación entre estos dos fuertes caracteres

---

[258] Maxwell Taylor, antiguo Jefe del Estado Mayor del Ejército, presidió la Comisión Taylor que realizó un profundo estudio de las causas que llevaron al fracaso de Playa Girón. Ver "Girón: La Verdadera Historia". Enrique Ros.

[259] Documentos de los archivos de la Agencia Central de Inteligencia desclasificados en 1994, muchos de los cuales se encuentran agrupados en "The Secret Missile Crisis. Documents Central Intelligency Agency". First Brassey's Edition. 1994.

[260] Documentos de la CIA. First Brassey's Edition. 1994.

continuó deteriorándose, y, luego de la Crisis de los Cohetes, Harvey fue sustituido.

La mano del Presidente no estaba ajena a las decisiones. El SGA siempre evitó hacer una referencia *explícita* a la aprobación presidencial de sus instrucciones, pero un memorándum de una reunión de marzo 16 de 1962 «para ser usado como base de la discusión» indicaba que Kennedy recibía «informes progresivos» sobre la Operación Mongoose y que... el Gral. Lansdale y el SGA habían recibido autorización tácita para proceder de acuerdo con esas instrucciones.[261]

LA CONSPIRACIÓN DEL 30 DE AGOSTO

Como siempre, los funcionarios norteamericanos en Washington actúan de espaldas a lo que en Cuba realmente sucede.

Los gritos histéricos de Bob Kennedy a los subordinados que lo rodean muestran su total desconocimiento de lo que los cubanos combatientes anticastristas están llevando a cabo, de un extremo a otro de la isla, en esos momentos. Un extenso número de oficiales, muchos de ellos del Ejército Rebelde y otros del Ejército Constitucional, se han organizado para derrocar, con las armas, aquel régimen indigno. Se ha fijado la fecha para el levantamiento en la capital que se iba a extender en todo el territorio. El 30 de agosto de 1962, el día de Santa Rosa de Lima, sería la fecha.

«El 30 de agosto» –apunta el médico Alberto Fibla que cumplió 25 años de cárcel por aquella conspiración– fue un movimiento netamente democrático. «En sus filas militaban hombres de la revolución y hombres del régimen depuesto. Militares novatos y militares de experiencia. Unidos junto a muchos representantes de la vida civil del país» nos dice Fibla.

Aquel movimiento, que «agrupaba, a pobres y ricos, blancos y negros, profesionales y obreros, maestros y estudiantes, campesinos, hombres de negocios, tenía un sentir plenamente democrático. Amplio. Por eso Castro quiso ahogarlo en sangre», expone al autor el médico cubano. Infiltrada, la conspiración le costó la vida en pocas horas a más de 500 cubanos que murieron todos frente al

---

[261] James G. Hershberg. "Before The Missile Crisis".

paredón. Es ésta una página de oprobio de la que poco se ha escrito.

Surgieron de ella distintas «Causas Criminales». Una de ellas la número 410 de 1962, la encabezará Francisco Evelio Pérez Menéndez, «Frank»[262], y en ella complicarán a miembros del «Frente Anticomunista de Liberación» (FAL); Movimiento 30 de Noviembre; Rescate; Movimiento de Recuperación Revolucionaria Cubana; Unidad Revolucionaria y otras.

Serán procesados también en la Causa 410, Ventura Suárez Díaz (Joseíto), Jefe de los delegados ante el Estado Mayor Conjunto del FAL; Sergio Valdés Sánchez, que tendría a su cargo dirigir las operaciones militares; Pedro Manuel Silió Matos (Murillo) que era quien mantenía los contactos con los miembros de las Fuerzas Armadas; Bernabé Corominas Portuondo; Agustín Pérez Medina; René Arturo López León; José García Bugaranos (El Cadete); Ramón Menéndez Alvarez; Enrique Hedman Sánchez; René Justo López Porcell, Ismael Sosa Padilla; Guillermo Herrera Santa Cruz; Roberto Fernández Aguirre; Agustín Fernández Aguirre y otros[263]. Se les acusa de asaltos a unidades de las fuerzas armadas revolucionarias, alzamientos de grupos armados en distintos puntos de la isla, «tendientes a provocar la destrucción del poder revolucionario».

En el segundo Resultando del sumario aparece que la ejecución de los planes ya trazados «tendría su inicio a las 10 de la noche del pasado día 30 de agosto, mediante un sabotaje que interrumpiría el fluido eléctrico, entrando en acción inmediata el acusado Francisco Evelio Pérez Menéndez que ocupaba la jefatura del Estado Mayor del FAL».

---

[262] Es Evelio Francisco (Frank) Pérez Menéndez, Capitán del Ejército Rebelde, quien primero se dio a la tarea de aglutinar lo que llegó a ser la más amplia conspiración contra el régimen. De "operación peligrosa, suicidio casi" la calificó Alberto Fibla en un artículo publicado en la Revista Alerta, Número 697, 1989. Será Frank de los primeros en pagar con su vida su sueño de libertad.

[263] Las otras personas incluidas en esta causa en el sumario levantado el 20 de septiembre de 1962 fueron las siguientes: Agustín Fernández Aguirre, Enrique Monestina Rivero, Lázaro Hidalgo Dardet, Luis del Riego Rodríguez, Evaristo Milián Mayor, Manuel Zurita Zapiraín, Alejandro Oreja Pérez, Enrique Monestina Joglar, Rogelio Rabinal González, Idelfonso González Carrillo y Antonio Francisco Pérez Santa Cruz.

Pérez Menéndez había partido de la capital, días atrás, para hacerse cargo de las operaciones que se realizarían en aquella provincia el 30 de agosto, quedando Ventura Suárez Díaz al frente de las operaciones de La Habana. El fiscal pedirá pena de muerte por fusilamiento a Pérez Menéndez, Cruz Alvarez Bernal,[264] Suárez Díaz, Valdés Sánchez, Silió Matos y Bernabé Colomina; para el resto de los procesados, treinta años de reclusión.

Meses después, por el mismo delito «contra la integridad y estabilidad de la nación», complican en la misma Conspiración del 30 de agosto, a más cubanos combatientes. Someten a un consejo de guerra ordinario en la Causa 455 de 1962 a José Miguel Pino Padrón, Alberto Fibla González, Amarante Torres Sánchez, Amado Hernández Suárez, Antonio Cejas Expósito y otros como integrantes del Frente Anticomunista de Liberación (FAL), implicándolos en la Conspiración del 30 de Agosto.

El juicio, por supuesto, era un pantomima. Uno de los procesados, que cumplió 25 años de cárcel, recuerda que aquel 20 de abril la vista del juicio se prolongaba ya por más de 15 horas. El Presidente del Tribunal, Pelayo Fernández Rubio, recostado sobre sus brazos cruzados en la larga mesa, se encontraba dormido. Despertó, levantó la cabeza y luego de escuchar unos segundos, dirigiéndose al militar que hablaba le dijo: «Tenga la bondad, compañero fiscal, de ser más breve en su exposición». El militar, perplejo, le respondió: «Perdone, su señoría, pero no soy el fiscal sino el abogado defensor». Respuesta: «Está bien, compañero, es lo mismo». Para los tribunales revolucionarios la misma labor realizaba el fiscal que el abogado defensor de oficio.

TENSIONES CON EL GENERAL LANSDALE

Es Robert Kennedy quien no solo en su nombre sino, principalmente, en el de su hermano pone sobre el Grupo de Trabajo (SGA) y los directores de la Operación Mongoose la mayor presión y les exige un mayor rendimiento, una mayor eficiencia. A principios de octubre Robert Kennedy les informa de las discusiones

---

[264] Ni en el Auto del Juez Instructor ni en el texto de las Conclusiones está mencionado Cruz Alvarez Bernal. Su nombre sólo aparece al relacionarse, en la Quinta Conclusión, los procesados a quienes se les aplicará la pena de muerte por fusilamiento.

que ha tenido con el Presidente sobre el tema de Cuba, y lo poco satisfecho que se encuentra J.F.K. por la falta de acción en el campo del sabotaje.

Los recrimina porque nada avanza, y porque un esfuerzo que se intentó ha fallado. Expresa gran preocupación sobre el desarrollo de la situación.[265] Luego de las duras palabras del hermano del Presidente, el Gral. Lansdale revisó las operaciones realizadas señalando que no se ha intentado sabotaje y que «las cosas estaban marchando bien».

No aparece en el acta de esa reunión cuales «cosas marchaban bien» para el hombre que, a un costo de $50 millones de dólares,[266] había desarrollado el plan que contemplaba –precisamente en este mes de octubre– «una huelga general de los trabajadores cubanos», «demostraciones de la juventud, los campesinos, la iglesia, de abierto desafío al régimen» que conducirían en este glorioso mes, a «una abierta revuelta del pueblo cubano» y a «la formación de un nuevo gobierno». Doloroso admitirlo, pero todo lo que aquí aparece entrecomillado está tomado, textualmente, del fantasioso plan que, durante los primeros diez meses de 1962, tan seria consideración mereció de estos altos oficiales.

Un funcionario se atreve a señalar los responsables y las débiles causas que motivaron esta inacción. El funcionario es, nada menos, que el Director de la Agencia Central de Inteligencia.

McCone expresó que esa fase era principalmente para obtener inteligencia (información), de organización y entrenamiento y que no autorizó ningún sabotaje; que una operación contra una planta eléctrica se había contemplado pero fue descartada por el grupo y que él había convocado a una reunión esa mañana para revisar los temas y que *había observado una falta de impulso debido principalmente a vacilaciones en los círculos de gobierno de entrar en cualquier actividad que pudiera ser atribuible a los Estados Unidos.*

El Fiscal Bob Kennedy, de inmediato, objetó esta observación de McCone afirmando que el Grupo Especial no había rehusado la

---

[265] Reunión de la Operación Mongoose celebrada en Octubre 4 y presidida por Bobby Kennedy, como Fiscal General o Secretario de Justicia. Están presentes Gilpatrick, Johnson, General Taylor, General Carter, McCone, Scobille, Gral. Lansdale y el Coronel Stakley.

[266] "The Cuban Missile Crisis, 1962". A National Security Archive Documents Reader. 1992. Otras fuentes elevan ese costo a $100 millones de dólares.

aprobación de ninguna acción específica –en lo que él conocía– sino que, por el contrario, había urgido a una mayor acción a la operación de Lansdale. Luego de un áspero intercambio de palabras se arribó a un consenso de que una acción más dinámica era necesaria, *«que las acciones que pudieran ser atribuidas a cubanos indígenas*[267] *no fuesen importantes o muy efectivas» y que debía esperarse una apreciable cantidad de hechos atribuibles (a los Estados Unidos) y mucho «ruido».*

Era una escena irreal. Absurda. El Secretario de Justicia, el Jefe del Estado Mayor Conjunto de las Fuerzas Armadas de los Estados Unidos, el Director y el Subdirector de la Agencia Central de Inteligencia, el Subsecretario de Defensa, el Sub-Secretario de Estado, el Director de Investigación de la CIA y el Asistente para Operaciones Especiales adscrito a la Secretaría de Defensa emplean horas discutiendo para concluir que, aunque las operaciones de sabotaje son necesarias, las acciones que ellos mismos han ordenado son sólo de «inteligencia, organización y entrenamiento».

Hay mucho de cierto en esta afirmación de que las operaciones ordenadas son «sólo de inteligencia». Lo confirman las dolidas palabras del Dr. José Ignacio Lasaga,[268] Secretario General del MRR en este período, expresadas en extensa entrevista para este libro:

«Cuando alguien del movimiento venía y me decía que quería ir a trabajar a Cuba, yo le decía: «Esa es tu decisión. Yo no creo que, en estos momentos la Agencia Central de Inteligencia ni el gobierno de los Estados Unidos tengan ningún plan para libertar a Cuba. Su plan es sólo de mandar personas para recoger información. Si tú quieres ir porque entiendes que puedes ser útil, yo no te lo prohibo. Si tú crees que vale la pena lo que vas a hacer, que es traer unos cuantos informes para la Agencia Central de Inteligencia, esa es tu responsabilidad».

---

[267] "Indigenous Cubans". Memo de John McCone de Octubre 4, 1962 que recoge lo discutido en la reunión de ese día.

[268] Dr. José Ignacio Lasaga, fue Secretario General del MRR hasta el regreso de Manuel Artime el 30 de diciembre de 1962. Durante los primeros meses subsiguientes al fracaso de Girón, el Dr. Lasaga fue, también, delegado del MRR ante el Consejo, posición que luego dejó en manos de César Baró. (Durante los 45 días siguientes a la acción de Bahía de Cochinos José M. (Manolín) Hernández ocupó la Secretaría General del MRR. En los primeros días de junio de 1961 Manolín se trasladó a Washington).

Las acciones de sabotaje deben ser realizadas, por supuesto, por cubanos, pero, absurdamente, deciden que las acciones atribuibles a los cubanos «no sean importantes o muy efectivas». Hay que hacer sabotajes, pero que no sean muy dañinos. En otras palabras, que a «esos cubanos» no se les puede permitir operaciones que dañen refinerías, plantas eléctricas, transformadores, puentes, buques.

La reunión en la que toman parte Bob Kennedy y el Gral. Lansdale se celebra en octubre. Nadie les pregunta sobre «el paro gradual del trabajo» a producirse en agosto, las misteriosas actividades de septiembre, ni las manifestaciones que ya debían observarse del «pueblo cubano en una abierta revuelta».

LA EXPLORACIÓN DE «NUEVOS Y MAS DINÁMICOS CAMINOS»

Como resultado, se le dió instrucciones al Gral. Lansdale de darle una mayor consideración a explorar nuevos y más dinámicos caminos. Se le dice que los actos específicos de sabotaje deben llevarse a cabo inmediatamente y se le pide concebir nuevas ideas. Y, aunque las acciones atribuibles a los cubanos «no debían ser importantes» debe desarrollar y presentar un plan para minar las bahías y «debe estudiar la posibilidad de capturar fuerzas de Castro para ser interrogadas».

Minar bahías, capturar fuerzas armadas del enemigo son cosas sin importancia para estos burócratas de Washington que están jugando a una guerra que hacen otros. Al día siguiente el Director de la Agencia Central de Inteligencia (McCone) le informó al Asesor Legal del Presidente, (McGeorge Bundy) que había un sentimiento en la CIA y el Departamento de Defensa de que la política dinámica que fundó la Operación Mongoose había terminado y que aunque ninguna actividad operacional específica había sido rechazada, la cantidad de «ruido» de incidentes menores como, *el azúcar, el ataque a los estudiantes a un hotel en La Habana y otros asuntos y la cautela expresada por el Departamento de Estado, había llevado a esta conclusión».*

Resulta interesante observar que en Octubre 5 de 1962 el Director General de la Agencia Central de Inteligencia y el Asesor Legal del Presidente de los Estados Unidos están discutiendo las «actividades operacionales» realizadas por los jóvenes cubanos del Directorio Revolucionario Estudiantil.

Para McCone aún más importante eran las decisiones que se habían tomado para restringir los vuelos de reconocimiento del U-2 que no les permitiría reportar con precisión el desarrollo de la capacidad ofensiva en Cuba. Proféticamente, McCone ya había advertido, y ahora lo repetía, que era muy probable que las operaciones Soviet-Castro pudieran terminar en el establecimiento de una capacidad ofensiva en Cuba que incluyó los MRBMs.

INTENTOS DE ELIMINAR FíSICAMENTE A CASTRO

La Agencia Central de Inteligencia estuvo contactando a figuras de la maffia en distintos intentos de eliminar físicamente a Fidel Castro.

Según aparece en los testimonios presentados ante el Comité Selecto del Senado en noviembre de 1975,[269] el Informe del Inspector General de la CIA divide la operación relacionada con el Sindicato de los Casinos en Fase I que termina con Bahía de Cochinos y Fase II que continúa con la transferencia de la operación a William Harvey, tarde en 1961. La distinción entre una demarcación clara de la Fase I y la Fase II puede ser, de acuerdo a lo que se expresó en aquella audiencia, muy artificial.

Temprano en 1962, se le asignó a Harvey la responsabilidad de establecer una operación dentro de la CIA «para liquidar dirigentes extranjeros, incluyendo asesinato como un último recurso» (testimonios de Bissell de junio 9 de 1975 y de Harvey de junio 25 de 1975, mencionados en ese reporte). La organización que ya había sido creada se llamó Acción Ejecutiva y se le había asignado el nombre clave de ZR/RIFLE. En noviembre 16 de 1961 Harvey y Bissell ya habían discutido «la aplicación del programa ZR/RIFLE a

---

[269] Muchos testimonios expresados en estas audiencias fueron acremente impugnados por las personas aludidas y, otros, desmentidos o aclarados en subsiguientes sesiones. La motivación política del Senador Frank Church que presidía el "Comité Selecto", se hizo evidente. Barry Golwater, miembro del comité, criticó severamente" el desvergonzado intento (del Senador Church) de alcanzar una posición de prominencia nacional a costa de dañar nuestra seguridad nacional. Church no ocultaba que él esperaba ser el candidato presidencial demócrata en 1976". (Barry M. Goldwater. "Autobiografía").

Cuba». Bissell confirmó esta conversación, aceptando la fecha de noviembre 16 como correcta.

En febrero de 1962 Richard Helms sustituyó a Bissell como Subdirector de Planificación y, por tanto, se convirtió en el funcionario a quien Harvey debía responder.

En agosto 10 de 1962 el Grupo Especial Aumentado (SGA) tuvo una reunión para decidir el curso de acción que seguiría a la fase de recolección de inteligencia (FASE I). La importancia de lo que se trataría en esa reunión se muestra por los participantes en ella. Normalmente sólo concurrirían, además de los otros funcionarios antes mencionados, los Subsecretarios de Estado y de Defensa. A esta reunión concurriría el Secretario de Estado Dean Rusk y el Secretario de Defensa Robert McNamara. También Gilpatric, Bundy, el Gral. Taylor y otros que apenas concurrían como el Director de la Agencia de Información de los Estados Unidos, Edward R. Murrow. Presidirá el Secretario de Estado, Rusk.

El Gral. Lansdale presenta una proposición para pasar a la Fase II que envolvería operaciones que pondrían «en práctica todas las presiones... para derrocar al régimen de Castro».[270] El Grupo Especial Aumentado (SGA) puso reparos a la proposición del Gral. Lansdale. En su lugar, el Secretario de Estado Rusk propone una de sus brillantes ideas: «intentar crear una división entre Castro y los comunistas de la vieja guardia». Una vez más, Dean Rusk muestra su total ignorancia sobre lo que en Cuba sucede. La misma ignorancia revela, en esa muy importante reunión de agosto 20, el Secretario de Defensa, McNamara,[271] quien expresa su preocupación de que enviar a más agentes a Cuba pudiera conducir a acciones que, «afectarían a los Estados Unidos ante los ojos de la opinión mundial». Al pobre McCone, Director de la CIA, se le instruye por el SGA «tomar medidas para fomentar un distanciamiento entre Castro y los viejos comunistas».

El tema principal que se discutía ese 10 de agosto eran los planes para la liquidación física de Fidel Castro. Ha habido, luego, mil y una aclaraciones de muchos de los participantes. Más de 100 páginas (de la 67 a la 188) del Informe del Comité Selecto del

---

[270] Memorándum de Lansdale al SGA de agosto 8 de 1962.

[271] Datos que aparecen en el Informe Interino del Comité Selecto del Senado, noviembre 20 de 1975, Congreso 94, Informe 94-465.

Senado de noviembre de 1975 a que nos hemos referido, están dedicadas a éste y otros planes similares. Pero la acción se limitó a propiciar la división del dictador cubano con los viejos militantes del partido quienes, con el descabezamiento de Aníbal Escalante y las nuevas y muy estrechas relaciones de Castro con los dirigentes soviéticos, muy poco ya importaban.

En abril de 1962 Harvey, siguiendo «órdenes explícitas de Helms», había comenzado contactos con John Rosselli y otras figuras. Con la ayuda de la oficina del CIA de Miami, que realizaba operaciones encubiertas contra Castro bajo el nombre clave de JM/WAVE, entrega a figuras cubanas, no identificadas en el informe, los medios necesarios para llevar a cabo los planes trazados.

Harvey se reunió nuevamente con Rosselli en Miami en septiembre 7 y 11 de 1962 y le informó que sus contactos cubanos estaban preparando un equipo de tres hombres para penetrar a los guardaespaldas de Castro. Aparentemente ese equipo nunca salió hacia Cuba.

El Presidente Kennedy que gustaba de culpar a los cubanos «porque hablaban mucho» y se quejaba con frecuencia de las «filtraciones de noticias», es quien comete las más atroces de estas violaciones.

Schlesinger en su obra «Robert Kennedy y su Tiempo» (Página 513) dice que en noviembre de 1961 recomendó a Tad Szulc corresponsal para Latinoamérica del New York Times, para una posición en la Administración. Goodwind trajo a Tad Szulc a ver a John F. Kennedy. De acuerdo a notas tomadas por el propio Szulc, el Presidente le preguntó qué podría hacer los Estados Unidos sobre Cuba «tanto en una forma hostil como estableciendo algún tipo de diálogo». Vemos aquí a un periodista, que se llama a sí mismo independiente, aplicando a una posición en la Administración cuya labor él, profesionalmente, está cubriendo.

Pero el Presidente va más lejos aún en sus peligrosas indiscreciones con los periodistas liberales que se empeña en cultivar. En esa conversación «off-the-record» con Szulc le pregunta al periodista «¿Qué tú pensarías si yo ordenase que Castro fuese asesinado?»[272] Szulc le responde que no considera que ese

---

[272] Conversación del Presidente Kennedy con Tad Szulc de Noviembre, 9, 1961. Comitlé Selecto del Senado de Noviembre 20 de 1975.

asesinato necesariamente produciría cambios en Cuba. Esta conversación fue dada a conocer en el testimonio senatorial al que hemos hecho referencia. Se encuentra, igualmente, en las declaraciones y notas del propio Szulc hechas ya públicas (a pesar de que la conversación había sido «off-the-record»).

SE INTENSIFICAN LAS DIFERENCIAS. SE ORDENA LA EJECUCIÓN DE UNA TEMERARIA ACCIÓN

La tensión entre Bob Kennedy y el Gral. Lansdale iba en aumento. El 16 de Octubre, cuando la atención debía estar fija en los alarmantes informes que llegaban sobre el continuo y creciente ingreso de armamento soviético en Cuba, (y que habían sido confirmados esa mañana al Presidente), el Fiscal General convocó una reunión en su oficina para discutir, una vez más, la operación Mongoose. A la reunión asistieron Bob Kennedy, el Gral. Lansdale, el Cnel. Patcbell, el Gral. Johnson, del Estado Mayor Conjunto; Robert Hurwitch, del Departamento de Estado; Hewson Ryan de la USIA y Richard Helms, Director de Planificación de la CIA.

No perdió tiempo el Fiscal General. Inició el mitin manifestando «el descontento general del Presidente» con la operación Mongoose. Expresó que la operación llevaba funcionando un año, que los resultados eran desalentadores, que no había habido actos de sabotaje y que aún el que se había intentado había fallado dos veces.

Eran las mismas recriminaciones que el Fiscal General había expresado, con el mismo tono hiriente, en la reunión de Octubre 4. En su característico estilo agresivo se refirió a la designación personal del Gral. Lansdale por el Presidente, para afirmar que, en vista de la falta de progreso él, Bob Kennedy, le daría a la Operación Mongoose una mayor atención personal. Para hacer esto celebraría una reunión diaria[273] con los representativos operacionales de las distintas agencias: Lansdale, Harvey, Hurwitch, Ryan y el Gral. Johnson.

Otra vez, alguien le señala al hermano del Presidente lo que mueve a los cubanos anticastristas a arriesgar sus vidas. Lo hemos mencionado antes, pero es necesario repetirlo. Richard Helms, el

---

[273] Richard Helms, Director de Planes de la CIA. Memo de Octubre 16, 1962.

segundo hombre en jerarquía dentro de la Agencia Central de Inteligencia aclaró a Bob Kennedy, en esa reunión del 16 de Octubre, que el objetivo de la operación Mongoose tendría que ser determinado con claridad en algún momento «*ya que los cubanos con quien estamos trabajando buscan una razón para arriesgar sus vidas en estas operaciones*». Y se refirió el Director de Planificación de la CIA a una conversación sostenida por él días atrás.

> «*Me refiero a mi conversación con un joven cubano del DRE (Directorio Revolucionario Estudiantil) que expresó que ellos estaban dispuestos a comprometer a su gente sólo en operaciones que ellos consideraban sensibles*». «*Y sensible, en terminología cubana*», manifestó Helms, «*significa una acción que contribuya a la liberación de su patria nativa*»[274].

El Fiscal General, de inmediato, cambió el tema de conversación.

Días atrás Robert Kennedy le había expresado al mismo grupo que había que incrementar las operaciones «dándole a los sabotajes prioritaria atención».[275] Era imperativo, había dictaminado Bobby, realizar, de inmediato, efectivas acciones de sabotaje. Era una orden. Había que cumplirla. La orden se había originado en Washington, se implementaría en Miami, se realizaría en Cuba. En las Minas de Cobre de Matahambre.

La orden, sin riesgo personal para el que la dictaba, se había dado en inglés. Su ejecución, con el riesgo que ello implicaba, la realizarían jóvenes cubanos. De inmediato, por el orden descendente de mando, se transmite la decisión y comienza a ponerse en ejecución. De Kennedy a Lansdale, de éste a Harvey, de él a Shackley, a Rip, a Gray. A Miguel Orozco.

La misión que van a realizar había sido discutida con Robert Kennedy el 23 de agosto, aprobada el 30, y confirmada el 31 en memorándum de Lansdale al Grupo Especial Aumentado (SGA),

---

[274] Memo de octubre 16, 1962 de Richard Helms, Sub-Director de la Agencia Central de Inteligencia, dejando constancia de su conversación con el Fiscal General.

[275] Memo del Gral. Lansdale al Grupo Especial Aumentado (SGA) de octubre 11, 1962. Documento 9 National Security Archive Documents Reader.

que preside el Fiscal Genera.l[276] El objetivo: las Minas de Matahambre en Pinar del Río.

Se organizan dos grupos: Salen en un rápido bote de 20 pies, tipo Magnolia, hasta un pequeño cayo. Estarán allí dos días. En la noche del 20 de Octubre se dirigen al barco madre: el Velero, que, bajo el nombre de Bárbara J había participado en la invasión de Bahía de Cochinos. Navegaban hacia el objetivo que le habían asignado. Iban decididos, serenos, confiados. Pronto se quebrarán sus sueños.

---

[276] Memo del Gral. Lansdale al SGA de agosto 31, 1962, mencionado en la Audiencia del Comité Selecto del Senado, noviembre 20, 1975, antes mencionado (Página 337).

CAPÍTULO VIII

ESTALLA LA CRISIS

El Presidente, cuya autorización personal era requerida para cada vuelo de U-2, aprobó una misión sobre la región occidental de Cuba cuyo propósito primario era obtener información de la operación actual de los SAMs soviéticos. Se seleccionó esa región porque se consideraba que los SAMs en el área –que habían sido detectados en Agosto 29– pudieran ser ya operacionales. Un segundo objetivo era revisar el crecimiento militar en ese sector.

Fue el siguiente día –Octubre 10– cuando el Senador Keating expuso, por primera vez, la presencia de bases de cohetes ofensivos en Cuba. Pero el vuelo autorizado en Octubre 9 no se realizó hasta el día 14; por tanto, las declaraciones de Keating precedieron al vuelo de reconocimiento de Octubre 14.

El lunes, Octubre 15, en la tarde, los analistas al estudiar las fotos tomadas detectaron el comienzo de la construcción de una base cohetes soviéticos de medio alcance en el área de San Cristóbal[277] Pero no se llamó al Presidente para informarle. ¿Por qué no?. Esta fue la respuesta de Bundy cuando se le hizo esa pregunta: «El Presidente estaba cansado de un agotador fin de semana de campaña política... Una tarde tranquila y una noche de buen sueño era lo mejor.»[278] Siempre lo electoral imponiéndose a la seguridad nacional.

En la mañana del martes Octubre 16 Bundy informó al Presidente. Kennedy «tomó la noticia calmadamente, pero con una expresión de sorpresa. Él no había esperado que los soviéticos intentaran tan irresponsable y riesgosamente una acción en un lugar

---

[277] Roswell Gilpatrick, Subsecretario de Defensa, recibió una llamada a las siete de la noche del Teniente General Caroll, Jefe de la Agencia de Defensa de Inteligencia, informándole que habían encontrado algo alarmante en las fotografías tomadas por el U-2 en Cuba (McCone había salido de Washington esa tarde al morir en un accidente en California el hijo de su esposa). McGeorge Bundy, el Asistente del Presidente para Asuntos de Seguridad Nacional, recibió la información a las 8:30 P.M., pero no informó de inmediato al Presidente, considerando que J.F.K. necesitaba de una noche tranquila después de un viaje extenso en su campaña electoral.

[278] Theodore C. Sorensen. "Kennedy".

como Cuba, y había aceptado –tal vez muy prontamente dispuesto– la opinión de los expertos de que el emplazamiento de armas nucleares sería inconsistente con la política soviética».[279] El ingenuo «visionario» se enfrentaba a la realidad.

Había comenzado para Kennedy, la Crisis de los Cohetes. Durante tres largos meses, Julio, Agosto y Septiembre, se había negado –este supuesto visionario– a admitir las claras evidencias. Ahora andará un zigzagueante camino.

Tiene el Presidente que tragar una amarga píldora. Había aceptado, sin objeción, las seguridades ofrecidas por Kruschev de que Rusia no enviaría a Cuba armamentos que pudieran ser utilizados para atacar a los Estados Unidos. Daniel y Hubbell[280] van más allá. Implícitamente responsabilizan a la Administración de Kennedy con ocultar información sobre la crisis de los cohetes para no admitir su error sobre la amplitud del armamento militar ruso en Cuba.

QUÉ NO HACER. UN PASO AL FRENTE. DOS PASOS ATRÁS

Las 48 horas siguientes a la innegable confirmación de proyectiles balísticos en Cuba reflejan la indecisión de este joven Presidente. Era, en cierta medida, comprensible.

Kennedy y su Administración habían ignorado o disminuido la importancia de la información que se recibía antes de Octubre 14. Peor, la Administración denunciaba como irresponsables a los críticos y se negaba a admitir las evidencias que los Republicanos le ofrecían. Indudablemente, la Administración debió haber reconocido, antes, la importancia del informe de Septiembre 21 sobre nuevos cohetes mucho mayores que los SAM.

Róger Hilsman, Director de la Oficina de Inteligencia e Investigación del Departamento de Estado ha señalado otras sólidas evidencias descartadas porque no correspondían a las precon-cepciones de la Administración en aquel momento: Dos barcos soviéticos que transportaban armas a Cuba ese verano eran los cargueros Omsk y Poltaba, ambos de excepcionalmente anchas bodegas. Los aviones de reconocimiento norteamericanos no

---

[279] Theodore C. Sorensen. Obra citada.

[280] James Daniel y John G. Hubbell. "Strike in the West".

202

dejaron de observar que ambos barcos navegaban con ligereza lo que demostraba que no llevaban carga pesada.

No fue hasta el descubrimiento de los cohetes de 60 pies en San Cristóbal que comprendieron el significado del Omsk y el Poltaba navegando ligeramente en el agua con sus extra-anchas bodegas selladas. Sólo entonces Washington reconoció que esos barcos así navegaban porque sus bodegas cubrían cargas de mucho volumen pero poco peso como el MRBM, como admitió luego McNamara.

El lunes 15 transcurre sin que el Presidente conozca la crítica situación. A las ocho de la mañana del martes 16 Bundy informa a Kennedy sobre la evidencia que ahora poseía de que los rusos tenían proyectiles ofensivos en Cuba. De inmediato se llamó a una reunión extraordinaria esa misma mañana.[281] En Moscú, ese día, Kruschev había llamado al Embajador Americano Foy Kohler expresándole sus mejores sentimientos hacia los Estados Unidos y comprendiendo que las declaraciones de Fidel Castro de Septiembre 25, anunciando el establecimiento de un puerto en Cuba para la flota pesquera de la Unión Soviética en el Atlántico, le había causado al Presidente problemas políticos en los Estados Unidos. El Premier lamentaba que ese anuncio se hubiera hecho público, pero expresaba que él no lo había podido evitar por encontrarse fuera de Moscú en ese momento. El propósito de la Unión Soviética en Cuba era, afirmaba Kruschev, sólo defensivo. Desconocía Kruschev que en ese momento ya Washington tenía clara evidencia de la existencia de esos proyectiles en San Cristóbal. Igual seguridad le había ofrecido Dobrynin a Robert Kennedy y a Chester Bowles en octubre 13.

Los soviéticos conocían la política de moderación del Presidente Kennedy cuando estaba sometido a una crisis. Esta conclusión la hacían descansar en tres momentos anteriores en los que J.F.K. mostró notable debilidad: Primero, en Abril de 1961 cuando, al momento de producirse la invasión, el presidente Kennedy canceló los ataques aéreos aprobados. Luego, en Junio de 1961, cuando en la Reunión de Viena con el Primer Ministro Kruschev, a la que ya nos hemos referido, Kennedy aceptó la neutralización de Laos que representó la entrega de ese país al comunismo. Tercero, en Agosto de 1961 cuando Kennedy objetó

---

[281] Robert F. Kennedy. "Thirteen Days".

«estruendosamente» a la construcción del Muro de Berlín, pero no tomó acción alguna.[282]

Tales antecedentes, de acuerdo a Crane, convencieron a los soviéticos que los Estados Unidos no responderían con fuerza militar a la creación de una base soviética ofensiva en Cuba.

Por semanas, el Presidente había descartado los informes de refugiados cubanos, estudiados por expertos en inteligencia, considerándolos inexactos. Ahora, la innegable evidencia mostrada por las fotos confirmaban las denuncias que congresistas y expertos militares había reiteradamente presentado. No era posible continuar ignorando, públicamente, la existencia en Cuba de cohetes ofensivos. El Presidente convocó a sus más cercanos colaboradores. A las 11:45, de ese martes 16 de octubre en el Cuarto de Gabinete se reunieron las siguientes personas:

> *Por el Departamento de Estado: El Secretario Dean Rusk, el Subsecretario George Ball, el Subsecretario para Asuntos Interamericanos Edwin Martin, el Asistente Alexis Johnson y el experto soviético Llewellyn Thompson, antiguo embajador en Moscú. También Charles Bohlen, que al día siguiente viajaría a Francia como embajador.*

> *Por el Departamento de Defensa: El Secretario Robert McNamara, el Subsecretario Rosswell Gilpatric, el Subsecretario Paul Nitze y el Gral. Maxwell Taylor (recién nombrado Jefe del Estado Mayor Conjunto).*

> *Por la Agencia Central de Inteligencia: El Subdirector Carter (en los siguientes días, regresaría el Director John McCone, quien estaba fuera de Washington).*

> *Otros presentes: El Ministro de Justicia Robert Kennedy, el Secretario del Tesoro Douglas Dillon, y los Asistentes de la Casa Blanca Bundy y Sorensen. A éstas, y reuniones posteriores, asistieron intermitentemente, otros funcionarios.*

OPCIONES ANTE EL COMITÉ EJECUTIVO

Típico de la Administración de Kennedy, para analizar una cuestión militar se reunían más de una quincena de personas con la

---

[282] Robert D. Crane ("La Crisis Cubana: Un Análisis Estratégico de la Política Americana y Soviética"),

sola presencia de un miembro de las Fuerzas Armadas. Se enfrentaban, ahora nerviosamente, al peligro que antes habían desdeñado.

Del martes 16 al viernes 19, ese equipo de trabajo sesionó, con frecuencia, en el Salón de Conferencias del Subsecretario de Estado George Ball discutiendo todos los posibles cursos de acción. Inicialmente esas posibilidades parecieron dividirse en seis categorías:

1) No hacer nada.
2) Poner presión diplomática y «advertencias» a los soviéticos.
3) Contactar secretamente a Castro.[283]
4) Iniciar acciones indirectas como el bloqueo.
5) Realizar ataques aéreos contra las bases de cohetes o contra otros objetivos militares, con o sin aviso.
6) Lanzar una invasión.

La grave situación no le impidió al Presidente concurrir aquel martes a varios eventos sociales, uno de ellos en la casa del influyente columnista Joseph Alsop. El miércoles en la mañana no era una fiesta lo que lo distraía de enfrentarse a la crisis. Era, una vez más, otro viaje de la interminable campaña electoral: temprano en la mañana parte hacia Connecticut para hacer campaña por su viejo amigo Abraham Ribicoff, candidato Demócrata a senador por aquel estado.[284]

En Connecticut, tarde ese día, Kennedy recorrió Bridgeport, Waterbury y New Haven, donde muchos estudiantes de Yale lo abucheaban mientras mantenían pancartas que leían «más coraje, menos perfil» acusando al Presidente de cobardía por no hacer nada por derrocar al régimen de Castro. Las fotos aparecían en la prensa nacional.

---

[283] Elie Abel. Obra citada. Se consideró enviar a La Habana a Thomas C. Mann, en aquel momento Embajador Norteamericano en México, que se encontraba en Washington esa semana.

[284] Abraham Ribicoff estuvo estrechamente ligado a la historia del exilio cubano. En los primeros meses de 1962 se había desempeñado como Secretario de Salud y Bienestar Social. En esa condición dió a conocer, el miércoles 16 de mayo de 1962, un Plan de 10 puntos que creaba el Programa de Reubicación para los refugiados cubanos. Fue en la convención de alcaldes que reunió a más de 400 jefes municipales norteamericanos en el Hotel Fontainebleu en Miami donde Ribicoff expuso, por primera vez, su plan de relocalización.

Esa mañana, en ausencia del Presidente, el grupo que se llamó a sí mismo Comité Ejecutivo bajo la práctica presidencia de Bobby Kennedy, discutió los varios cursos de acción:

a) No hacer nada de inmediato y dejar que transcurriera la entrevista que al día siguiente tendría el Presidente con el Ministro de Relaciones Exteriores Soviético Andrei Gromyko sin confrontarlo con la evidencia fotográfica de los proyectiles.

b) Enviar un emisario a Kruschev para informarle privadamente que los Estados Unidos conocían que los cohetes se encontraban en Cuba y pedirle que los sacara.

c) Llevar a la Unión Soviética y a Cuba ante el Consejo Nacional de Seguridad de las Naciones Unidas.[285]

d) Aplicar un embargo a todo embarque militar a Cuba, que sería puesto en vigor por un bloqueo naval.

e) Producir un ataque sorpresa para eliminar las instalaciones de proyectiles.

f) Una invasión a Cuba.[286]

EL EMBARGO: EL CAMINO LENTO
EL ATAQUE SORPRESIVO: EL CAMINO RÁPIDO

El embargo sería conocido como el «camino lento», y el ataque sorpresivo como el «camino rápido».

George Ball fue el primero en argumentar vigorosamente contra el ataque sorpresivo. Robert Kennedy lo respaldó afirmando que «mi hermano no será el Tojo de los años sesenta». Posición contraria la asumió Dean Acheson,[287] el antiguo Secretario de Estado, que rechazó la analogía con Pearl Harbor, aludiendo a la Doctrina Monroe que por más de un siglo había proclamado que los Estados

---

[285] Esto ofrecía pocas posibilidades ya que Valerian Zorín, de la Unión Soviética, era, en ese momento, el Presidente del Consejo de Seguridad y lo sería durante el mes de Octubre. Algunos sugirieron enviar un emisario a Castro.

[286] Eli Abel. "The Missile Crisis".

[287] Dean Acheson. "Dean Acheson's Version of R. Kennedy's Version" Acheson consideraba que este grupo, por muchos llamado EX-COM, era una perversión del Consejo Nacional de Seguridad. Sus miembros tenían poco o ningún conocimiento de asuntos militares o diplomáticos. Las sesiones eran "repetitivas... sin dirección y una pérdida de tiempo".

Unidos no toleraría la intrusión de ninguna nación europea en la América.

Para Acheson el apropiado curso de acción era un ataque aéreo sobre las instalaciones de los cohetes porque el intento del Presidente de forzar a Kruschev a retirarlos, enviándole un mensaje, representaba un irresponsable riesgo. Mientras Kennedy se comunicaba con Kruschev continuaría sin interrupción el trabajo en las bases de los cohetes.

Tarde en la noche del miércoles –72 horas después de las inocultables evidencias– regresa el Presidente de su gira política por Connecticut.

El jueves, Octubre 18, el Presidente invitó a Dean Acheson a la Casa Blanca. Por 45 minutos consideraron dos de las opciones que se habían discutido el día anterior: el bloqueo (el camino lento) y el ataque aéreo (el camino rápido), ya que Kennedy había sido debidamente informado de las discusiones del miércoles.

Dos eventos importantes sucedieron ese jueves.

En la reunión de la mañana con el Presidente, la Junta de Inteligencia informó que el primer cohete soviético de medio alcance podría estar listo para ser lanzado en 18 horas y que había riesgo de que más cohetes pudieran ser pronto operacionales. Esa mañana se habló de las metas a alcanzar. ¿Debía el Presidente limitar su objetivo a la simple remoción de los proyectiles soviéticos, o debía usar la ocasión para, también, salir de Castro?. La primer alternativa podía lograrse con el bloqueo naval; la segunda demandaría una invasión lo que traía a Kennedy memorias de Bahía de Cochinos, su más humillante derrota.

GROMYKO ABOGA POR LA ESTABILIDAD DEL RÉGIMEN DE CASTRO

El segundo evento se produjo en horas de la tarde. A las cinco el Presidente recibió al Ministro Soviético de Relaciones Exteriores.

Vino acompañado del Embajador Soviético Dobrynin.[288] Habló Gromyko sobre la situación de Berlín, dando seguridades de que la

---

[288] Gromyko y Dobrynin venían con su intérprete Víktor Sukhodred. Por el lado norteamericano asistieron Dean Rusk y el antiguo embajador Llewellyn Thompson, con el intérprete Alexander Akalosky, que había acompañado al Presidente Kennedy en su viaje a Viena para entrevistarse con Kruschev, también asistieron el Vicecanciller

Unión Soviética ofrecería solemnes garantías de que la seguridad de Berlín sería respetada y solicitando una conferencia de Kennedy y Kruschev antes de finalizar el año. Luego, la conversación recayó sobre Cuba. Gromyko se quejó de la campaña anticubana en los Estados Unidos y, particularmente, de los ataques a barcos realizados por grupos de exiliados cubanos.[289] Le pidió a Kennedy, a nombre del gobierno soviético y del Premier Kruschev, que no permitiera ninguna acción hacia Cuba que fuera incompatible con la paz y con la Carta de las Naciones Unidas.

Había quedado expresado así, por el alto funcionario, el supremo interés del gobierno soviético en que la administración del joven presidente le garantizase estabilidad al régimen de Castro. La semilla quedaba sembrada. Ya germinaría. El dictador cubano era ya un «hombre de Moscú». Había que cuidarlo, preservarlo. Comenzaban a pagar dividendos los viajes a Moscú de Raúl Castro el Ché Guevara, Emilio Aragonés y otros, y el acuerdo firmado en Septiembre 2.

Kennedy le respondió que los Estados Unidos no tenían intención de invadir a Cuba aunque conocía que, desde comienzos de Julio, la Unión Soviética había comenzado a enviar a la isla masivos embarques de armas.[290] Pero en las dos largas horas que duró la conversación el Presidente no confronta a Gromyko. El propio Presidente piensa, minutos después, que fue un error.[291]

---

soviético para Asuntos Alemanes Vladimir Semyonov (Michael R. Beschloss, Los Años de Crisis).

[289] En julio, agosto, septiembre y octubre distintas organizaciones habían realizado temerarias acciones (Ver "Acciones Comandos, Capítulo VI).

[290] Analistas de la política norteamericana han criticado que el Presidente no confrontara a Gromyko con la evidencia, forzando la inmediata e incondicional retirada de los cohetes o una confrontación.

[291] Al salir Gromyko, el Presidente se vuelve hacia Dean Rusk y Llewelyn Thompson preguntándoles si no fue un error no decirle al Canciller Soviético que los norteamericanos conocían de la existencia de los misiles en Cuba. (E. Abel. Obra citada).

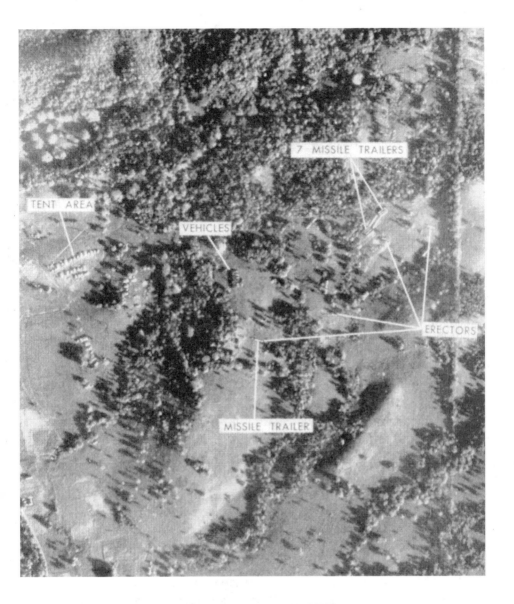

MISILES EN SAN CRISTOBAL

Una unidad de cohetes de alcance intermedio (MRBM) emplazada en el área de San Cristóbal. Contaba con cuatro erectores de misiles. (Elie Abel, "The Missile Crisis").

A pesar de las histriónicas indignaciones de Kennedy sobre «filtraciones de noticias», días después el Presidente sugirió ofrecer, privadamente, a determinados periodistas, porciones de su conversación con Gromyko. Por eso, un funcionario del Departamento de Estado le permitió a Max Frankel, del New York Times, tomar notas exactas de la transcripción de la conversación para mostrar «la perfidia de Gromyko».[292]

DE ESPALDAS A LA CRISIS. CONTINUA LA CAMPAÑA ELECTORAL

No quiere aún admitir el Presidente que está frente a la más seria crisis confrontada en el continente. El viernes, octubre 19, Kennedy abandona Washington tarde en la mañana *para otra gira de discursos en la campaña política.* Se había demorado su partida por más de 30 minutos discutiendo con los Jefes del Estado Mayor Conjunto que abogaban por un ataque aéreo o una invasión. Por una acción rápida, contraria al bloqueo naval que los Asesores del Presidente habían acordado como el paso menos peligroso. Dean Acheson seguía opuesto al bloqueo.

Discutían las diferentes opciones: cuarentena, ataque aéreo, invasión, no hacer nada. Aunque no habían llegado a ninguna decisión, Sorensen dijo que prepararía un borrador para el Presidente anunciando el bloqueo. Vale la pena anotar que nunca se le redactó al Presidente un borrador anunciando una invasión o un ataque aéreo.[293]

De acuerdo a la opinión de Sorensen, el Presidente Kennedy había cambiado su decisión de un ataque aéreo al bloqueo en la mañana del jueves 18.

El Comité Ejecutivo se reunía esa mañana, pero el Presidente prefirió partir y continuar su campaña electoral dejando a su hermano Bob a cargo de la importante reunión. Uno de los más ardientes defensores del bloqueo era Robert Kennedy que lo consideraba como la alternativa más flexible. Ese viernes, «hablé

---

[292] Michael R. Beslochss, Los Años de Crisis. Página 457.

[293] Elizabeth Cohn. La Crisis Cubana de los Cohetes Revisitada, James A. Nathan.

(por teléfono) con el Presidente muchas veces».[294] Mientras el Presidente, haciendo campaña en Cleveland, se detenía en Springfield, Illinois para depositar una corona en la tumba de Abraham Lincoln, camino de Chicago, el Comité Ejecutivo permanecía sesionando todo el día en el Departamento de Estado.

El sábado 20 sigue el interés electoral imponiéndose a la seguridad nacional. Esa mañana Kennedy se encontraba en Chicago. Bobby llama al Presidente sugiriendo a que regresara a Washington. Así lo hace.

A las 2:30 P.M., en la Oficina Oval, el Comité Ejecutivo expone ante el Presidente las dos alternativas: Comenzar con un bloqueo naval y, si fuese necesario, ir ascendiendo paso a paso la escalera de respuestas militares; o comenzar con un ataque aéreo, que llevará, con casi absoluta seguridad, a una completa invasión de Cuba.

Se había discutido por el Comité Ejecutivo la imposición de un bloqueo total que incluiría petróleo y otros renglones. El bloqueo así establecido –afirmaban en las reuniones los que defendían este curso de acción– iniciaba una acción positiva que podría ser luego intensificada a «nuestra voluntad o podía relajarse de acuerdo a las circunstancias». Consideraba que, así, «nosotros podíamos tener cierto control sobre la extensión de la reacción soviética y, en caso de una confrontación, podríamos negociar desde una posición de acción positiva que podía ser intensificada a nuestra propia discreción».

Ese curso de acción –como aparece en el memorándum de Octubre 19 del Director de la Agencia Central de Inteligencia– no representaba una opinión unánime. Las opiniones variaban desde los que consideraban que nada debía hacerse, hasta aquéllos que creían que la respuesta debía ser una inmediata acción militar. Dentro del Grupo de Trabajo o Comité Ejecutivo –y seguimos citando el documento de Octubre 19 hasta hace dos años secreto– existía diferencias de opinión sobre como manejar a Kruschev, Castro, la OTAN, la OEA y, separadamente, las distintas naciones latinoamericanas. Había, además, como antes habíamos expresado, diferencias sobre cuan extenso debía ser el bloqueo cuando éste se pusiese en vigor.

---

[294] Robert Kennedy: "Thirteen Days"

Todo hacía aparecer que el propósito de reunir a los miembros del EXCOM era el de buscar un consenso para una decisión que ya el Presidente había tomado. Aunque en sus notas sobre la crisis, al hablar del EXCOM Robert Kennedy dice que «de este grupo vinieron las recomendaciones en que Kennedy se basaría para seleccionar el curso de acción», la verdad parece ser otra.

Es evidente que el Ex-Comm fue excluido en el proceso de tomar decisiones en los momentos más difíciles de la crisis, el 27 de octubre. Desconocido para ellos, Robert Kennedy le dió la seguridad al Embajador Anatoly Dobrynin de que los Estados Unidos Unidos retirarían los cohetes Júpiter de Turquía, una posición que nunca había considerado el Ex-Comm en sus discusiones. Ni éstos supieron de la «Maniobra Cordier» cuando se instruyó a Andrew Cordier, Decano de Asuntos Internacionales de la Universidad de Columbia, contactar al Secretario de las Naciones Unidas U Thant para que éste propusiera un intercambio público de los cohetes americanos en Turquía por los misiles soviéticos en Cuba.[295] El Ex-Comm, como grupo, poco importaba.

Contrario a una idea generalizada de que Kennedy buscaba airear las opiniones divergentes de sus asesores en busca de la posición correcta, nos encontramos que el Presidente deseaba tener cerca a aquéllos que expresaban acciones prudentes y se mantenía distanciado de aquéllos que preferían optar por decisiones drásticas. Así pidió a Stevenson, famoso por sus moderadas posiciones, que se mantuviese en Washington durante la crisis. Igualmente solicitó de Charles Bohlen, que abogaba por soluciones no agresivas a que pospusiese su viaje a Francia. Pero le permitió, sin oposición alguna a John McCloy, Subsecretario de Guerra que demandaba acciones drásticas, continuar con sus planes de salir para Alemania.[296]

El Presidente –aún 4 días después de haberse confirmado por las fotografías del U-2 la existencia de proyectiles balísticos– se niega a enfrentar la realidad.

---

[295] El 27 de octubre Dean Rusk solicitó de Andrew Cordier estar preparado para entregar a U Thant, Secretario de la ONU, la carta del Presidente JFK solicitando que el Secretario de las Naciones Unidas propusiera un público intercambio de los cohetes soviéticos en Cuba por los cohetes norteamericanos en Turquía. La proposición de U Thant se haría cuando Kennedy lo pidiese.

[296] Elizabeth Cohn. "Building Consensus in the Ex-comm *After* the Decision".

COHETES, ERECTORES Y TRAILERS

Otro aspecto de uno de los emplazamientos de cohetes en la provincia de Pinar del Río. Foto tomada en octubre 23, 1962. (Elie Abel, "The Missile Crisis").

EVALUACIÓN DE LA AMENAZA OFENSIVA EN CUBA

El Teniente General Marshall S. Carter, Sub-Director de la Agencia Central de Inteligencia, presenta ese 20 de octubre una «Evaluación de la Amenaza Ofensiva en Cuba». Con absoluta precisión menciona que hay en Cuba, entre otros armamentos ofensivos que aparecen detallados, «un total de 12 barcos patrulleros Komar, con dos lanzadores de cohetes cada uno; 24 emplazamientos de cohetes SA-2, cohetes de mediano alcance...».[297] Son armas y números que coinciden con los ofrecidos 30 años después por el Gral. Gribkov.[298]

El Presidente prefirió comenzar con una acción limitada considerando que un ataque aéreo era una forma equivocada de dar el primer paso. El bloqueo era lo indicado para comenzar. Adlai Stevenson sugirió que los Estados Unidos debía convocar al Consejo de Seguridad de las Naciones Unidas. Stevenson respaldaba la decisión del bloqueo e insistía en que la aprobación de la OEA era vital. Por la tarde Stevenson –y esta es la versión que por años repetirían los historiadores– insistió en que el Presidente debía considerar retirarse de la Base Naval de Guantánamo como parte de un plan para desmilitarizar, neutralizar y garantizar la integridad territorial de Cuba. El Delegado ante la ONU consideraba que Guantánamo tenía poco valor. Igualmente propuso abandonar la Base Júpiter en Turquía a cambio de la retirada de los proyectiles rusos de Cuba. Dillon Lovett y McCone atacaron duramente a Stevenson pero éste mantuvo su posición. La prensa, más tarde, recogió este intercambio, intencionalmente filtrado, afirmando que «Stevenson deseaba un Munich».[299]

Por 32 años se ignoró que al sugerir Stevenson retirar los cohetes norteamericanos de Turquía tan sólo exponía la idea planteada, nada menos, que por el propio Presidente Kennedy en la reunión del Comité Ejecutivo del Jueves 18, y respaldada por Bundy.[300] En esa reunión, a la que asistieron John F. Kennedy, John

---

[297] Memo del Tte. Gral. Marshall a la Junta de Inteligencia de los Estados Unidos. Documento 70, Brassey's.

[298] Gral. Anatoly I. Gribkov. Conferencia de La Habana. Enero 9, 1992.

[299] La amargura de esa discusión en la Oficina Oval de la Casa Blanca la mantuvo siempre hasta su muerte, según expresa Elie Abel.

[300] Memorándum de John McCone de octubre 19, 1962. Bassey's. Obra citada.

McCone, Robert Kennedy, Rober McNamara, Dean Rusk, Charles E. Bohlen, Gral. Maxwell Taylor, Ll. Thompson y otros, el «Presidente inquirió si no sería conveniente retirar los cohetes de Turquía,... Bundy consideró que ésta era una gran idea».

Pero ya se buscaba un chivo expiatorio. Robert Kennedy, luego de este encuentro, decidió que Stevenson carecía de la dureza necesaria para negociar efectivamente con los rusos en las Naciones Unidas la liquidación de la Crisis de los Misiles, sugiriéndole al Presidente designar a John McCloy para ayudar en las negociaciones en las Naciones Unidas.[301]

HACIA LAS MINAS DE MATAHAMBRE

Los dos teams de infiltración que partieron de los cayos navegan en el Velero (el antiguo Barbara J). El Velero tiene 180 pies de eslora y desarrolla una velocidad de 11 nudos. Va equipado con un radar de 40 millas de alcance. Va también, más pequeño y más rápido, otro barco; el Cutlas, de 54 pies que hace 22 nudos. El Velero está artillado con un cañón de 75 mm sin giroscopo y sin retroceso, dos cañones de 20 mm dobles y varias ametralladoras calibre 50. El Cutlas lleva un cañón de 57 mm y 3 ametralladoras 50. Los sigue una tercera embarcación el Ree-Fer, de 36 pies con velocidad de 40 nudos; la función de éste será de dar frecuentes viajes a la costa, una vez que se hayan infiltrado los hombres, para recogerlos si se presenta una emergencia.

La noche siguiente están frente al punto de desembarco. Es una zona de difícil acceso que se encuentra en el Bajo de los Colorados al que sólo se entra por lo que los navegantes llaman una «pasa» (un pasaje entre las rocas). No tiene, como Guanacabibes, la dificultad de las grandes olas o marejadas que pueden lanzar a un hombre contra los farallones, pero es fácil encallarse y perder el barco, narra al autor uno de los hombres que tomó parte en estas infiltraciones.

Es la ensenada de Santa Lucía. Había mal tiempo, no pudieron desembarcar. Regresaron, esta vez a Dry Tortuga. Dos días des-

---

[301] En la relación recogida en el Archivo de Seguridad Nacional se relata que el Presidente pregunta a Robert Lovett del Grupo Especial, si considera que Stevenson es la persona indicada para manejar estas negociaciones. La respuesta es negativa, y es Lovett quien recomienda a McCloy.

pués, volvieron a entrar de noche. Se infiltraron Miguel Orozco y Pedro Vera.

Se había acordado recogerlos tres días después. Amado Cantillo y los demás tripulantes que no formaban parte de los teams de infiltración volvieron a su base en American Shores para regresar, el día y la hora convenidos, al punto ya acordado en Santa Lucía a recoger a sus compañeros. Pero no podrían hacerlo.

El Fiscal General que había demandado con tanta energía que se realizaran las infiltraciones; el Ministro de Justicia que había exigido que se efectuara esta acción; el hermano del Presidente, antes tan impulsivo, había perdido su ímpetu bélico. Se encontraba ahora en plena negociación con el Embajador Dobrynin.

No se le da acceso a los barcos a los tripulantes que permanecen, encerrados y aislados, en las casas de seguridad y que demandan regresar a buscar, como habían acordado, a los compañeros infiltrados. No se lo permitieron. Allá, en las Minas de Matahambre, en el sitio y momento autorizado por el Robert Kennedy, quedaban abandonados Miguel Orozco y Pedro Vera, el destino de ambos siempre unido.[302]

AIRE DE CRISIS EN LA CAPITAL

Domingo, Octubre 21: Al amanecer, el Presidente había decidido que el bloqueo era la mejor opción. Luego, temprano en la mañana, Kennedy reunió a su Grupo de Trabajo para una revisión final de la alternativa de un ataque aéreo. Sólo pretendía cubrir el expediente. En la reunión se encontraba el Fiscal General, junto a McNamara, el Gral. Maxwell Taylor y un grupo de oficiales de las fuerzas armadas. El plan consideraba el bombardeo de los aeropuertos militares de Castro así como de las bases de cohetes. Kennedy, una vez más, vetó la opción del ataque aéreo.

Por la noche se respira un aire de crisis en la capital. La radio y la televisión informan de las constantes conferencias del Presidente

---

[302] Sigue unido el destino de Miguel Orozco, Pedro Vera y Conrado Caballero que juntos, tres años atrás, se habían escapado de Cuba en un pequeño bote. En esta noche de octubre, juntos otra vez, se dirigen en la pequeña embarcación hacia las costas de Cuba. Miguel Orozco y Pedro Vera para infiltrarse. Conrado Caballero va como navegante para regresar, dos días después, a recoger a sus confiados compañeros. No lo podrá realizar.

y los más altos funcionarios de la Administración. Ya se ha filtrado
–el equipo kennediano es experto en intencionales filtraciones de
noticias –que al día siguiente el primer mandatario se dirigirá a la
nación. Mientras tanto, sigue informando la prensa, la armada y los
marines están exhibiendo su poderío «en el Caribe, no lejos de
Cuba». Cerca de 40 barcos de guerra se dirigen hacia la isla
Vieques, en Puerto Rico. Entre ellos, el portaviones Independence
con más de 100 jets a bordo.

En el Pentágono han permanecido todo el día el Gral. Maxwell
D. Taylor, Jefe del Estado Mayor de las Fuerzas Armadas; el
Almirante George W. Anderson, Jefe de las Operaciones Navales, y
Fred Korth, Secretario de la Marina. Los militares están preparados.

Esa mañana Dean Acheson fue enviado, con premura, a
Francia para entrevistarse con DeGaulle, mientras el Embajador
Dowling iba hacia Alemania para reunirse con el Canciller Adenauer.
Sorensen preparó el borrador de una comunicación solicitando que
los soviéticos «hicieran inoperables los cohetes». Stevenson, ahora
más enérgico que el consejero presidencial, presentó objeciones a
esa expresión insistiendo en que se debía demandar claramente
que los rusos «desmantelaran y removieran de Cuba» esos
proyectiles. Prevaleció la más débil redacción de Sorensen.

La prensa cubana destaca a grandes cintillos «Preludios de
Agresión las Maniobras Navales del Caribe»,[303] pero, también, bajo
el título de «Necesaria la Coexistencia»[304] destaca un artículo de
Walter Lippman aparecido en el New York Herald Tribune en que
éste «reconoce la necesidad de una política de coexistencia
pacífica». Volverá a aparecer, en pocas horas, el apaciguamiento de
Lippman.

El lunes 22 los enviados plenipotenciarios norteamericanos
tocan en muchas puertas. Todas se abren. Acheson se entrevista
con DeGaulle. «Puede decirle a su Presidente que Francia lo
apoyará. Considero que en estas circunstancias el Presidente
Kennedy no tenía otra alternativa» expresa el general francés. Sigue
Acheson a Alemania para ver a Adenauer.

---

[303] Periódico Revolución. Octubre 19, 1962.

[304] Periódico Revolución. Octubre 20, 1962.

Le correspondió a Dillon[305] viajar a México. En ausencia del Presidente Adolfo López Mateos que estaba en camino de un viaje a Filipinas, se entrevistó con el Ministro de Finanzas Ortiz Mena. Informado que Kennedy «consideraba que no tenía otra opción que tomar las acciones que fueran necesarias para repeler la invasión del hemisferio por una potencia extranjera» el gobierno mexicano respondió que «comprendía y aprobaba las acciones del Presidente Kennedy». En pocas horas los barcos de guerra mexicanos se unirían al bloqueo.

A las tres de la tarde Kennedy sostuvo su segunda reunión formal con el Consejo Nacional de Seguridad. El propósito no puede ser más baladí: darle nombre oficial a ese grupo de consejeros. El Consejo de Seguridad aprobó el memorándum 196 estableciendo el Comité Ejecutivo (EX-COM.) que habría de reunirse diariamente con el Presidente en el Salón del Gabinete, y lo formarían las siguientes personas:

El Vice Presidente; los Secretarios de Estado, de Defensa y del Tesoro; el Fiscal General; el director de la Agencia Central de Inteligencia, el Subsecretario de Estado (Ball); el Subsecretario de Defensa (Gilpatrick); el Jefe del Estado Mayor Conjunto de las Fuerzas Armadas (Gral. Maxwell D. Taylor); el Embajador Plenipotenciario Llewellyn Thompson; el Consejero Especial Sorensen y el Asistente Especial del Presidente ante el Consejo Nacional de Seguridad, McGeorge Bundy.

Tarde ese lunes el Presidente Kennedy se reunió con los líderes del Congreso.[306] Esperaba oposición o, al menos, objeciones de los dirigentes republicanos. Para su sorpresa, la crítica le llegó de Senadores de su propio Partido. El Senador Demócrata Russell, de Georgia, calificó el bloqueo o cuarentena como una medida tibia que irritaría a los aliados sin hacer daño apreciable a los comunistas. El Senador Fulbright, de Arkansas, Presidente del Comité de Relaciones

---

[305] Douglas Dillon, Republicano, era el Secretario del Tesoro. Tenía amplísima experiencia en política internacional por haber servido como Sub-Secretario de Estado en la Administración de Eisenhower.

[306] J.F. Kennedy había sido miembro de la Cámara de Representantes durante 6 años, y había permanecido 8 años en el Senado.

Exteriores del Senado, estremeció al Presidente al respaldar la demanda de Russell de una invasión.[307]

El Senador Halleck, de Indiana, líder de la minoría Republicana de la Cámara, expresó que, aunque él favorecía el bloqueo, quería hacer constar que había sido invitado para ser informado y no para ser consultado. Como grupo, expone Abel, los líderes congresionales consideraron que el camino del bloqueo iba a ser lento, probablemente ineficiente y tal vez más peligroso que una rápida invasión. Pero la decisión había sido tomada. Se impondría el bloqueo; es decir, «el camino largo». Suficientemente extenso para que dé tiempo a negociaciones. A claudicaciones.

A las 7:00 de la noche el Presidente habló a la nación por radio y televisión.[308] A las 7:30 Stevenson solicitó de Valerian Zorín, en su condición de Presidente del Consejo de Seguridad, una reunión urgente del Consejo para enfrentarse «a la peligrosa amenaza a la paz y seguridad del mundo causada por el secreto establecimiento en Cuba de bases de proyectiles de largo alcance capaces de alcanzar con cabezas termonucleares a Norte y Sur América».[309]

SE APRUEBA EL BLOQUEO O CUARENTENA

El pueblo norteamericano conoció, de labios de su Presidente, la grave confrontación el lunes octubre 22 cuando todas las cadenas de radio y televisión cubrieron a las siete de la noche las dramáticas palabras de Kennedy:

«La pasada semana, ya quedó establecida una inequívoca evidencia de que se están situando emplazamientos de

---

[307] En Abril de 1961, Fulbright se había opuesto a la invasión de Bahía de Cochinos argumentando en favor de una política de tolerancia y aislamiento a Castro,... siempre que "la Unión Soviética use a Cuba como una base política y no militar". Así lo había expresado en el memorándum de Marzo 29, 1961 que entregó personalmente al Presidente en el que califica como "base militar", una utilizable para "proyectiles y armas nucleares". Ahora que Cuba se ha convertido en esa base militar, el Senador Fulbright quería responder con una invasión. No había contradicción en su argumentación.

[308] El discurso se oiría en Cuba en español, a través del esfuerzo combinado de tres estaciones de Miami: WMIE, WGBS Y WCKR; la WKWF de Cayo Hueso; WRUL de Nueva York y otras. (Elie Abel, obra citada).

[309] Elie Abel. Obra citada

cohetes ofensivos en esa esclavizada isla. El propósito de esas Bases no puede ser otro que proveer una capacidad nuclear de ataque en contra del hemisferio occidental...»

El Presidente continuaba informando sobre «la urgente transformación de Cuba en una importante base estratégica, con la presencia de explícita amenaza a la paz y seguridad de las Américas...»

Señaló luego los pasos iniciales que serían dados, la respuesta que se daría a cualquier uso de esos cohetes y continuó con una apelación a Kruschev y al pueblo cubano. «Nuestra meta no es victoria del poderoso sino la vindicación del derecho; no la paz a expensas de la libertad sino lograr ambas, la paz y la libertad, aquí en el hemisferio y, nosotros esperamos, en todo el mundo».

Como la Administración de Kennedy había desdeñado públicamente todas las advertencias de los dirigentes políticos y militares, al pueblo norteamericano le tomó por sorpresa la dramática crisis. No así al pueblo cubano.

Desde varias semanas atrás, la prensa oficial (es decir, toda la prensa) había estado desplegando en las primeras planas de los periódicos, en grandes cintillos: «Plan Contra Cuba»; «Proyecto Kennedy para la Agresión»; «Preludio de una Agresión Maniobras Navales del Caribe»; «Movilizan 20,000 Marines»; «Prepa-rativos de Agresión Yanqui». Eran éstos los titulares de la prensa oficial cubana desde muchos días antes de que Kennedy, en Washington, informara por primera vez de la creciente tensión.

En su alocución del 22 de Octubre el Presidente denunció que, incumpliendo sus promesas, la Unión Soviética estaba construyendo en Cuba bases de proyectiles ofensivos y bombarderos capaces de disparar cohetes con cabezas nucleares en un radio de 1,000 millas náuticas. Acusó a los líderes soviéticos de «deliberadamente expresar falsas declaraciones sobre sus intenciones en Cuba» y calificó el emplazamiento de misiles como un cambio «deliberadamente provocador e injustificado que no puede ser aceptado por este país».

En su discurso, que fue visto y escuchado de costa a costa, el Presidente informó que había ordenado una estricta cuarentena a todo equipo militar ofensivo que esté siendo embarcado a Cuba.

El presidente pidió una reunión de emergencia del Consejo de Seguridad de los Naciones Unidas para considerar una resolucióm demandando «el desmantelamiento y retiro de todas las armas ofensivas en Cuba». Las tropas norteamericanas «no sólo en Berlín y en la Alemania Occidental sino en todo el mundo han sido colocadas en estado de alerta de emergencia».

Ya, en ese momento en que luce a todos como un temerario gladiador, el Presidente está pensando en resolver la crisis, creada por su imprevisión, garantizando la permanencia en el poder de Castro. No lo dice un cubano desterrado. Lo insinúa, nada menos, que su biógrafo y Consejero Especial Ted Sorensen.[310]

El domingo anterior al dramático discurso «el borrador fue circulado (ante el Comité Ejecutivo EX-COM) y remodificado». Se trajo a Eisenhower; al Vicepresidente Johnson. El Presidente –y seguimos citando a Sorensen– hizo al borrador docenas de cambios, «grandes y pequeños». Amplió «considerablemente la apelación al pueblo cubano redactada por Arturo Morales Carrión[311] quien comprendía la alta significación» que para los cubanos tenían expresiones como «la madre patria», el «día que los cubanos sean realmente libres», «libres de toda dominación extranjera», «libres en su propia patria», «libres para hablar».[312]

NO EXISTE EL PROPÓSITO DE REMOVER A CASTRO

Pero, y vuelvo a repetir las palabras textuales de su Consejero Especial: *«Kennedy eliminó de su discurso toda indicación de que la remoción o salida de Castro fuera su verdadero propósito».* No quiere comprometerse. La permanencia o salida de Castro no interesaba. Ya se estaban sentando las bases para las negociaciones que se iban a iniciar.

Y el Presidente ofrece un gran sacrificio: Anuncia, en horas de la noche, que no realizaría nuevas apariciones públicas en la campaña debido a la «situación cubana». No hacía falta. Al día siguiente aparecía su foto, a varias columnas, en la primera página del New York Times bajo titulares a toda plana que leían «Estados Unidos impone bloqueo de armas a Cuba». «Kennedy listo para un enfrentamiento con los soviéticos». Era su nueva campaña electoral.

---

[310] Ted Sorensen. "Kennedy".

[311] Arturo Morales Carrión, Subsecretario de Estado para Asuntos Interamericanos, quien años atrás había servido, junto con Teodoro Moscoso, en la Administración del gobernador Luis Muñoz Marín de Puerto Rico.

[312] Ted Sorensen. Obra citada.

REUNIÓN DE DIRIGENTES DEMÓCRATAS CRISTIANOS EN CARACAS

El anuncio de la Crisis de los Cohetes en Octubre 22 coincidió con la realización del primer curso del IFEDEC (Instituto de Formación Demócrata Cristiana) en Caracas. La casi totalidad de los participantes mostró su solidaridad con la cuarentena impuesta por la administración de J.F. Kennedy. En la foto aparecen Rafael Caldera y Luis Herrera Campins que llegarían a la Presidencia de Venezuela; Arístides Calvani y Fidel Chávez, futuros cancilleres de Venezuela y El Salvador respectivamente; Emilio Maspero, Secretario General de la CLASC (Conferencia Latioamericana de Trabajadores Social Cristianos) el autor y

Pero los ciudadanos demandaban una acción mucho más enérgica. Así lo admitía el propio periódico. En su página editorial el NYT reconocía que la cuarentena «no era una acción tan drástica como muchos norteamericanos desearían tomar...pero nosotros felicitamos al Presidente por su «restraint» en no ir más allá de un bloqueo parcial».

No nos confundamos. Hasta ahora son sólo palabras. El discurso *anunciando* la cuarentena se pronuncia el lunes 22 a las 7:00 P.M. Pero no. No se pone en efecto de inmediato. Se pondrá en vigor «la estricta cuarentena» no esa noche ni el siguiente día. Comenzará a aplicarse el miércoles en horas de la mañana. Flexibilidad suficiente para entablar, de inmediato, claudicantes conversaciones mientras la OEA, ya previamente convocada, se reúne como «Organo de Consulta».

A las 9:00 de la mañana del martes 23, Dean Rusk estaba en el organismo interamericano tratando de conseguir los 14 votos necesarios para la aprobación del bloqueo. Aún las naciones que en el pasado habían emitido juicios críticos sobre la posición norteamericana, se alinearon con ella y ofrecieron su apoyo. Vicente Sánchez Gavito, de México; Ilmar Pena Marshno, de Brasil; Emilio Sarmiento, de Bolivia y Manuel Truco, de Chile, hablaron en el hemiciclo respaldando la medida. El Secretario General de la OEA, José A. Mora, y el Presidente del Consejo, Alberto Zuleta Angel habían volado esa mañana desde Ciudad México. Venían con la certeza de que la «Doctrina Estrada»[313] sería momentáneamente olvidada.

Al final, la votación fue favorable 19 a 0; sólo Uruguay se abstuvo.[314] En su discurso ante el Consejo de Seguridad de las Naciones Unidas, Stevenson pudo leer la Resolución de la Organización de Estados Americanos (OEA). Las naciones del hemisferio occidental había respaldado la posición de los Estados Unidos. Veían, firme y decidido, al Coloso del Norte. Era sólo un espejismo.

---

[313] La Doctrina Estrada (formulada por Genaro Estrada, antiguo Secretario de Relaciones Exteriores) es un punto cardinal (o una excusa conveniente) de la política exterior mexicana. Le facilita inmiscuirse o distanciarse en los asuntos de otras naciones sin preocuparse de la ideología que en ellas impera.

[314] La abstención de Uruguay se debió sólo a un tecnicismo ocasionado por la demora en recibir las instrucciones de su gobierno. Horas después de la votación, los 9 miembros del Consejo de Gobierno de Uruguay en reunión especial, expresaron su aprobación a la Resolución de la Organización de Estados Americanos en favor de la aplicación de la cuarentena.

En octubre 18 el presidente Kennedy recibió a Andrei Gromyko, Ministro de Relaciones Exteriores de la Unión Soviética. En esa reunión el Presidente no confrontó al Canciller Soviético sobre la existencia de cohetes nucleares en Cuba.

CAPÍTULO IX

NEGOCIACIONES PÚBLICAS Y OCULTAS

A las 10:00 de la mañana del miércoles 24 de Octubre las líneas de bloqueo se habían trazado. Diecinueve barcos de la segunda flota de Estados Unidos, bajo el mando del Vice-almirante Alfred Gustaf Ward, formaron un arco que se extendía 800 millas desde el Cabo Maisí en el extremo este de Cuba. El gobierno soviético había devuelto a la Embajada Americana una copia de la proclama de cuarentena emitida por el Presidente, considerándola inaceptable, al tiempo que las agencias de prensa informaban que Kruschev había solicitado una conferencia cumbre, en respuesta a una apelación de paz presentada por el filósofo Bertrand Russell[315] que se había dirigido, igualmente, al Presidente Kennedy. El presidente norteamericano desechó el mensaje del pacifista inglés.[316]

Otros también mediaban. El Secretario General Actuante de las Naciones Unidas, U Thant, envió idénticas cartas a Kennedy y Kruschev solicitando la suspensión del bloqueo y del envío de armas a Cuba por dos o tres semanas.

En horas del mediodía de ese miércoles, veinticinco barcos soviéticos se dirigían a Cuba. Los aviones norteamericanos de reconocimiento los habían localizado a todos y tomado nota de su posición, la velocidad con que se movían y la dirección a que se dirigían.[317]

Los primeros buques soviéticos se van acercando a la línea de intercepción. Las 800 millas de las costas de Cuba marcaban el

---

[315] Bertrand Russell, Premio Nobel de Literatura en 1950. Autor de medio centenar de libros sobre filosofía, educación y política, el renombrado pacifista fue utilizado con frecuencia por la extrema izquierda.

[316] En su comunicación a Kruschev, el filósofo inglés rogaba su ayuda para disminuir la tensión. En el cable a Kennedy acusaba al Presidente de haber apelado "a una acción desesperada"; y lo conminaba a "ponerle fin a esa locura".

[317] Robert F. Kennedy "Thirteen Days". También Graham T. Allison "Essence of Decision".

punto de confrontación.[318] Para los que seguían los acontecimientos a través de la televisión, el radio y la prensa escrita, el momento era de extrema ansiedad. En pocas horas, tal vez en minutos, se producirá el choque inevitable. Kennedy lucía, ante los ojos del mundo, como una «sólida roca»; mostraba «inquebrantable fortaleza y firmeza» en esta «confrontación». Así lo ha recogido la leyenda.

CONVERSACIONES DE BOB KENNEDY Y EL EMBAJADOR DOBRYNIN. OFRECIMIENTOS. CONCESIONES

Sí. Esa es la leyenda. La historia es otra: La noche anterior, (la noche del martes 23), había el Presidente enviado a su hermano Bob a ver, sigilosamente –a espaldas de los altos militares del Pentágono y de los asesores y hombres de confianza que componen el Comité Ejecutivo– al Embajador Soviético Anatoly Dobrynin para evitar la confrontación.

¿A qué se debe la inquietud del Presidente?. Una hora antes, en una recepción en la Embajada Soviética en Washington el Teniente General Vladimir A. Dubovik parece sugerir que los capitanes de los barcos soviéticos que se dirigen a Cuba tienen órdenes de desafiar la línea de cuarentena. Al llegar Dobrynin a la recepción, minutos después, se niega a desmentir al Gral. Dubovik:

«Él es un militar. Yo no. Él es el que sabe lo que la Marina va a hacer, no yo».[319]

Alguien, de inmediato, informa a la Casa Blanca.

Hora y media después llega, intranquilo, a la Embajada Soviética, Robert Kennedy. Pregunta el hermano del Presidente «¿Qué instrucciones tienen los capitanes de sus barcos, que se dirigen a Cuba, al llegar a la línea de cuarentena?». La respuesta del diplomático soviético confirmó las sospechas del Ministro de

---

[318] La línea de intercepción para el bloqueo o cuarentena se había situado a 800 millas. En la conversación del Presidente y de Bob Kennedy con el Embajador Inglés David Ornspy-Gore, éste recomendó colocarla a 500 millas para darle más tiempo a los soviéticos para analizar su posición y regresar sin someterse a la interdicción. Esa noche (cuando Bob Kennedy salió de hablar con el Embajador Dobrynin) el Presidente llamó de inmediato a McNamara y redujo la línea a 500 millas. Al día siguiente la cuarentena entraba en efecto.

[319] National Security Archive Documents Reader, página 368.

Justicia: «Nuestros capitanes tienen órdenes de continuar su curso hacia Cuba». Bobby Kennedy respondió con claridad, «Los buques de nuestra Armada tienen órdenes del Presidente Kennedy de interceptarlos... yo no sé como esto terminará».

Con esas palabras, confirmadas por las respectivas versiones de Dobrynin y Robert Kennedy, concluyó aquella reunión. La primera de siete que celebrarían.[320]

LAS PRIMERAS CONCESIONES

El Presidente conversaba en la Casa Blanca ese martes en la noche cuando «llegó Robert Kennedy, pálido, cansado y desgreñado» (descripción textual de su biógrafo Arthur Schlesinger),[321] con la preocupante noticia. Los barcos soviéticos no tienen instrucciones de cambiar su rumbo ni de detener su marcha.

Algo hay que hacer. Kennedy –consultando tan solo con su hermano y el embajador británico. No el norteamericano; el británico!– toma una decisión: Reducir a 500 millas la línea de intercepción. Se ampliaba así el tiempo para las secretas negociaciones que ya estaba realizando. Al recibir, a través de McNamara, estas instrucciones la oposición de la marina norteamericana fue dramática. Schlesinger expresa que la medida se tomó «sobre protestas emocionales de la Armada». Por minutos parece menos gallardo el gladiador.

Horas más tarde Kennedy cambió nuevamente sus anteriores instrucciones a la Armada. Las debilita aún más. Mucho más. Si los barcos soviéticos entraban en la zona de cuarentena «y aparecían

---

[320] A. Schlesinger. A Thousand Days.

[321] Schlesinger (RFK and his Time, Página 536) menciona que en su obra "Trece Días" Robert Kennedy al referirse a la entrevista que el martes octubre 23 tuvo con Dobrynin, omitió muchas notas que están contenidas en el memorándum que escribió ese mismo día sobre esa reunión.

En el memorándum dice que él (Bob) le recordó al Embajador Dobrynin "que su hermano había tomado una posición mucho menos beligerante sobre los embarques de armas que personas como los senadores Keating y Capehard, y que el Presidente le había asegurado al pueblo americano que no había nada para preocuparse. Igualmente que el Presidente sentía que tenía muy buenas relaciones personales con Kruschev y que había accedido a su demanda de retirar las tropas americanas de Tailandia" (estas notas se encuentran en papeles de RFK a JFK).

llevando armas ofensivas»!! no debían ser detenidos ni interceptados «sin la autorización expresa de la Casa Blanca».[322]

Se acercan a la línea de cuarentena, en la mañana del miércoles 24, otros dos barcos soviéticos. Evidentemente no son tanqueros. McNamara informó al Presidente que un submarino ruso se ha colocado entre ambos buques. El Presidente no puede ocultar su desasosiego; dirigiéndose a McNamara pregunta: «¿No tenemos algún modo de que podamos evitar tener la primera confrontación con un submarino ruso?. Cualquier cosa menos eso.» La respuesta del Secretario de Defensa fue tersa. «No; representaría un gran peligro para nuestros barcos». Y le da una lección de coraje al temeroso Camelot:[323] «Nuestros comandantes han recibido instrucciones de evitar hostilidades si es posible; pero ésta es la situación para la que debemos estar preparados, y eso es lo que debemos esperar».

El joven Presidente no puede ocultar su aprensión. «Parece que los buques soviéticos van a desafiar la línea de la cuarentena», comenta con su hermano.[324]

Pero el Presidente lo que busca es más tiempo para sus negociaciones. Para garantizar, aún más, la flexibilidad de la no tan «estricta cuarentena», Kennedy ha asumido el máximo control personal, estableciendo comunicación directa con el Comandante de la Cuarentena, el Vice-Almirante Alfred G. Ward.[325]

Jueves, Octubre 25: Walter Lippman, en aquel momento uno de los más leídos e influyentes columnistas, plantea, en su artículo de ese día, que «sólo existen tres vías para salir de los misiles que ya

---

[322] Alguna de la nueva información sobre esas conversaciones, no oficiales, se dió a conocer en el Seminario Sobre la Crisis celebrado en Moscú en Enero de 1989, en la que participaron veteranos americanos, soviéticos y cubanos de la crisis. También aparece información en las otras conferencias celebradas en Antigua en enero de 1991 y en La Habana en Enero de 1992. En esta última participó Fidel Castro.

[323] Michael R. Beschloss. "The Crisis Years"

[324] National Security Archives. Obra citada.

[325] Días atrás, McNamara tuvo un fuerte intercambio de palabras con al Almirante George Anderson, Jefe de las Operaciones Navales, a quien pretendía dictarle las normas o procedimientos que debía seguir para proceder (o evitar?) la intercepción de barcos soviéticos. El Almirante le informa lo que como militar hará. No es esto lo que la Administración desea. El Presidente se hace cargo de la vacilante política de intercepción.

están en Cuba. Una, es la invasión y ocupación de la isla. La segunda es la aplicación de un bloqueo total, particularmente de petróleo. La tercera es tratar, repito, tratar de negociar un acuerdo decoroso («face-saving agreement»)». Y no habla del intercambio de «Berlín por Cuba». Se refiere, y así lo menciona, a intercambiar los cohetes rusos en Cuba por los proyectiles norteamericanos en Turquía.

Kennedy no deja jamás de leer la columna de Lippman en el Washington Post. La recomendación del apaciguador no caerá en el vacío. Si es que no se le había sugerido.[326]

A las 8:00 A.M., 22 horas después que la cuarentena se había puesto en efecto y reducido el radio de acción a 500 millas, al tanquero soviético Bucarest se le permitió pasar a través de la línea de barcos en su ruta hacia Cuba con la simple declaración de que sólo llevaba petróleo.

ACUERDO A TRAVÉS DE U THANT

En horas tempranas de la tarde el Presidente Kennedy respondió el mensaje de U Thant, informándole que el Embajador Stevenson estaba preparado para discutir arreglos, insistiendo que todo descansaba en la retirada de los proyectiles de Cuba. A su vez, Kruschev respondió dándole la bienvenida a la iniciativa de U Thant.

Se ha producido, a través de U-Thant, un acuerdo: los barcos soviéticos se mantendrán alejados del área de intercepción, y los barcos norteamericanos «evitarán directa confrontación en los próximos días con los buques soviéticos para evitar los riesgos de incidente». Se dilata la confrontación. Más tiempo para que el Presidente continúe sus negociaciones y sus concesiones. Más tiempo para que los soviéticos aceleren, vertiginosamente, los emplazamientos de los cohetes.

Viernes, Octubre 26: Las últimas fotografías de los U-2 mostraban que los rusos estaban apresurándose para poner en

---

[326] Su artículo podría haber sido un balón de ensayo lanzado por la Administración "para darle a los soviéticos una forma honorable de salvar la cara" apunta Gerald Kurland en su libro ya mencionado, publicado en 1973 cuando no se conocían los documentos hoy desclasificados.

operación los proyectiles. La cuarentena, el camino lento, no estaba funcionando con eficiencia.

El Presidente está en una encrucijada. Ha impuesto una cuarentena, ha reducido su radio de acción, ha permitido el paso de barcos petroleros soviéticos, ha dado instrucciones de dejar pasar buques rusos transportando armamentos. Pero algo hay que hacer para mostrarle al mundo que él, un hombre enérgico, está aplicando con rigor la cuarentena. En horas de la noche del jueves 25 se ha avistado el vapor Marucla. Era un barco Liberty, construido en los Estados Unidos, de propiedad panameña, pero registrado como libanés. Durante horas es seguido por dos destructores norteamericanos que mantenían continuo contacto con el capitán del Marucla. Sí, el capitán está dispuesto a cooperar. Acepta ser abordado.

Todo ha sido planeado meticulosa y personalmente por el propio Presidente Kennedy. El mandatario había dado instrucciones precisas: la primera intercepción y abordaje debía realizarse sobre un barco de carga seca, registrado (inscrito) en un país neutral. «El Marucla servía espléndidamente el propósito del Presidente»[327].

Quería mostrarle a Kruschev –afirma sin sonrojo su admirador Elie Abel– «que la marina de los Estados Unidos estaba ejercitando su derecho, proclamado en la Resolución de la cuarentena, de detener y registrar todos los barcos que se dirigían a Cuba, sin distinguir bajo que bandera navegaban».

Para los militares el tiempo y la paciencia se iba terminando.

El ejército norteamericano movió sus cohetes antiaéreos a Cayo Hueso y en la Casa Blanca se discutieron planes para una serie de ataques aéreos a las bases de cohetes para continuarlos con una invasión a Cuba. (Abel página 175). Los preparativos para la invasión eran visibles. Espectaculares movimiento de tropas y equipo militar hacia y dentro de la Florida. El Consejo Revolucionario se mantiene silencioso. Sus dirigentes son presas de un súbito mutismo.

En horas de la tarde de ese viernes llegó una extensa carta de Kruschev. Si los Estados Unidos se comprometían a no invadir a Cuba ni permitir que otras fuerzas lo hagan y a levantar el bloqueo, los soviéticos retirarían los cohetes de Cuba. La comunicación de

---

[327] Elie Abel. "The Missile Crisis".

Kruschev respondía a una anterior de Kennedy de octubre 25. Había que responderla. Era ya tarde en la noche.[328]

TRISTE EPÍLOGO DE LA OPERACIÓN MONGOOSE

El Gral. Lansdale se siente marginado. Realmente lo está. Había solicitado autorización para utilizar submarinos para infiltrar en la isla a 50 cubanos. Se aprueba su petición pero «aunque los planes detallados se mantienen, no pueden considerarse firmes hasta que no estén disponibles los comandantes de los submarinos».[329] Se le dice que la operación es de recolección de inteligencia sobre los emplazamientos de los MRBM e IRBM, pero, sin que él lo conozca, ya se ha decidido que «si vamos a tener operaciones militares en Cuba, y aún en esta etapa de planeación para esas operaciones, la directa coordinación de la CIA y el Pentágono es necesaria. *Ya ha pasado el momento de operaciones tipo Mongoose*».[330]

Se suceden las reuniones. El 26 se convoca a todos los miembros del Consejo Nacional de Seguridad, incluyendo al Presidente. El Director de la CIA vuelve a plantear la solicitud de submarinos para ir a Cuba a «recoger informacióm sobre los emplazamientos de cohetes y otros puntos de interés». Pero ya, ese viernes 26, sin que los allí reunidos lo supieran, el Presidente había puesto en marcha su plan de «llegar a un acuerdo» con el Premier Soviético. Hay que detener las acciones de infiltración para dar tiempo a que cristalicen las conversaciones entre Dobrynin y su hermano Bob.

Como aún no debe decirlo abiertamente, toma un camino sinuoso. Decide en esa importante reunión que «la organización de Lansdale debe ser usada *pero* debía servir como un Subcomité del

---

[328] Fue con posterioridad a la Crisis de los Cohetes que se decidió por los gobiernos norteamericano y soviético, en la segunda quincena de diciembre de 1962, establecer la "línea caliente" o comunicación telefónica directa entre el Kremlin y la Casa Blanca.

[329] Memorándum de Octubre 25, 1962 del Gral. M.S. Carter, Sub-Director de la CIA, a John McCone, Director.

[330] Memo de octubre 25, 1962. Citado.

Comité Ejecutivo del Consejo Nacional de Seguridad.[331] Un simple movimiento burocrático para quitar del camino una operación clandestina que, ahora, le resulta riesgosa a sus planes de apaciguamiento.[332]

Mientras, continúan las negociaciones entre Washington y Moscú. Robert Kennedy está exhausto. Cada conversación con Dobrynin representa una nueva concesión.

El lunes 29 de octubre todo estaba transado, negociado. La CIA transmite a sus mandos las instrucciones emanadas de la Casa Blanca. Se suspenderá la infiltración de agentes hasta que la Secretaría de Defensa determine qué *información* militar es deseada.

En las Minas de Matahambre, abandonados a su suerte, quedarán Miguel Orozco y Pedro Vera infiltrados por la Agencia varios días atrás.[333]

El nada heroico final de la Crisis de los Cohetes se convirtió en el triste epílogo de la Operación Mongoose. El 30 de octubre el Comité Ejecutivo canceló «todas las operaciones de sabotaje durante las negociaciones con los soviéticos». La Operación Mongoose y el Grupo Especial Aumentado (SGA) fueron abolidos. Harvey fue enviado de Jefe de Estación de la CIA a Roma.[334] Al

---

[331] Palabras del Presidente Kennedy. Memo de la reunión del CNS. Octubre 26, 1962 (Brassey's).

[332] "Cuando Bob Kennedy supo que, en medio de la Crisis de los Cohetes, Harvey había enviado comandos a Cuba, se puso furioso. Fue el final de la Operación Mongoose y de Harvey". (Testimonio de A. Schlesinger en la Segunda Sesión de la Conferencia de Antigua, enero 4, 1991).

[333] En la noche de octubre 19 se había infiltrado por Santa Lucía en Pinar del Río, Miguel Angel Orozco Crespo y Pedro Vera Ortiz. Formaban el team de infiltración Amadito Cantillo, Jorge Navarro (El Puma), Félix Sosa, Luis Sierra y Ramoncito Orozco, hermano de Miguel Orozco. En otro capítulo nos referimos a esta acción. Miguel sería arrestado en las inmediaciones de la Minas de Matahambre el 2 de noviembre. Miguel menciona, como formando parte de los dos equipos que se infiltraron aquella noche, a los siguientes: Pedro Vera Ortiz (apresado), Conrado Caballero, Luis Sierra, Angel Hernández, Orlando García, y, en un segundo grupo: Reinaldo García Martínez (Chiqui), Néstor Izquierdo, Félix Sosa, Juan Tamargo, Rodolfo Hernández y Orlando Arrazola.

[334] Desmond Fitzgerald sustituyó a Harvey como Jefe de la Fuerza de Trabajo W en enero, 1963.

siguiente año Lansdale se retiró. Fue una operación que «no trabajó nada bien».[335]

TODO MENOS UNA CONFRONTACIÓN. NO INVADIR CUBA. GARANTIZAR LA ESTABILIDAD DE CASTRO

Pero ya el Presidente, a espaldas aún de íntimos colaboradores, ha urdido un plan. Todo, menos una confrontación. Kennedy había enviado nuevamente a su hermano a ver al Embajador Dobrynin. Consideraba posible «un acuerdo privado» (que se había discutido con Dobrynin días antes)con Kruschev para intercambiar calladamente los cohetes Júpiter (que estaban en Turquía) por los proyectiles en Cuba y ofrecer públicamente garantía de que Cuba no estaría sujeta a una invasión Americana. Formalmente debía haber un compromiso de «no invasión» para retirar los cohetes. Secretamente, había un trueque: los Estados Unidos eliminarían los cohetes de Turquía e Italia, si los soviéticos retiraban los proyectiles de Cuba. Si Kruschev rechazaba la oferta el Presidente estaba dispuesto a seguir adelante con el ofrecimiento de un trueque público.[336]

Pero no informa a sus colaboradores de la claudicación planteada por su hermano. Al contrario, les informa que él «está inclinándose a una solución militar: si mañana se le dispara a nuestros aviones de reconocimiento... sacaremos por la fuerza los emplazamientos de cohetes en Cuba». Bravatas con los íntimos. Negociaciones con el adversario.

---

[335] Gral. Maxwell Taylor. RFK. Oral History.

[336] James A. Nathan. "La Crisis Cubana. Revisitada."

En agosto de 1962 una delegación del DRE fue a Helsinki donde se celebraba un congreso de juventudes controlado por los comunistas. En la primera foto Johny Koch y Enrique Baloyra extienden una tela donde se pide libertad para los presos políticos cubanos. En la segunda miembros de la delegación del gobierno de Castro golpean a otro miembro del DRE.

CAPÍTULO X

EL PACTO DE LA EMBAJADA

Ignorado por los miembros del Excom, Robert Kennedy y Anatoli Dobrynin se entrevistan esta vez en la embajada soviética, (una de varias reuniones secretas que mantuvieron los dos durante la crisis).

Entregado el mensaje, reúne Kennedy a un grupo reducido del EXCOM y les sugiere informarles a los soviéticos que los cohetes en Turquía, «que ya son obsoletos»,[337] van a ser retirados después que se resuelva la crisis. Los miembros del Comité Ejecutivo aprueban la idea.[338]

Dobrynin confirmó después que cuando él defendió la presencia de cohetes soviéticos en Cuba porque existían los misiles norteamericanos en Turquía, Robert Kennedy ofreció entregar los cohetes en Turquía como un arreglo potencial. Bobby Kennedy llamó desde otra habitación al Presidente y, minutos después, le confirma a Dobrynin que el Presidente estaba dispuesto a considerar el tema de los cohetes en Turquía.

En esos momentos Castro había enviado un cable a Kruschev diciendo que esperaba un ataque de los Estados Unidos en cualquier momento. Con ese pretexto ordena a las fuerzas antiaéreas disparar sobre cualquier avión norteamericano que vuele sobre la isla. El embajador soviético (Alekseyev) pide a Castro que rescinda su orden pero, aparentemente, la petición es rechazada.

BOB KENNEDY PROPONE RETIRAR LOS COHETES DE TURQUÍA. CRONOLOGíA DEL VIERNES 26 DE OCTUBRE, 1962

Esta es la cronología de los eventos del viernes Octubre 26, según documentos de los archivos del Consejo Nacional de Seguridad. Editado por Laurence Chang en 1992:

---

[337] Tan no son "obsoletos" que había sido en octubre de 1961, bajo su propia Administración, que se habían instalado en Turquía. Los cohetes se habían hecho operacionales en marzo o abril de 1962. Es decir, 6 meses antes. (Fuente: James Grimwod "Historia del Sistema de Cohetes Júpiter".)

[338] James A. Nathan. Obra citada.

6:00 AM:	Memorándum del CIA informando que la construcción de las Bases IRBM y MRBM en Cuba siguen sin interrupción.
10:00 AM:	El Presidente Kennedy informa al EX-COM que considera que la cuarentena no va a forzar por sí sola al gobierno soviético a quitar los cohetes de Cuba y que sólo una invasión «o un intercambio de algún tipo» podrá tener éxito.
	En la mañana (no hay hora mencionada) el Presidente Kennedy ordena al Departamento de Estado proceder con la preparación para un programa «crash» dirigido al establecimiento de un gobierno civil en Cuba después de una invasión y ocupación del país.
1:00 PM:	John Scali, Corresponsal de la ABC en el Departamento de Estado, se reúne con Aleksandre Fomin, a solicitud de este último, quien desea conocer si los Estados Unidos estarían interesados en un acuerdo sobre estas bases: Desmantelar las bases soviéticas bajo la supervisión de las Naciones Unidas, Castro comprometerse a no aceptar armas ofensivas y los Estados Unidos comprometerse a no invadir Cuba. Scali informa de inmediato a Roger Hillsman, del Departamento de Estado.[339]
1:18 PM:	El Departamento de Estado recibe un cable del Embajador Americano en Turquía informando que los oficiales turcos resentirían grandemente un cambio de cohetes en Cuba por los cohetes en Turquía.
2:00 PM:	Se pide al gobierno de Brasil que su embajador en La Habana «Luis Batian Pinto, se reúna privadamente con Fidel Castro para hacerle llegar un

---

[339] Existe otra versión:

El Embajador Soviético en Washington había reportado que en una conversación entre el Jefe de la KGB en la capital, Alejandro Fomin, y un corresponsal de televisión con buenas relaciones en el Departamento de Estado, John Scali, "el americano había indicado que podía conseguirse una seguridad norteamericana de no atacar a Cuba a cambio de la retirada de los cohetes soviéticos en la isla pero que había muy poco tiempo para lograrlo" (según lo informa Raymond L. Garthoff en la obra La Crisis de los Cohetes en Cuba Revisitada, de James A. Nathan).

mensaje de los Estados Unidos. El mensaje que Batián Pinto debe darle a Castro incluye *la reafirmación de que los Estados Unidos no invadirían a Cuba si se retiran los cohetes».*

6:00 PM   El Departamento de Estado comienza a recibir un mensaje de la embajada en Moscú conteniendo una nueva y privada carta de Kruschev. La última porción de la carta llega a las 9:00 PM. Propone no enviar armamentos a Cuba a cambio de que los Estados Unidos prometa no invadir a Cuba ni permitir que otras fuerzas intenten invadirla. Con eso «la necesidad de la presencia de nuestros especialistas militares en Cuba desaparecerá».

6:45 PM   John Scali informa a Dean Rusk del mensaje recibido de Fomin. Los funcionarios norteamericanos asumen que la Unión Soviética removería sus cohetes bajo inspección de las Naciones Unidas en cambio del compromiso de Estados Unidos de no invadir.

La crisis podría resolverse sobre estos términos:

1) Los cohetes serían desmantelados y devueltos a la Unión Soviética bajo la supervisión de las Naciones Unidas.

2) Fidel Castro se comprometería a no recibir en el futuro otras armas ofensivas.

3) Los Estados Unidos se comprometerían a no invadir a Cuba.

Al ser informado, Rusk respondió que «el gobierno de los Estados Unidos veía verdaderas posibilidades en este planteamiento y esperaba que representantes de los dos gobiernos pudieran trabajar sobre esas bases con U Thant y entre ellos mismos». El tiempo es muy urgente, exponía Rusk. A las 6:00 P.M. el teletipo del Departamento de Estado con la Embajada Americana en Moscú transmitía otra carta de Kruschev a Kennedy mostrando signos de alarma y deseos de retirar los proyectiles soviéticos de Cuba. La carta la mostró Rusk al Comité de Relaciones Exteriores del Senado después de la crisis y se enviaron varias copias a distintos gobiernos aliados. La comunicación secreta llegó en 4 secciones luego de ser traducida del ruso y codificada en la Embajada Americana en Moscú. La redacción de la misiva no coincidía con los puntos presentados a John Scali pues no hacía mención de que la retirada de los cohetes soviéticos sería inspeccionada por las Naciones Unidas. Los tres puntos planteados a Scali eran concisos. La carta de Kruschev era extensa y confusa.

7:35 PM: Otra reunión entre Fomin y Scali: Dice Scali «considero que el gobierno de US ve verdaderas posibilidades de poder llegar a un acuerdo.

9:00 PM: Aproximadamente a esa hora, Robert Kennedy se entrevista en la Embaja Soviética con Dobrynin. RFK propone retirar los cohetes Júpiter de Turquía.

10:00 PM: EX-COM se reune en una sesión extraordinaria para considerar la carta de Kruschev.

EL SÁBADO NEGRO. DERRIBAN EL AVIÓN U-2

Sábado, octubre 27. Dos hechos importantes se van a producir este sábado en que se encuentra reunido el Comité Ejecutivo redactando esa mañana la respuesta al Premier Soviético. Su labor es interrumpida al conocerse que la radio de Moscú estaba difundiendo una nueva carta del Premier y Secretario General del Partido Comunista. Hay sorpresa. Inquietud. Todos los cálculos optimistas del viernes se evaporaban. Kruschev, elevaba ahora su precio.[340]

Si Kennedy deseaba que los rusos retiraran sus cohetes de Cuba, el Presidente Norteamericano tenía que retirar los proyectiles de sus bases en Turquía. La radio de Moscú estaba transmitiendo las declaraciones de Kruschev cuando un avión U-2 piloteado sobre Cuba fue destruido. Era claro que había sido derribado por técnicos soviéticos.

---

[340] E. Abel. Obra citada. Abel, admirador de JFK escribió su obra en 1966. Ignoraba, en aquel momento que había sido Bob Kennedy quien había sugerido a Dobrynin el intercambio.

Al conocer la noticia, los Jefes del Estado Mayor Conjunto urgieron al Presidente a responder al incidente iniciando un ataque aéreo seguido de una invasión a Cuba. El Presidente vacila. Temprano en la semana el Excom había decidido que «Si un U-2 era derribado, los Estados Unidos retaliaría de inmediato contra un emplazamiento de SAM». El sábado se produjo el hecho. La chispa que había provocado otras conflagraciones. El Alamo. El Maine. El Lusitania. Pearl Harbor. ¿Reacción? Olvidarse de la decisión tomada «temprano en la semana» y concentrarse en la respuesta a otra carta de Kruschev.

«CASI UN ACUERDO UNÁNIME DE ATACAR»

La Fuerza Aérea Norteamericana tenía preparado un plan de ataque y estaba lista para actuar de inmediato. El mismo Robert Kennedy afirmó que «había casi un acuerdo unánime de que debíamos atacar temprano al día siguiente». Pero, como siempre, al momento de tomar las decisiones y poner en práctica los planes acordados, las dudas del Presidente vuelven a surgir...«No es el primer paso el que me preocupa», dice «sino que ambos lados vayan ascendiendo al cuarto y quinto paso...Debemos tener presente que estamos embarcándonos en un curso muy peligroso».[341] Por encima de agudos desacuerdos, y ante el asombro de muchos miembros del grupo, Kennedy descartó la decisión anterior, posponiendo la acción otro día más... «tal vez el avión se estrelló accidentalmente», ... «debemos realizar una revisión más cuidadosa de las implicaciones de los distintos cursos de acción»[342].

En el Pentágono, especialmente en la Oficina del Jefe del Estado Mayor de las Fuerzas Armadas, la orden de detener el ataque fue recibida con incredulidad. Se repetía la fatídica decisión tomada en las horas, casi minutos, anteriores al desembarco del 17 de Abril.

LA «SEGUNDA CARTA DE KRUSCHEV»

El temor en estos momentos cruciales hizo presa también de Robert Kennedy. Al regresar la discusión al cómo responder la

---

[341] Robert Kennedy. "Thirteen Days".

[342] Graham T. Allison. "Essence of Decision".

segunda comunicación de Kruschev que ahora, orientado por la sugerencia de Robert Kennedy al Embajador Dobrynin, proponía retirar los cohetes de Cuba a cambio de la retirada de los cohetes norteamericanos en Turquía, el Fiscal General, comprensiblemente, lo veía como «algo razonable que no representaba una pérdida para los Estados Unidos o para nuestros aliados de la OTAN», según relata el propio Kennedy en entrevista con Ronald Steel.[343]

En esa reunión el propio Dean Rusk, tan pusilánime, mostró más coraje y decisión que el Presidente y el Fiscal General y, con la colaboración de Ball y Thompson, redactó un borrador para que el Presidente lo enviara a Kruschev rechazando el intercambio de los cohetes en Turquía y demandando que de inmediato terminaran los trabajos en las instalaciones de cohetes en Cuba. Ignoraba Rusk la sigilosa visita de Robert Kennedy al diplomático soviético en la noche del viernes 26.

Robert Kennedy se opuso con acritud tanto al contenido como a la redacción del borrador y sugirió ignorar la segunda carta del Premier Soviético y responder a la primera proponiendo algo más. Mucho más. Proponiendo, en ese momento crucial para el futuro de Cuba, el compromiso norteamericano de no invadir ni permitir acciones contra el gobierno de Cuba a cambio de la retirada de los misiles en la isla. Sería el convenio formal, público, escrito. El informal, secreto, el de los misiles en Turquía, no se mencionaría.

Siguiendo la idea del Fiscal General, el EXCOM decidió responder la primera carta de Kruschev llegada por cable y al intercambio de Scali-Fomin del viernes, sin mencionar el segundo mensaje de Kruschev del sábado en la mañana.

Arthur Schlesinger, confirma en su libro «Robert Kennedy and his Time», que el Presidente le pidió a su hermano preparar el borrador de una respuesta a la primera carta de Kruschev. «En 45 minutos Robert Kennedy y Sorensen produjeron una nueva carta ofreciendo garantías de no invasión, a cambio de la retirada de todas las armas ofensivas de Cuba; todo esto sería acompañado por la terminación de la cuarentena y una inspección de las Naciones Unidas». Era el acuerdo formal ya expuesto al embajador Dobrynin.

En su obra «Kennedy», Theodore C. Sorensen amplía la información. Expone el asesor presidencial que «el Presidente nos

---

[343] Ronald Steel. New York Review of Books. Marzo 13, 1969.

solicitó al Fiscal General y a mí »... que redactáramos el borrador de la versión final y que la estudiáramos con Stevenson, quien le hizo dos pequeñas modificaciones que fueron aceptadas por el Presidente. Por el acápite b) del punto 2 de la carta, los Estados Unidos se comprometían a no invadir a Cuba.

La respuesta de Kennedy mencionaba como elementos llaves de la proposición de Kruschev los siguientes:

«1) Usted aceptaría remover esos sistemas de armamentos de Cuba bajo apropiada supervisión y observación de las Naciones Unidas; y poner en efecto, con convenientes garantías, la detención de futuros embarques letales de armas a Cuba.

2) *Nosotros, por nuestra parte, aceptaríamos* –sobre el establecimiento de acuerdos adecuados a través de las Naciones Unidas para asegurar que se lleven a efecto estos compromisos–

a) *remover prontamente las medidas de cuarentena o bloqueo ahora en efecto y*

b) *darle seguridad en contra de una invasión a Cuba. Yo confío que otras naciones del hemisferio occidental darán a usted la misma seguridad.»*

Continuaba en uno de sus párrafos la carta del Presidente:

«El efecto de esta decisión para disminuir las tensiones mundiales nos permitirá trabajar en arreglos generales relacionados con otros armamentos, como usted propone en su segunda carta que ha hecho pública»

La indiferencia que en Agosto, Septiembre y los primeros días de Octubre el Presidente había mostrado ante todas las informaciones que recibía del creciente poderío militar que se estaba estableciendo en la isla, se torna ahora en gran inquietud. No inquietud para responder militarmente a la provocación y peligro del emplazamiento de proyectiles en Cuba y a la agresión sufrida por el derribamiento del U-2 por uno de esos proyectiles. Inquietud para concluir, cuanto antes, las aviesas negociaciones. A las 8:00 P.M. el Departamento de Estado transmitió la carta del Presidente (redactada por Bobby) a la Embajada Americana en Moscú.

Ahora el Presidente tiene prisa. Quiere cerciorarse que Kruschev conozca, sin demora, que está dispuesto a pagar ese precio para resolver la crítica situación que su propia inacción ha agudizado. Por eso envía a su hermano a que, personalmente, entregue una copia de la carta al Embajador Dobrynin. Kennedy ha insistido que entregó la copia de la carta con una advertencia a Dobrynin de que si no recibía seguridad inmediata de que los cohetes serían retirados, los Estados Unidos procederían «con una fuerte acción de represalia». Son éstas, sólo, las palabras de Kennedy. Puede haberlas dicho. Puede que nunca las expresara.

MIRÓ CARDONA DENUNCIA: «CASTRO GOZA DE INMUNIDAD ABSOLUTA»

Estamos en la última semana del mes de octubre. Los misiles han sido claramente detectados. Lejos de la confrontación esperada y temida, se han iniciado negociaciones vergonzosas. Hay que impedir que «estos cubanos» obstaculicen las conversaciones. Triste epílogo pretende aplicarle la Administración Kennedy a las acciones comandos después del acuerdo con Kruschev. Lo sumariza el Dr. Miró Cardona en su carta-renuncia a la presidencia del Consejo Revolucionario.[344]

En el punto 23 del documento en que explica su renuncia al Consejo Revolucionario, el Dr. Miró Cardona hace mención a las acciones comando: «Se realizan acciones comandos llevadas a cabo por grupos de cubanos contra embarcaciones rusas fuera de las aguas jurisdiccionales de este país. Como consecuencia de las mismas se producen, con ritmo vertiginoso, seis hechos, desconcertantes los seis, que numero a continuación:

1) La esclarecedora nota de protesta rusa que advierte a los Estados Unidos *que se han violado compromisos.*

2) La nota del Departamento de Estado «censurando la acción cubana realizada», la cual contradice la Resolución Conjunta del Congreso de Septiembre de 1962. Resulta significativo que la acción llevada a cabo por el Directorio Revolucionario Estudiantil y por Agrupación Montecristi, con anterioridad al 22 de Octubre no recibiera idéntica respuesta.

3) El ataque de Castro a una embarcación norteamericana. Resulta súbitamente sospechoso que Fidel Castro observe, ahora!, el protocolo de las cortesías diplomáticas, ofrezca excusas y se les

---

[344] Carta del Dr. José Miró Cardona de abril 9, 1963. Archivo personal de Enrique Ros.

acepte. Con anterioridad al acuerdo quebrantado a que alude Rusia en la nota a que hemos hecho referencia, Fidel Castro ametralló el avión que piloteaba el infortunado Rudolf Anderson, sin que se produjera una represalia...

4) La orden terminante, comunicada a distintos compatriotas, confinándolos en el Condado Dade.

5) El embargo de embarcaciones cubanas, dos de ellas pertenecientes a organizaciones revolucionarias del Consejo, para inmovilizar y, finalmente

6) La más insólita y desconcertante de todas las medidas adoptadas: La advertencia a Inglaterra para que impida, o persiga en su caso, a los combatientes cubanos que navegan por las aguas jurisdiccionales de sus posesiones en América. De ese modo, Fidel Castro goza de una inmunidad absoluta en los tenebrosos designios de Kruschev, amparado por la policía marítima más eficiente de las potencias de tradición democrática del mundo».

Robert Kennedy

John McCone

McGeorge Boundy

Anatoly Dobrynin

Cuatro personajes importantes durante la Crisis de los Cohetes. El Fiscal General y hermano del Presidente Robert F. Kennedy se entrevistó con Anatoly Dobrynin, Embajador Soviético para negociar un acuerdo. John McCone, director de la Agencia Central de Inteligencia (CIA), quien desde agosto de 1962 mantuvo informado al Presidente sobre el emplazamiento de los misiles. McGeorge Bundy, asesor legal del Presidente.

CAPÍTULO XI

MÁS CONCESIONES. RETIRAR LOS COHETES JÚPITER DE TURQUÍA E ITALIA

«Los dos hombres se reunieron media hora más tarde en el Departamento de Justicia. Hay dos versiones de esta reunión del sábado en la noche: una escrita tres días después por Robert Kennedy, y una escrita en 1971 basada en informes de Dobrynin a Anatoly Gromyko, historiador soviético e hijo del Ministro de Relaciones Exteriores».[345]

Según Schlesinger «Bobby Kennedy comenzó la conversación enfatizando la gravedad de la situación. Si los cubanos derribaban aviones norteamericanos los norteamericanos iban a responder».

El hermano del Presidente en su «Thirteen Days» dice haberle expresado al Embajador que los Estados Unidos sabían que los soviéticos continuaban los trabajos en las bases de los cohetes y que los habían acelerado en las últimas horas, que el Presidente no deseaba una confrontación militar, que la Unión Soviética había mentido sobre las armas en Cuba y, por tanto, los vuelos de reconocimiento tendrían que continuar y si los cubanos o los soviéticos disparaban a los aviones de reconocimiento, «nosotros tendríamos que responder». No era «un ultimátum; sino una declaración de hechos». Hasta aquí todo luce bien en el testimonio de Bob Kennedy para la posterioridad.

Pero falta el comentario totalmente innecesario que, aunque lo ha revestido o fraseado en la forma más conveniente para él y su hermano, representó –aún en el tono informal e intrascendente con que lo narra– una invitación al canje de los cohetes soviéticos en Cuba por los misiles norteamericanos en Turquía:

«(Dobrynin) planteó el tema de retirar nosotros los cohetes de Turquía. Yo le dije que no debía haber un acuerdo de «dando y dando» («quid pro quo»); pero que el Presidente Kennedy había estado ansioso de retirar los cohetes de

---

[345] A. Schlesinger. "Robert Kennedy and his Time".

Turquía e Italia *desde hacía tiempo. Que el Presidente lo había ordenado mucho tiempo atrás; y que creíamos que dentro de poco tiempo, cuando terminara la crisis, los cohetes serían retirados». Luego envuelve esta enorme concesión, con un emplazamiento: «Debemos tener su respuesta en 24 horas».*

La versión de Gromyko difiere de esta dramática y amenazante postura conque Bob Kennedy describe su propia actuación, sólo en apariencia.

De acuerdo a Gromyko, Kennedy dijo que:

«Si estalla la guerra, millones de americanos morirían. El gobierno de Estados Unidos está tratando de evitar esto... y él estaba seguro de que la Unión Soviética tenía la misma posición. Cualquier demora en encontrar soluciones a esta crisis estaría preñada de gran peligro».

La versión de Dobrynin (una de las únicas dos versiones que de esa entrevista sin testigos existe) continúa apartándose de la de Bobby Kennedy. Un recuento tan poco fiable como el del Secretario de Justicia. En la versión soviética, el Fiscal General siguió expresando que «el Pentágono está ejerciendo una gran presión en su hermano por el derribo del U-2». Según Dobrynin relata a Gromyko «Kennedy manifestó que en los Estados Unidos, entre los generales de alto rango habían muchas cabezas estúpidas, ansiosos e impacientes por guerrear. Él no excluía la posibilidad de que se pudiera perder el control de la situación y esto llevaría a consecuencias irreparables».

El embajador ruso describe así a su interlocutor: «Robert Kennedy lucía agotado. Uno podía ver que no había dormido por días. Él mismo dijo que no había estado en su casa durante seis días y noches. Expresó que «el Presidente está en una grave situación, y no sabe como salir de ella. Estamos bajo una gran tensión. De hecho estamos bajo la presión de nuestros militares para usar la fuerza contra Cuba. Probablemente en este momento el Presidente esté escribiéndole un mensaje al Premier Kruschev. Nosotros deseamos pedirle a usted, señor Dobrynin, hacerle llegar al Premier Kruschev a través de canales no oficiales el mensaje del

Presidente Kennedy...».[346] Por supuesto, esta es la versión que ofrece Kruschev del informe de Dobrynin que debe considerarse tan parcializado como el embellecido relato de Bobby Kennedy.

Salinger confirma este estado mental y físico de los activos participantes en éstas, hasta hace poco, oscuras negociaciones. Admite Salinger:

«En octubre 27, cuando los miembros del Ex-Comm nos reunimos, muchos, como yo, habíamos estado viviendo en la Casa Blanca por ocho días, yo dormía en mi oficina en un pequeño catre».[347]

En la carta a Kruschev, cuya copia entregó personalmente Kennedy al Embajador Dobrynin, y en la conversación, sin testigos, del Fiscal General de los Estados Unidos y el embajador soviético en Washington, el destino de Cuba quedó sellado.

LOS COMPROMISOS CONTRAIDOS

Kruschev y Anatoly Gromyko hablan, en sus respectivas historias, del convenio a que se había llegado esa noche y sobre el que las dos partes (Dobrynin y Robert Kennedy) acordaron, por petición del Fiscal General, no publicar documento alguno. De acuerdo a Arthur Schlesinger[348], Gromyko, fiel al acuerdo, basó su libro en la obra «The Thirteen Days» de Bob Kennedy en lugar de basarla en los cables de Dobrynin.

Lo que hasta ayer se apreciaba como dos opuestas e interesadas interpretaciones, hoy tenemos que aceptarla, con evidente claridad, como una verdad histórica irrebatible: Robert F. Kennedy –siguiendo instrucciones del Presidente– ofreció, entre otras concesiones, retirar los cohetes Júpiter de Turquía. Lo afirma un testigo inobjetable. Veamos.

Robert Kennedy tenía específicas instrucciones del Presidente de informar al Embajador Dobrynin que los cohetes Júpiter serían

---

[346] Versión de Dobrynin que aparece en las notas autobiográficas de Nikita Kruschev "Kruschev Remembers".

[347] Testimonio de Pierre Salinger en la Conferencia de participantes en la Crisis, que se celebró en Moscú en enero de 1989.

[348] A. Schlesinger. Robert Kennedy and his Time.

retirados pero que no podía hacer un convenio público sobre esta transacción. ¿Quién hace esta afirmación? ¿Un fanático anti-kennediano? NO!. Lo dice, hoy, su Secretario de Defensa, Robert McNamara:

> *«Esas eran instrucciones específicas del Presidente. Cuatro o cinco de nosotros estábamos en la habitación y todos estábamos de acuerdo que Bobby debía informarle a Dobrynin que los cohetes Júpiter serían retirados, aunque no debía formalizarse un acuerdo público sobre esto».*[349]

Y vuelve McNamara a repetirlo:

> *«Estuvo bien claro que se le dio instrucciones a Bobby de que comunicara (a Dobrynin) que nosotros, unilateralmente, habíamos acordado retirar los cohetes de Turquía, aunque no por un acuerdo público».*

El convenio entre Dobrynin y Bob Kennedy conllevaba, como hemos expuesto, el compromiso de eliminar las bases de cohetes de Turquía. En Octubre 29, al día siguiente de darse a conocer el acuerdo, el Asesor General del Departamento de Defensa informó a sus subalternos que esos proyectiles iban a estar fuera en Abril primero.«[350] En efecto, en Abril 25 de 1963, a los cinco meses de aquellas conversaciones, McNamara informó que »el último cohete Júpiter en Turquía fue desmantelado ayer«. A nadie se le informó de esos acuerdos. Ni a los miembros de la OTAN. Ni al Congreso Norteamericano. Ni siquiera al EXCOM o Comité Ejecutivo. Por supuesto, tampoco al pueblo norteamericano.

Se quería mantener la imagen de un John F. Kennedy guerrero, corajudo, indoblegable. El propio Schlesinger ha admitido que:

> *«Mirándolo retrospectivamente, me parece a mí que se ha exagerado el riesgo de guerra en Octubre de 1962. Algo perdonable en aquel momento pero menos perdonable en una recapitulación histórica».*

Hasta el historiador norteamericano, y biógrafo de los dos Kennedys, considera que es necesaria la revisión de la imagen convencional de Kennedy durante la crisis.[351]

---

[349] Conferencia de Cambridge, octubre 12, 1987.

[350] A. Schlesinger. Obra citada.

[351] A. Schlesinger. Obra citada.

Lo mismo admitió, años después, otro de los participantes en el manejo de la Crisis. Dijo en 1987 Bundy.[352] «Mirándolo retrospectivamente, yo no creo que la presión era tan grande como el Presidente pensó en aquel momento».

Se ignoró, por años, algo aún más innoble. La proposición del Presidente Kennedy que, a través de un amigo común, Dean Rusk le haría llegar al Secretario General de las Naciones Unidas, U Thant. Dean Rusk, calmados ya sus impulsos bélicos, es llamado, en horas de la noche de este vergonzoso sábado negro, por el Presidente. Se le pide, por el propio Presidente, que llame por teléfono a Andrew Cordier,[353] y le dicte una declaración que debe ser hecha por U Thant proponiendo el retiro de los cohetes Júpiter de Turquía y los cohetes soviéticos de Cuba. Cordier entregaría esta proposición a U Thant sólo después que Kennedy y Rusk lo indicaran. La proposición la presentaría U Thant como propia sin revelar que había sido sugerida por Kennedy.

No fue necesario hacer pública esa proposición. Horas más tarde ya Kennedy y Kruschev se habían puesto de acuerdo: los cohetes saldrían de Cuba; los Júpiter saldrían de Turquía e Italia; Castro permanecería en Cuba. La Armada Americana se encargaría de garantizar su estabilidad.

Nada menos que el propio Dean Rusk admitió la proposición a U Thant ideada por John F. Kennedy. Lo hizo en carta entregada por él a su amigo McGeorge Bundy para ser leída en la Conferencia de Hawk's Cay en la Florida, el 6 de marzo de 1987.[354]

Temprano en la mañana del domingo 28 Robert Kennedy y Dobrynin vuelven a reunirse. Esta vez en la Oficina del Fiscal General. Dobrynin le comunica que el Premier Soviético ha aceptado retirar los cohetes de Cuba.[355]. Igual información está

---

[352] Conferencia de Hawk's Cay, Florida. Marzo 6, 1987.

[353] Andrew Cordier; Presidente de la Universidad de Columbia; antiguo funcionario de las Naciones Unidas. Amigo personal de U Thant y de Dean Rusk.

[354] En su carta, Dean Rusk comienza diciendo: "Hay una acotación que sólo yo puedo ofrecer...El Presidente Kennedy no iba a permitir que los cohetes Júpiter en Turquía se convirtieran en un obstáculo para la retirada de los misiles en Cuba... Él me instruyó a llamar a Andrew Cordier..." y continúa ofreciendo su detallada y anonadante confesión.

[355] Robert F. Kennedy. "Thirteen Days".

recibiendo Rusk. Se proyectará como una espléndida victoria lo que había sido una vergonzosa claudicación.

Pocos minutos antes de las nueve de la mañana Radio Moscú anunció que en una hora daría a conocer una importante declaración. Los hombres que rodeaban al Presidente esperaban la respuesta de Kruschev.

Efectivamente, esa mañana Kruschev responde, a través de la radio de Moscú, aceptando el ofrecimiento de Robert Kennedy sin mencionar, cumpliendo lo que Kennedy había solicitado, la inminente retirada de los Júpiters. Saldrán los cohetes de Cuba. Terminará la cuarentena. Un esplendoroso triunfo de ese joven adalid del mundo occidental. Sorensen explicará que los Kennedy estaban ofreciendo a Kruschev sólo un modo de salvar la cara que, de hecho, fortalecerá la posición norteamericana.

Los Estados Unidos se ha rendido. Es una de las más bochornosas claudicaciones de la política exterior norteamericana. Pero se le oculta a la nación el precio pagado. El desmantelamiento de los cohetes norteamericanos que, desde Turquía e Italia, amenazaban y contenían a la Unión Soviética, no será conocido.

CRONOLOGÍA DEL SÁBADO 27 DE OCTUBRE 1962. EL SÁBADO NEGRO

6:00 AM: Información de la CIA compilada a las 6:00 AM muestran que 3 de los 4 emplazamientos de cohtes MRBM en San Cristóbal y los 2 en Sagua la Grande parecen estar completamente operacionales.

9:00 AM: Radio Moscú comienza a transmitir un mensaje del Premier Kruschev. Pide el desmantelamiento de los cohetes en Turquía a cambio de la retirada de los misiles en Cuba (Cuando se está transmitiendo este mensaje, la copia original de la última carta de Kruschev al Presidente Kennedy es entregada en la Embajada Americana en Moscú).

10:00 AM: Se reúne el Excomm en la Casa Blanca, McNamara informa sobre los buques soviéticos moviéndose hacia Cuba. Recomienda que se aborde al Grozny que está, ahora, a unas 600 millas. El Presidente Kennedy pide que se le informe al U-Thant donde está trazada la línea de cuarentena.

Empieza a recibirse el segundo mensaje de Kruschev. Se recibirá completamente a las 11:03 AM.

10:15 AM Se conoce de un avión U-2 que ha entrado por error en el espacio aéreo soviético pero pudo salir sin ser atacado.

12:00 M Un avión U-2 de reconocimiento es derribado sobre Cuba. Su piloto, Comandante Rodolf Anderson, murió.

2:30 PM: Varios miembros del EX-COMM se reúnen para considerar las posibles opciones.

3:41 PM: Cuatro aviones norteamericanos F8U de reconocimiento vuelan sobre San Cristóbal y Sagua la Grande y son atacados con armas convencionales. Todos regresan.

4:00 PM: Los miembros del EX-COMM son llamados con urgencia para reunirse en la Casa Blanca. El Presidente Kennedy envía un inmediato mensaje a U-Thant solicitando urgentemente si puede lograr que el gobierno soviético estará dispuestos a *detener* las construcciones en las bases (de cohetes) mientras se continúan las negociaciones para buscar una solución a la crisis. En ese momento el Gral. Taylor informa que el U-2 fue derribado por un cohete SAM. El Presidente Kennedy, sin embargo, decide no tomar medida de retribución.

La mayor parte del tiempo se emplea en redactar la más reciente proposición de Kruschev. El Presidente Kennedy durante toda la tarde expresa su posición en favor de intercambiar los cohetes americanos en Turquía por los soviéticos en Cuba como ha ofrecido Kruschev. El Gral. Taylor expone la recomendación del Pentágono de iniciar un ataque aéreo y una invasión.

Va emergiendo la idea de responder la primera carta de Kruschev e ignorar la segunda. Robert Kennedy y Sorensen redactan el borrador.

Se acuerda entregar la carta de Kruschev con un mensaje *oral* a través del Embajador Dobrynin: si los cohetes son removidos los Estados Unidos se comprometen a no invadir y a retirar los cohetes Júpiter de

Turquía tan pronto como se resuelva la crisis. Que se mantenga esto secreto y que no se informe, siquiera, a los demás miembros del EX-COMM.

4:15 PM: A petición de Rusk John Scali y Fomin vuelven a reunirse.

7:45 PM: Dobrynin y Robert Kennedy se reúnen en el Departamento de Justicia. (En páginas anteriores hemos descrito esta reunión realizada sin testigos).

8:05 PM: La carta del Presidente Kennedy al Presidente Kruschev se transmite a Moscú.

EN LA NOCHE: Sin que los demás miembros del Excomm lo sepan, el Presidente Kennedy y Dean Rusk preparan un plan de contingencia para facilitar un anuncio público del intercambio de cohetes de Turquía por los de Cuba. Siguiendo instrucciones del Presidente, Rusk dicta por teléfono a Andrew Cordier (antiguo Subsecretario de las Naciones Unidas) un mensaje que Cordier debe darle a U Thant cuando reciba nuevas instrucciones de Kennedy o Rusk. (El mensaje era una proposición que haría U Thant pidiendo el intercambio de los cohetes de Turquía por los de Cuba.

«RECIBO LA DECLARACIÓN DE USTED DE QUE NO HABRÁ ATAQUES A CUBA DESDE LOS ESTADOS UNIDOS NI DESDE OTRAS NACIONES».

La respuesta llegaba en una tercera carta (la décima que se habían intercambiado la Casa Blanca y el Kremlin en siete días: 5 en cada dirección). El tercer párrafo de la misiva informaba que, en adición a las primeras instrucciones dadas por el gobierno soviético de descontinuar el trabajo de la construcción de las bases, se había dado una nueva orden de desmantelar las armas descritas por el gobierno americano como ofensivas y devolverlas a la Unión Soviética. La carta continuaba en un importante párrafo:

«Yo recibo con respeto y confianza la declaración de usted en su mensaje de Octubre 27 que no habrá ataque ni invasión a Cuba y no sólo de parte de los Estados Unidos sino, también, de otras naciones del hemisferio occidental como usted dice en su mensaje. Entonces, los motivos que

nos indujeron a prestarle ayuda de ese tipo a Cuba, desaparecen».

Continuaba la comunicación enfatizando las razones para el desmantelamiento:

*«**Es por esta razón** que hemos dado instrucciones a nuestros oficiales –porque estos medios, como yo le informé a usted antes, están en las manos de oficiales soviéticos– a tomar las medidas apropiadas para descontinuar la construcción de las mencionadas facilidades, desmantelarlas y devolverlas a la Unión Soviética. Como le informé en mi carta de Octubre 27 nosotros estamos preparados para llegar a un Acuerdo que le permita al Representante de las Naciones Unidas verificar el desmantelamiento de estas bases así como en vista de las seguridades que usted ha dado y nuestras instrucciones de desmantelar, se cumplen todas las condiciones para eliminar el presente conflicto.»*

Al mediodía, luego de una sesión de una hora con el Comité Ejecutivo, Kennedy redactó un rápido mensaje de aceptación que fue entregado a los periodistas y radiado a Moscú a través de La Voz de las Américas:

«Le doy la bienvenida a la decisión, propia de un estadista, del Premier Kruschev de detener la construcción de bases en Cuba, desmantelar las armas ofensivas y devolverlas a la Unión Soviética bajo la verificación de las Naciones Unidas. Esta es una importante y constructiva contribución a la paz.»

*«Nosotros estaremos en contacto con el Secretario General de las Naciones Unidas **en relación a las medidas recíprocas para asegurar la paz en el área del Caribe**.»*

Medidas recíprocas: garantizar la inmunidad de Castro. Garantizar su permanencia en el poder. Habrá paz –una paz kennediana– en el área del Caribe.

Castro, mientras tanto, había emitido una declaración por su cuenta, ignorando completamente la decisión soviética de retirar los misiles bajo inspección de las Naciones Unidas. Por radio y televisión dió a conocer sus propios términos para terminar la crisis. Castro demandaba que los Estados Unidos hiciese lo siguiente:

1) Terminar el bloqueo y toda presión económica sobre Cuba.
2) Terminar todos los hostigamientos a su régimen realizados por exiliados cubanos.
3) Detener todos los ataques de grupos comandos de exiliados.
4) Detener los vuelos sobre territorio cubano.
5) Retirarse de la Base de Guantánamo.

Pero a Castro no le ofenden las negociaciones. Lo que le irrita, porque lo humilla, es que éstas se hayan o se estén llevando a efecto sin su propia participación. Para tratar de subsanar esta incómoda −y para él, peligrosa− situación, el dictador cubano apela a quien le ha servido lealmente en foros internacionales: Carlos Lechuga.[356]

Lechuga se encuentra en esos momentos desempeñándose como Embajador en México. El 28 de octubre, cuando se dió a conocer la respuesta de Kruschev en que afirmaba que «han desaparecido los motivos que nos indujeron a prestarle ayuda de ese tipo a Cuba», Castro se alarma aún más y llama de inmediato a su embajador en México. Lo recibe personalmente en el aeropuerto y le informa que ha sido nombrado embajador en las Naciones Unidas. Su misión: Tomar todas las avenidas necesarias para integrar a Cuba en las negociaciones que la Unión Soviética y los Estados Unidos están efectuando para resolver la crisis.

Cuatro funcionarios de la Administración norteamericana se dirigían ahora a Nueva York para entrevistarse con U Thant y persuadirlo de que se iniciara de inmediato la inspección. Los cuatro funcionarios eran los siguientes: Michael Forrestal, del personal de la Casa Blanca; Joseph Charyl, Subsecretario de la Fuerza Aérea; Abram Chayes y Joseph Siscoe, del Departamento de Estado. U Thant se negó a implementar la inspección inmediata porque consideraba que esto excedía sus poderes.

LOS «COMPROMISOS CONTRAIDOS» COMIENZAN A EJECUTARSE

Esa tarde, el Presidente Kennedy preparó y envió a Moscú una respuesta más formal a la carta de Kruschev del domingo en la

---

[356] Carlos Lechuga Hevia escribía para El Mundo y Bohemia en 1958. En abril de 1959 acompañó a Castro en su viaje a Nueva York. En 1962 era el embajador ante la Organización de Estados Americanos (OEA), cuando Cuba fue separada de ese organismo. Pasó, entonces, a servir como embajador en México.

mañana, *reafirmándole que los compromisos contraídos serían prontamente ejecutados.* Muy pronto comenzarán a ejecutarse «los compromisos contraídos».[357]

El aparente rigor de la cuarentena impuesta a Cuba por el Presidente Kennedy, y la rapidez con que se logró la retirada de los cohetes rusos, dejó a los norteamericanos con una falsa impresión. Dice David Lowenthal[358] que,

«sólo en contraste con la debilidad de nuestra previa política cubana fue ésta una decisión fuerte y vigorosa. Dada la circunstancia, fue la más débil respuesta abierta a nosotros... en el proceso hizo concesiones que van a contribuir al crecimiento de un poder militar comunista y a la subversión en este hemisferio».

Fueron palabras proféticas las que en enero 29 de 1963, exactamente a los tres meses de concluida la crisis creada por la imprevisión de Kennedy, expusiera el distinguido profesor de ciencias políticas.[359] Con conocimiento de evidencias ciertas de los emplazamientos de cohetes y de los propios proyectiles, Kennedy no tomó medida alguna para detener el flujo de armamentos hacia Cuba. Y por virtud de la distinción entre armamentos «defensivos» y «ofensivos», permitió que continuara sin interrupción, el fortalecimiento militar soviético en Cuba.

Ese domingo 28 de Octubre todo era alegría en la Casa Blanca. Sorensen describe en su obra[360] el profundo sentimiento de alivio y alegría con que el pequeño grupo cercano al Presidente se reunió para celebrar que la confrontación había terminado y los cohetes serían retirados. El Presidente había recibido la noticia con «tremenda satisfacción», y, «mostrando la misma precisión conque en los 13 días había determinado cuanta presión aplicar..., suspendió los vuelos de reconocimiento para ese domingo y ordenó a la Marina evitar detener cualquier barco ese día».

---

[357] En Marzo 30, 1963, el Departamento de Justicia de Estados Unidos emitió una "Orden de prevención de salida y enmienda a las condiciones de refugiados" a todos los cubanos que participaban en actividades contra el régimen de Castro. Luis Manrara "Cohetes Rusos en la Cuba Roja".

[358] David Lowenthal, Profesor de Ciencias Políticas de Wheaton College, Illinois.

[359] David Lowenthal "National Review". Enero 29 de 1963

[360] Ted Sorensen. "Kennedy".

LOS «COMPROMISOS CONTRAIDOS»" COMIENZAN A EJECUTARSE

Orden de prevención de salida y enmienda de las condiciones de refugiados, emitida el 30 de marzo de 1963.

NOTICE OF PREVENTION OF DEPARTURE AND AMENDMENT OF CONDITIONS OF PAROLE, SERVED ON OCTOBER 30, 1963 TO CUBAN FREEDOM FIGHTERS BY THE UNITED STATES DEPARTMENT OF JUSTICE

✸ ✸ ✸

UNITED STATES DEPARTMENT OF JUSTICE
Immigration and Naturalization Service,
P. O. Box 52-622,
Miami, Florida

NOTICE OF PREVENTION OF DEPARTURE
and
AMENDMENT OF CONDITIONS OF PAROLE

Please be advised that the provisions of Section 215 of the Immigration and Nationality Act and Presidential Proclamation No. 3004 dated January 17, 1953 relating to the departure of United States citizens and aliens from the United States are in force and effect. This is official notice that you are not to depart from the territory of the United States until further notice.

Failure to comply with this order or the unlawful transportation of a person whose departure is forbidden will subject you to a fine of $5,000 or imprisonment for not more than five years or both. Penalties also include a seizure of any vessel or aircraft involved in such unlawful transportation.

You are further advised that the conditions of your parole into the United States under Sec. 212(d)(5) of the Immigration and Nationality Act are hereby amended to provide that you are to remain within the land limits of Dade County, Florida and failure to comply with these conditions will result in the revocation of your parole.

Served: *March 30, 1963*
(date) *5:45 PM*

At: *Miami, Fla.*

Signature: *Howard F. ...*

Acting District Director,
U. S. Immigration and
Naturalization Service

Title: (Investigator)
Departure Control Officer

Se convertían en ilegales las mismas acciones que, semanas atrás, alentaba en su despacho el ministro de justicia de los Estados Unidos. Fuente: Luis Manrara. «Cohetes rusos en la Cuba roja».

LOS ESTADOS UNIDOS ESTÁN EN PAZ CON CUBA

Hasta las primeras tres semanas de octubre de 1962 se alentaban desde las oficinas del Fiscal General de los Estados Unidos, acciones contra el régimen de Castro. Luego de los «compromisos contraídos» el 28 de octubre, comenzaron a embargarse las embarcaciones "utilizadas en acciones contra un país con el que los Estados Unidos está en paz". (Documento publicado en «Cohetes Rusos en la Cuba Roja» por Luis V. Manrara).

NOTIFICATION OF SEIZURE SERVED ON JANUARY 8, 1964, BY THE UNITED STATES TREASURY DEPARTMENT --BUREAU OF CUSTOMS, TO CUBAN FREEDOM FIGHTERS

TREASURY DEPARTMENT
BUREAU OF CUSTOMS

OFFICE OF THE DEPUTY COLLECTOR
P. O. Box 2980
Miami, Florida   33101

January 8, 1964

Refer to: Seizure M-2073 ADM

You are hereby notified of the seisure by Customs officers at this port, on December 14, 1963, of the following described boat.

    1-23 foot motor vessel, name and registration unknown.
    Bertram hull, Chrysler Model 413 engines. Serial
    numbers 69685 and 69734.

Total Domestic Value - $2000.00

Seizure was made under the provisions of Title 22, United States Code, Section 401 as it was established that this vessel was to be used on a raid against a country with whom the United States is at peace. The vessel is subject to forfeiture.

You are informed it is your privilege, under the provisions of Title 19, United States Code, Section 1618, to apply for remission or mitigation of the forfeiture incurred. Should you desire to do so, a petition for relief signed by you containing a statement of all extenuating circumstances should be addressed to the Commissioner of Customs, and submitted to this office in quadruplicate for further handling. Such petition must be submitted to this office within 60 days from the date of this letter.

Sincerely yours,
A. B. ANGLE, COLLECTOR OF CUSTOMS

By: W. M. Stankiewics
Deputy Collector in Charge

En esa demostración de «decisión que mostró durante estos 13 días» el Presidente, recuerda Sorensen, dió otra orden:

«pidió que se tomaran las precauciones necesarias para evitar que unidades de cubanos exiliados, con uno de sus ataques comandos que realizan en busca de publicidad, afectaran el acuerdo a que se ha llegado».

Tan sólo días atrás su hermano había expresado al Grupo de Trabajo la irritación del Presidente porque estas «unidades de cubanos exiliados» no estaban realizando suficientes acciones comandos. No las calificó, entonces, como acciones «en busca de publicidad». Ahora, que creía haber logrado el nuevo Pacto de Munich, había que impedir toda acción de las «unidades de cubanos exiliados».

Al terminar la reunión, Sorensen va a su oficina, le lee a su secretaria una cita del libro «Profiles in Courage» y le dice: «Él nunca podrá exceder lo que ha hecho hoy». Difícilmente podría hacerlo.

CAPÍTULO XII

LAS PRIMERAS VERSIONES: EL CUENTO DE HADAS DE KENNEDY

Habíamos dicho en la introducción que altos funcionarios de la Administración de Kennedy y escritores y periodistas cercanos al Presidente fueron los primeros en escribir sobre esta histórica confrontación, y sus versiones, obsequiosas, halagadoras, encomiásticas, tendían todas a justificar la actuación del Presidente a quien habían servido o con quien habían mantenido estrechos lazos de amistad. Todos los primeros artículos y las tempranas publicaciones repetían la misma caracterización de las, para ellos, magníficas cualidades de liderazgo, de talento, de equilibrio, de coraje, de decisión, mostrados por el joven Presidente durante los dramáticos 13 días de la crisis. Trece días. El período de tiempo al que los lisonjeros historiadores solo quieren referirse.

Ellie Abel había sido corresponsal del New York Times. En esa calidad cultivó estrechos contactos con el Departamento de Estado. Su libro «La Crisis de los Cohetes» refleja esa relación aunque es valiosa porque muestra una precisa secuencia de los hechos.

Pero el trabajo de Abel[361] es una glorificación de la actuación de Kennedy durante la crisis. Considera que «el Presidente Kennedy respondió espléndidamente a la crisis...actuando cuidadosa y racionalmente...navegando exitosamente entre la guerra y la rendición».

Weintal y Bartlett[362] juzgan la crisis cubana como «el éxito más grande de Kennedy en materia de política internacional». Alexander L. George[363] estima que «mientras las acciones y decisiones de Kennedy envolvían el riesgo de guerra, el Presidente no actuó descuidadamente para aumentar esta probabilidad»... y que Kennedy manejó hábilmente la estrategia de la diplomacia coercitiva.

---

[361] Ellie Abel. "The Missile Crisis", 1966.

[362] Edward Weintal y Charles Bartlett. "Facing the Brink". 1967.

[363] Alexander L. George: "The Limits of Coercive Diplomacy".

Para algunos de estos admiradores, «Kennedy fue el precursor en la forma de saldar las confrontaciones nucleares» (Newstadt).[364] Alsop[365] elogia al Presidente por haber controlado la crisis «combinando deliberación con planeación, dureza con flexibilidad y coerción». Uno de las más grandes loas viene de Sidey:[366] «El Presidente Kennedy actuó magistralmente durante estos críticos 13 días... y demostró una comprensión excepcionalmente rara de la presidencia». Luego de varios capítulos ensalzando la actuación de Kennedy durante la crisis de Octubre, Sidey termina así sus páginas de elogios: «Y, finalmente, los Estados Unidos y su joven presidente fueron considerados en gran estima como defensores del mundo libre por las personas que aman la libertad». Un bello cuento de hadas.

Esa es la versión color rosa de la Crisis de Octubre. La realidad parece ser otra.

COMIENZA A CREARSE LA LEYENDA

Fieles a lo convenido, todos los colaboradores del Presidente comienzan a negar la existencia de acuerdos. Así, ante el Comité de Relaciones Exteriores del Senado, el 25 de Enero de 1963, Dean Rusk, respondiendo a preguntas formuladas, afirmó que no hubo acuerdo ni trueque, en forma alguna, en relación a la solución de la crisis de los cohetes. En 1963 McNamara al responder al Comité de Apropiaciones del Congreso afirmó que «sin calificación alguna puedo afirmar que no hubo absolutamente ningún acuerdo o trueque entre la Unión Soviética y los Estados Unidos en relación a retirar los cohetes Júpiter de Italia o Turquía». Mc George Bundy en su obra «Danger and Survival», afirma: «En lo que yo conozco, ninguno de nosotros nueve dijimos a nadie lo que había pasado. Nosotros negamos, en todos los foros, que hubiera habido acuerdo alguno». Así quedó establecida la leyenda de que Kennedy había vencido en la confrontación al dictar un virtual ultimátum.

---

[364] Richard E. Newstadt "Afterworld". 1971.

[365] Stewart Alsop. "In Time of Crisis". Saturday Evening.

[366] Hugh Sidey. "John F. Kennedy, President". 1964.

Para todos los que escribieron en la década del 60 los soviéticos se habían rendido. Para todos aquéllos que ignoraban la verdad, Kruschev sencillamente había dado un paso atrás. Aunque fueron los Kennedy, el Presidente y el Fiscal General, los que habían acordado negociar, el estigma de negociador, de convenir un nuevo «Pacto de Munich», recayó sobre Adlai Stevenson. Sin embargo, lo que Stevenson propuso: el intercambio de los cohetes americanos en Turquía por los cohetes soviéticos en Cuba, y la garantía de no invadir a Cuba, fue lo que ambos Kennedys plantearon y llevaron a la práctica. Stevenson quedó con el estigma. John F. Kennedy y Robert Kennedy se quedaron con la gloria de una victoria no comprometida.

La euforia y los elogios con que celebró la prensa la «hábil solución de la crisis por parte del Presidente Kennedy», iban acompañadas de una mordaz crítica a los militares que habían abogado por una acción drástica. Sentimiento artificialmente creado y que fue resumido por Robert Kennedy con estas palabras: «esta experiencia nos señala a todos la importancia de la dirección y control civil en estos temas».[367]

LA VERDAD SE ABRE PASO

Todo era falso. La negociación secreta —a espaldas del Comité Ejecutivo— de Bobby Kennedy con el Embajador Dobrynin había sido aún más elaborada. Más pérfida. La mencionamos en páginas anteriores. El Presidente había llamado a solas a su Secretario de Estado y urdido con Rusk otro ardid. Lo confesará el propio Dean Rusk años después.

En marzo de 1987 se celebró en Hawk's Clay, Florida, la primera de varias conferencias sobre la Crisis de los Cohetes en las que han intervenido norteamericanos, soviéticos y cubanos que activamente participaron en esta crisis. A la reunión de Hawk's Clay, por el lado norteamericano, concurrieron entre otros, Robert McNamara, McGeorge Bundy y Ted Sorensen. Por encontrarse enfermo, Dean Rusk no puso asistir pero envió una muy esclarecedora carta para ser leída en la conferencia.

En su carta dice el antiguo Secretario de Estado:

---

[367] Robert F. Kennedy. "Thirteen Days".

«*Hay una postdata que sólo yo puedo ofrecer. Era claro para mí que el Presidente Kennedy no hubiera permitido que los cohetes en Turquía se convirtieran en un obstáculo de la remoción de los emplazamientos de cohetes en Cuba y que los cohetes Júpiter en Turquía iban a ser retirados de todos modos*» ...*Continúa Dean Rusk afirmando que* «*el Presidente me instruyó a dictar una declaración que haría el Secretario General de las Naciones Unidas U Thant, proponiendo retirar tanto los cohetes norteamericanos en Turquía como los cohetes soviéticos en Cuba*».

La carta de Rusk revela que si la Unión Soviética hubiese rechazado el convenio planteado a Dobrynin, vagamente redactado, Kennedy le hubiera pedido al Secretario General de las Naciones Unidad U Thant que propusiera la retirada simultánea de los cohetes norteamericanos en Turquía y los cohetes soviéticos en Cuba. Era la admisión de una total claudicación.

Demostrativo de la forma sinuosa y encubierta con que procedía la Administración de Kennedy para protegerse del juicio crítico de la historia, Dean Rusk revela que:

«*esa declaración se pondría en las manos de U Thant después que le diéramos nosotros la señal. No fue necesario dar ese paso y las declaraciones que yo había dejado en manos de Andrew Cordier nunca han visto la luz del día. En lo que yo conozco, sólo el Presidente Kennedy, Andrew Cordier y yo somos los únicos que conocemos de este paso particular*».

Y este es el Presidente que han querido presentar como enérgico, valeroso, resoluto.

Como se puede apreciar, los peligros de una guerra nuclear durante la crisis fueron mucho menores que los que distintos analistas creyeron. La disposición de Kennedy de entregar los cohetes norteamericanos en Turquía muestra, según palabras de McGeorge Bundy, el Asesor Especial de Kennedy, que el Presidente «estaba preparado para ir una milla extra para evitar un conflicto, y decidido a absorber cualquier costo político que esto hubiera producido».[368]

---

[368] McGeorge Bundy. "Danger and Survival".

262

Fue la intencionada falsa información sobre cómo y a qué precio se resolvió la crisis de octubre lo que contribuyó a creer la imagen de un joven presidente decidido, enérgico, temerario. Imagen que, por años, fue protegida por los protagonistas con una sólida muralla de silencio. El «omerta» de los sicilianos aplicado por los irlandeses de Boston.

Pero, con los archivos que el paso de los años han abierto, la muralla comenzó a agrietarse. A conocer la verdadera historia mucho ha contribuido la participación en debates y conferencias de varios de los que intervinieron en aquellas negociaciones y acuerdos.

George Will, el conocido columnista de Washington Post, ha afirmado que la mayor parte de «los norteamericanos consideran que la Crisis de los Cohetes en Cuba fue una victoria lograda por un Presidente preparado para llevar el mundo al borde de una confrontación. Realmente no se llegó a ese borde ni hubo un triunfo para ser celebrado».[369]

La Unión Soviética no iba a ir a una guerra, afirman Will y otros escritores, cuando los Estados Unidos tenían una ventaja de 16 a 1 en cohetes con cabezas nucleares.[370] Will considera que «el Kremlin debe haber quedado atónito cuando Kennedy sólo solicitó la retirada de los cohetes en Cuba. De esta forma autorizó todos los demás usos soviéticos en Cuba». Así, en 1968, se introdujeron en Cuba los MIG-21.

---

[369] George Will, The Miami News, Lunes, Septiembre 7, 1987.

[370] McNamara en la reunión de Marzo 5 de 1987 dio estas cifras: "Nosotros teníamos 5,000 cohetes con cabezas nucleares cuando, en aquel momento, los soviéticos sólo tenían 300".

Fue J. F. Kennedy quien primero sugirió, en una reunión del Ex-Comm, el intercambio de los cohetes soviéticos en Cuba por los cohetes Júpiter norteamericanos en Italia y Turquía. Luego responsabilizaron al Embajador Adlai Stevenson con este nuevo "Pacto de Munich". En la foto el Embajador Stevenson respondiendo a esas imputaciones en el programa "Today" de la NBC.

CAPÍTULO XIII

LA VERDAD HISTÓRICA

Es conveniente relacionar algunos de los elogios y alabanzas prodigadas al Presidente por su actuación durante la Crisis de los Cohetes para, en medio de ese extenso mar de aplauso y adulación, poder encontrar la verdad histórica. Una verdad que no se encuentra en esas primeras obras que, en muchos casos, han llegado a la glorificación y divinización del personaje, sino en la fría realidad que muestran documentos oficiales que estuvieron celosamente calificados como secretos sensitivos por más de 30 años y que en este libro hemos presentado. A través de esos documentos, que recogen reuniones en la Casa Blanca, en la Agencia Central de Inteligencia, en las Oficinas del Fiscal General, en el Departamento de Defensa y en el Departamento de Estado y en otras tantas dependencias, hemos encontrado las evidencias que nos permiten llegar a la verdad.

En la copiosa abundancia de alabanzas y loas desplegadas por los panegiristas del primer mandatario norteamericano sobresalen, por lo repetido, cuatro calificativos de las cualidades exhibidas durante la confrontación: a) liderazgo, b) visión, c) responsabilidad, d) coraje.

Veamos, al observar los hechos con la luz aportada por los hasta ayer inéditos documentos, si son éstos los dones exhibidos por el Presidente o si, por el contrario, J. F. Kennedy se muestra en aquel proceso como un hombre vacilante, temeroso, irresoluto.

Aún antes de que recientemente se desclasificaran muchos documentos que muestran las negociaciones hasta hace poco ocultas, ya se habían exteriorizado severas críticas al presidente norteamericano. Venían de distintos campos: el militar, el académico; también el político.

¿LIDERAZGO?

Su ineptitud y carencia de liderazgo comenzó a señalarse en algunos trabajos brillantemente reunidos por William J. Medland[371] en el V Capítulo de su obra «La Crisis Cubana de los Cohetes de 1962» en los que recoge la interpretación revisionista de lo que él llama «Perspectiva del Ala Derecha».

Esa falta de liderazgo –mostrada en la crisis del Muro de Berlín, la neutralización de Laos y la invasión de Bahía de Cochinos– indujo a Kruschev a colocar los cohetes en Cuba considerando que, al ser descubiertos Kennedy vacilaría y se resignaría a la aceptación de los misiles. Temeroso de que una acción firme pudiera precipitar una guerra nuclear, Kennedy se inhibió de ejercer un firme liderazgo antes y después de que se hiciera pública la presencia de misiles en Cuba. Dada la abismal diferencia en el poderío nuclear entre la URSS y los Estados Unidos[372] todos los críticos han considerado nimio o negligible tal riesgo.

Varios meses atrás, el 19 de julio el Presidente había convocado a lo que Bundy calificó de «la reunión más importante que habían tenido en el Consejo Nacional de Seguridad»[373]. Kennedy tenía que decidir sobre el rápido fortalecimiento militar convencional propuesto por Acheson para mostrar que los Estados Unidos estaban «irremisiblemente comprometidos a la defensa de Berlín». Kennedy se negó a ordenar la movilización inmediata de las tropas norteamericanas y vetó la proposición de Acheson de declarar un estado de emergencia nacional. En lugar de tomar estas medidas, el Presidente optó por asignar más fondos para construir más refugios antiaéreos y antinucleares. Acheson afirmó: «Señores, tenemos que enfrentarnos a una realidad. Esta es una nación que carece de un liderazgo»[374].

---

[371] William J. Medland, Profesor de Historia de los Estados Unidos de Saint Mary's College of Minnesota, ha escrito una de las más equilibradas obras sobre esta materia. "La Crisis Cubana de 1962 de los Cohetes" editada en 1988.

[372] Strike in the West, editado en 1963, es el primer libro extenso y profundo que se publica sobre la crisis de los proyectiles. Autores: James Daniel y John A. Hubbell.

[373] Citado por M R Bechloss, en "Los Años de Crisis".

[374] Citado por Michael R. Bechloss en "The Crisis Years".

Para el Mayor General Thomas A. Lane («The Leadership of President Kennedy»),[375] el Presidente mostró falta de liderazgo antes y durante la crisis de los cohetes en Cuba; «fue un liderazgo by retreat and failure». Lane considera que un Presidente enérgico hubiera invocado la Doctrina Monroe al primer signo de cualquier presencia soviética en Cuba; pero Kennedy falló inicialmente de ejercer su firme lideratura por temor de que cualquier acción enérgica podría precipitar una guerra nuclear.

La idea preconcebida del Presidente de que Kruschev actuaría moderadamente en su respaldo a Castro «paralizó su capacidad de ser objetivo» según Lane. De esta forma, Kennedy permitió que el compromiso soviético con Castro aumentase. La preocupación del Presidente de que la crisis podría conducir a una guerra nuclear muestra, según Lane, el amateurismo de liderazgo de Kennedy ya que suponer que los líderes soviéticos preferirían una guerra nuclear a retirarse de Cuba es confesar una profunda ignorancia del poder, la política y de su enemigo, afirma Lane.

¿VISIÓN?

Si el Presidente no actuó antes no fue por falta de información. Las Agencias de Inteligencia y el Pentágono emitían, una y otra vez, documentos e informes que señalaban el peligro que podría representar, para la seguridad de los Estados Unidos y del continente, el arsenal militar que Cuba estaba recibiendo.

En Agosto 10 el Director de la Agencia Central de Inteligencia en reunión con el Secretario de Estado, con el Secretario de Defensa, el Jefe del Estado Mayor Conjunto y otros funcionarios, reportó que la súbita importación de material por Cuba que se estaba observando podría incluir equipos electrónicos para ser usados contra Cabo Cañaveral y equipo militar que incluye proyectiles balísticos de mediano alcance.

Once días después, reunido con el mismo grupo, les confirma la presencia de cohetes de tierra a aire y la probabilidad de cohetes balísticos de mediano alcance. Esta misma información se la ofreció

---

[375] La obra del Gral. Lane editada en 1964, formula severos juicios críticos que son luego recogidos en la publicación de Malcolm E. Smith: "Los 13 Grandes Errores de Kennedy en la Casa Blanca".

directamente al Presidente en Agosto 22 y se la reconfirmó nuevamente en Agosto 23. Unos días más tarde la situación que se le expone era aún más seria:

«podríamos estar enfrentándonos a cohetes soviéticos de corto alcance de superficie a superficie que pudieran alcanzar importantes objetivos del sureste de los Estados Unidos y posiblemente áreas de Latinoamérica y el Caribe».

En Septiembre 10 conoce de que puede tratarse de misiles de «capacidad ofensiva, como los MRBM, para ser instalados por los soviéticos después que termine la presente fase». Las advertencias continúan. En Septiembre 13 el Director –respondiendo a dudas que se le formulaban– afirma que el establecimiento de equipos defensivos e instalaciones es «sencillamente un preludio de la localización de armamentos ofensivos de capacidad y, una vez que esto esté hecho, la implementación de nuestra política podría ser extremadamente difícil y *envolvería peligros inaceptables*». Pero el Presidente no quiere ver.

Continúan las advertencias. En Septiembre 16, mientras el Presidente sigue más interesado en su campaña electoral que en la seguridad nacional, vuelven las agencias de seguridad a informarle el peligro creciente: «Creemos que la comunidad de inteligencia debe mantener informado al gobierno del peligro y que la detección de pasos preparatorios pudieran estar por encima de nuestras posibilidades una vez que esté en operación el sistema de defensa cubano». El gobierno, léase el Presidente, está informado pero no actúa. Vuelve McCone a ofrecer, con gran claridad, otro aviso de alerta al Presidente:

«Se informa por la prensa que existe una nítida demarcación entre preparaciones defensivas y ofensivas y yo afirmo que nosotros no podemos estar seguros de esto».

McCone reconoce claramente cual es su posición y cual es la del Presidente cuando afirma:

«Yo reconozco que las decisiones sobre la política hacia Cuba son muy delicadas y están más allá de mi competencia y de la agencia que yo dirijo. Sin embargo yo creo que debemos ofrecerle a aquéllos que tienen que tomar las decisiones nuestro mejor estimado de los posibles

desarrollos de situaciones que inesperadamente pudieran confrontarse».[376]

Varios son los propósitos que persigue Kruschev al colocar proyectiles balísticos en Cuba. Uno de ellos es el de conseguir una «importante y efectiva posición de negociación en todas las áreas críticas. Por eso pueden asumir un inesperado riesgo para lograr esa posición». Así lo expresa el Gral. Marshall Carter Sub-Director de la CIA, en cable de Septiembre 30. Antes de tres semanas los soviéticos, alcanzada «la importante y efectiva posición de negociación» estarán imponiendo sus condiciones para el retiro de los cohetes. No había querido verlo quien entre «sus excepcionales cualidades de liderazgo» se le atribuía «su visión».

¿CORAJE?

Otros participantes en la Crisis han recientemente expresado que en su opinión no hubo peligro de confrontación nuclear como hizo aparecer el Presidente Kennedy en los días que siguieron a su declaración a la nación norteamericana el 22 de octubre. El Gral. Maxwell D. Taylor afirmó en 1982[377] que él no recordaba ninguna preocupación, de su parte, sobre el temor de un ataque nuclear. Cinco años después volvió a expresar esa misma idea.[378]

«No tuve ni tengo la más mínima preocupación de que existiese la más remota posibilidad de que aquella confrontación pudiera conducir a un choque nuclear».

Son las palabras del Jefe del Estado Mayor Conjunto de las Fuerzas Armadas de los Estados Unidos. Un militar que no estaba preocupado con el resultado de las elecciones congresionales que se celebrarían muy pocos días después de «la Crisis de los Cohetes».

En igual sentido se expresó otro de los hombres de más estrecha relación con el Presidente, Douglas C. Dillon, Secretario del Tesoro y miembro del Ex-Comm, y quien participó muy activamente en las deliberaciones:

---

[376] John McCone Memo de Septiembre 16, 1962.

[377] Washington Post, octubre 5, 1982.

[378] Conferencia de Hawk's Cay, Florida, marzo 1987.

«La posibilidad de una acción militar de parte de la Unión Soviética era muy pequeña. Yo no consideré que ellos iniciarían una acción militar aún si nosotros realizábamos un ataque aéreo a Cuba».[379]

Pero el Presidente, y cito aquí las palabras de su biógrafo y Consejero Especial Ted Sorensen,[380] rechazaba someterse a los

«halcones del Congreso y de la prensa– y algunos en el Pentágono– que deseaban arrastrar a este país a una innecesaria e irresponsable guerra contra una pequeña nación que no ha probado ser una seria amenaza para este país».

Su obstinación en negarse a tomar una decisión frente a las innegables evidencias pronto lo llevarían –como previó McCone– a *«las situaciones que inesperadamente pudieran confrontarse».*

En Septiembre 20 McCone se anticipa a los hechos que se van a producir dentro de 3 semanas: «Yo puedo ver que una base ofensiva soviética en Cuba puede ofrecerle a los soviéticos una posición de negociación más importante y efectiva y, por tanto, ellos podrían tomar un riesgo inesperado a fin de establecer esa posición».

Sólo el Presidente, carente de visión y de coraje, continuó ignorando el peligro hasta que éste se convirtió en tétrica realidad.

¿RESPONSABILIDAD?

Con su concesión a los soviéticos Kennedy facilitó que la subversión Castro-comunista se extendiera por Centro y Suramérica, debilitó las defensas del mundo occidental en Europa y llenó de preocupación a los aliados de esta nación.

Para David Lowenthal,[381] la respuesta del Presidente Kennedy a los cohetes soviéticos en Cuba fue un acto mínimo que eliminó sólo la amenaza más obvia e inminente. Lowenthal critica a

---

[379] Conferencia citada.

[380] Ted Sorensen. Kennedy

[381] David Lowenthal, Profesor de Ciencia Política en Wheaten College, Illinois, en su artículo "La política norteamericana en Cuba: Ilusión o Realidad", publicado en National Review, enero 20, 1963.

Kennedy por perder la oportunidad de infligir una drástica derrota a Cuba y la Unión Soviética y por aceptar regresar a la situación que existía antes del enfrentamiento. Considera el profesor que el compromiso del Presidente de no invadir a Cuba garantizó la penetración del comunismo en el hemisferio occidental.

El Presidente esperaba no tener que tomar ninguna acción sobre Cuba hasta después de las elecciones pero, al comprender que su inacción sería peligrosa políticamente para él, respondió a esa situación crítica. Lane considera que «fue simplemente un caso de reacción práctica a necesidades políticas». Al terminarse la crisis, Kennedy siguió una política de acomodación pues luego de comprometerse a la no invasión, el Presidente le concedió a los soviéticos lo que ellos deseaban: mantener la seguridad de la cabeza de playa comunista en Cuba y la retirada de los cohetes en Turquía e Italia.

Malcolm E. Smith coincide en la apreciación del Gral. Thomas A. Lane antes mencionada. Dice Smith que el Presidente erró gravemente en su inacción inicial al no valorar apropiadamente la evidencia obtenida sobre la amenazante presencia militar soviética en Cuba. Por haber permitido la introducción en Cuba de cohetes nucleares, Kennedy se vió forzado a responder ante la gravedad de esa situación.

Smith acusa el Presidente de ignorar intencionalmente la situación cubana porque la Administración quería evitar que Cuba se convirtiese en el tema más importante de la campaña política de 1962. Por eso, «Kennedy se negó en el verano de 1962 a invocar la Doctrina Monroe para proteger a la nación» lo que, para Smith, «representó un trágico y casi fatal error». Al final, el Presidente se vió obligado –por consideraciones políticas– a darle atención a la creciente presencia de armamentos soviéticos en Cuba, antes de que se celebrasen las elecciones de Noviembre. Irónicamente, la confrontación, sólo en apariencia corajuda, de Kennedy con Kruschev aseguró una victoria demócrata en esas elecciones.

Reunión en la Casa Blanca durante la crítica hora de octubre 24 de 1962. Rodeando al presidente Kennedy aparecen Dean Rusk, Rober McNamara, McGeorge Boundy y otros.

CAPÍTULO XIV

LAS DOS ETAPAS DE LA CRISIS DE OCTUBRE

La crisis de los cohetes presenta, con absoluta claridad, dos bien definidas etapas. La primera, siempre ignorada por los panegiristas de John F. Kennedy. La segunda, glorificada por éstos, sus colaboradores y admiradores.

LA PRIMERA ETAPA

La primera etapa se inicia cuando comienzan a llegar evidencias de la repentina, y siempre creciente, introducción en Cuba de equipo electrónico y personal soviético que, tan temprano como Agosto 10, fue calificada por la comunidad de inteligencia de los Estados Unidos (en reuniones con los Secretarios de Estado y de Defensa y funcionarios del Pentágono, y otros) como de posible uso contra Cabo Cañaveral. También detectan equipo militar que incluye cohetes balísticos de mediano alcance.[382]

Distintos mítines como éste se celebraron, discutiendo el mismo tema, entre miembros de los organismos encargados de verificar y calibrar la presencia de armamentos ofensivos en el área cercana a los Estados Unidos.[383] El Presidente, que personalmente participó en muchas de estas reuniones, estaba perfectamente enterado de la progresiva introducción en Cuba de tales armamentos.

En la sesión de Agosto 23 se le dió a conocer al Presidente un plan de acción sobre Cuba por considerar que:

«si estuviese dominada por Moscú, Cuba serviría de una posible localización para cohetes balísticos de mediano alcance MRBMs, bases para inteligencia electrónica (ELINT)

---

[382] Documento #4, John McCone, Memorándum "Cohetes Soviéticos MRBM en Cuba" describiendo lo discutido en la reunión de agosto 10, 1962. Brassey's. Obra Citada.

[383] Junta Nacional de Estimados (BNE), Consejo Nacional de Seguridad (NSC), Agencia Central de Inteligencia (CIA), Pentágono (JCS), Grupo Especial (Comité 5412), la Junta de Inteligencia de los Estados Unidos (USIV) y otras.

*y bases para inteligencia de comunicaciones (COMINT),
dirigidas contra actividades de los Estados Unidos, muy
particularmente Cabo Cañaveral y, también, como una
estación que pudiera afectar adversamente nuestro espacio
y nuestro trabajo contra misiles.»*

Termina con esta clara y definitiva advertencia:

*«por tanto, me parece que está indicada una acción más
agresiva que cualquiera de las que hasta ahora hemos
considerado».*

Y se hacen tres recomendaciones: la primera, intrascendente
(alertar a los países latinoamericanos y al mundo libre los peligros inhe-
rentes a la presente situación cubana). La segunda de las acciones
señaladas por McCone sigue siendo un secreto sensitivo. La tercera
recomendación era drástica: utilizar de inmediato suficientes fuerzas
armadas para ocupar el país, destruir el régimen, liberar al pueblo, y
establecer en Cuba un país pacífico que fuese miembro de la comunidad de Estados Americanos.[384] Siempre el péndulo de las discusiones
yendo de un extremo a otro, pero detenido el reloj de la acción.

Se conocen hoy, por haber sido recientemente desclasificados,
decenas de documentos en los que las agencias de inteligencia
advertían, una y otra vez, el riesgo que representaba esa ya
incesante introducción de equipos militares y personal soviético en
Cuba. Mencionemos algunos de estos informes.

FECHA	CONCEPTO
1962	
Agosto 10	Reunión con Dean Rusk, McNamara, Gral. Taylor y otros, sobre el ingreso en Cuba de personal y equipos militares soviéticos
Agosto 21	Reunión con el mismo grupo sobre proyectiles SAM y cohetes de mediano alcance (MRBM) en Cuba.
Agosto 22	Información directa al Presidente sobre personal soviético en Cuba.
Agosto 23	Reunión con el Presidente y otros revisando la situación de las instalaciones de cohetes en Cuba (SAM y MRBMs).

---

[384] "Plan de Acción en Cuba", memo de Agosto 21, 1962 de John McCone,
Director de la Agencia Central de Inteligencia. Documento 9, Brassey's

Sept. 16   Informe sobre la necesidad de mantener regular-
mente los vuelos de observación de los U-2.

Sept. 20   Memo de McCone advirtiendo que el establecimiento
de una base ofensiva soviética en Cuba le ofrecería a
los soviéticos una mejor posición para negociaciones.

Oct. 8   Solicitando con urgencia vuelos de los U-2 sobre la
parte occidental de la isla.

El propio Sorensen[385] reconoce en su obra «Kennedy» que al momento en que el hablaba en Septiembre 6 con el Embajador Soviético Anatoly Drobrynin, *42 cohetes balísticos de mediano e intermedio alcance –cada uno capaz de hacer blanco en los Estados Unidos con cabezas nucleares 20 ó 30 veces más poderosas que la bomba de Hiroshima–* se encontraban en ruta hacia Cuba.

En Septiembre 6, hasta el Consejero Especial del mandatario norteamericano tenía la información del envío a Cuba de cohetes «con cabezas nucleares 20 ó 30 veces más poderosas que la bomba de Hiroshima»!. Mes y medio después, los que habrán de crear el mito de «las excepcionales cualidades de liderazgo mostradas por Kennedy», «su visión», su consolidación «como defensor del mundo libre», expresarán una «inesperada sorpresa al conocer –en Octubre 16–, que la Unión Soviética hubiese colocado en Cuba tales cohetes».[386]

LA SEGUNDA ETAPA

Es, precisamente, en Octubre 16 que comienza la segunda etapa. La etapa a la que, alegando una falsa ignorancia sobre lo que en Cuba estaba ocurriendo, se refieren, sistemáticamente, los autores liberales que por años han mostrado como victoria lo que fue una vergonzosa claudicación.

Por meses, el Presidente y sus voceros –ante la incontenible avalancha de información, ya de dominio público, de la presencia de cohetes en Cuba–, se esforzaban en restarle importancia a esos

---

[385] Theodore C. Sorensen, Consejero Especial del Presidente Kennedy. "Kennedy"

[386] Robert F. Kennedy. "Thirteen Days".

proyectiles calificándolos de «armamentos defensivos».[387] Desvirtuando informes de prensa que mencionaban una clara demarcación entre las armas ofensivas y defensivas, el propio Director de la Agencia Central de Inteligencia informaba que «no podría diferenciar entre proyectiles de tierra a aire (defensivos) y proyectiles ofensivos de tierra a tierra que pueden recorrer 350 millas».[388]

Las fotos tomadas sobre Cuba por el avión U-2 de reconocimiento mostraron, al ser reveladas al día siguiente, el emplazamiento de cohetes masivos de mediano alcance. Los mismos proyectiles, exactamente los mismos, sobre cuya existencia la comunidad de inteligencia de los Estados Unidos le había informado al Presidente Kennedy desde hacía varias semanas. Enseguida los miembros de la Junta de Inteligencia de los Estados Unidos (USIB), sus inmediatos superiores y los miembros del Consejo Nacional de Seguridad, se reunieron con el Presidente, el Vicepresidente, el Fiscal General y algunos de los miembros que habían participado en estas discusiones en el pasado. La reunión se celebró en la Casa Blanca.

Las fotos le pusieron fin a la primera fase de la que nunca hablan los que mantienen el culto kennediano.

Definitivamente desde Agosto 10 de 1962, dos meses antes de que el Presidente, teatralmente, informase a la nación –en Octubre 22– la presencia en Cuba de proyectiles soviéticos MRBM y IRBM, Kennedy, como hemos repetido, había recibido incesantes informes de las agencias de inteligencia sobre el creciente desarrollo de tales instalaciones. Pero en Agosto y Septiembre, al igual que en las primeras dos semanas de Octubre, la campaña política absorbía más su atención

Encuestas marcaban una notable ventaja de algunos candidatos Republicanos sobre Demócratas importantes para Kennedy. El Presidente se movía de un estado para otro en una intensa campaña de respaldo a sus candidatos. Pero las encuestas

---

[387] En términos generales se consideran defensivos los proyectiles de "superficie al aire" (SAM), y ofensivos los proyectiles dirigidos de "superficie a superficie": misiles balísticos intercontinentales (ICBM), misiles balísticos de medio alcance (MRBM), y misiles balísticos de alcance intermedio (IRBM).

[388] Memorándum de la reunión con el Presidente de John McCone el 23 de Agosto de 1962. (Documento 8, Brassey's)

no mejoraban. El 4 de Octubre el encuestador presidencial Louis Harries, informó a Kennedy que el 62% de los votantes tenía una posición negativa sobre su manejo del caso cubano.

Se hacía impostergable asumir una posición distinta en relación a Cuba.

El propio McGeorge Bundy, Asistente Especial del Presidente ante la Comisión Nacional de Seguridad, reconoció posteriormente que la presión congresional que expresaba una fuerte convicción nacional de que era inaceptable una amenazante presencia militar soviética en Cuba, forzó a Kennedy a tomar una línea dura antes y al comienzo de la crisis. Dura, solo en apariencia. .

Es, por tanto, comprensible que –sin que estos planes se hiciesen públicos– el Secretario de Defensa McNamara enviara un memorándum al Pentágono la primera semana de Octubre instruyéndolo a que dirigiera toda su atención a prepararse para tener la capacidad de invadir a Cuba. Les pedía que se encontraran en «el más alto estado de alerta, para Octubre 20». Fecha de gran interés. Exactamente dos semanas antes de las elecciones congresionales en las que tan envuelto estaba el Presidente. Una exitosa acción militar pre-electoral representaría un triunfo substancial para Kennedy a quien, como tantas veces hemos repetido, se le criticaba fuertemente por no tomar una firme acción contra Castro.

Se inicia, ahora, la segunda fase. Hay que montar, de prisa, el escenario para una obra dramática. Todo estaba preparado para comenzar «la crisis» que, histriónicamente, será tan excelentemente manejada por Kennedy. Ayudarán, como siempre, las oportunas filtraciones de noticias. Las calculadas «indiscreciones» en los más altos niveles. Luego serán muy útiles los libros de los «participantes» y de los «observadores».[389]

LAS CINTAS GRABADAS DEL PRESIDENTE KENNEDY

El Presidente Nixon fue crucificado, entre otros cargos, por grabar secretamente conversaciones en la Casa Blanca. La prensa liberal apenas ha mencionado un hecho perfectamente conocido:

---

[389] Así comenzaron a autocalificarse: los funcionarios eran "participantes", y los periodistas o escritores amigos de la Administración, "observadores".

Que el Presidente Kennedy, 12 años antes de que lo hiciese Nixon, mantenía grabadoras y micrófonos ocultos en, el Cuarto de Gabinete, donde se celebraban las más confidenciales discusiones sobre todos los temas políticos.[390] En las grabaciones encontramos datos de gran interés.

Aún en octubre 16, después de que ya no podía negar la evidencia de los cohetes en Cuba, Kennedy quería restarles importancia. McNamara vino en su defensa afirmando que, «en mi opinión personal, la existencia de cohetes en Cuba no cambia en nada el actual balance estratégico». La posición del Estado Mayor Conjunto era, por supuesto, todo lo opuesto. Si se les permitía hacerse operacionales, cambiaría *sustancialmente* la balanza estratégica.

Afirmó el Gral. Taylor en la conversación de Octubre 16, grabada, sin él conocerlo, por las cintas del Presidente Kennedy: «Estos cohetes pueden convertirse en un muy importante re-enforzamiento de la capacidad ofensiva de la Unión Soviética... pues significa mucho para la seguridad de nuestra nación». Kennedy mostró su gran preocupación pero, de nuevo, su inseguridad. En esa muy importante conversación el Presidente Kennedy hace, por primera vez, una admisión. Afirma que si él hubiera apoyado más la invasión a Cuba de Abril de 1961 para que ésta hubiera tenido éxito, «Yo no estaría enfrentando en estos momentos esta crisis monumental. Esto demuestra que la operación de Bahía de Cochinos era correcta».[391] Muy tarde para comprenderlo.

Las conversaciones grabadas en el Salón del Gabinete el 16 de Octubre de 1962 no muestran a un decidido Presidente sino a un hombre indeciso. «Estábamos equivocados en lo que Kruschev estaba tratando de hacer en Cuba. No hay duda alguna de que ninguno de nosotros pensó que Kruschev pondría cohetes MRBMs en Cuba» dijo Kennedy. Fue su asesor legal, McGeorge Bundy, quien, con mucho respeto pero con absoluta precisión, le respondió: «Sí, excepto John McCone».

---

[390] Michael R. Beschloss. "Los Años de Crisis".

[391] Transcripción literal de lo expresado en la Casa Blanca por el Presidente Kennedy. Archivo personal de Enrique Ros.

HAREMOS LO QUE SEA NECESARIO

Comprendió Kennedy que se había equivocado terriblemente al ignorar las muchas advertencias de McCone. Estaba en una encrucijada. En Septiembre, cuando él consideraba que no colocarían cohetes en Cuba, había enfatizado que «nosotros haremos lo que sea necesario si Kruschev coloca cohetes MRBMs en Cuba». Ahora, le consta que los misiles han sido allí emplazados. Había vocalizado su decisión de actuar. Ahora tenía que distanciarse de ella.

Tienen todos, con excepción de McCone y los militares, que enfrentarse a una dura realidad. La expresa en extraordinaria síntesis –en esta conversación grabada en cintas –Edwin Martin, Subsecretario de Estado para Asuntos Latinoamericanos, rebatiendo el argumento presentado por otros de que podrán no ser una verdadera amenaza para la seguridad de los Estados Unidos: «Es un factor psicológico que nos sentamos y los dejamos que nos hicieran esto a nosotros. Esto es más importante que la amenaza directa». El Presidente se vio forzado a coincidir con Martin.

EL FANTASIOSO RELATO DE ROBERT KENNEDY

Uno de los primeros relatos sobre la crisis está contenido en el libro de Robert F. Kennedy «Los Trece Días» que se usó como texto en muchas universidades, y cuyo contenido ha influido poderosamente en otros escritores. Lo que narró Bob Kennedy se tomó como artículo de fe durante los años siguientes a la crisis. Hoy, con el respaldo de documentos desclasificados, podemos impugnar muchas de sus interesadas interpretaciones o descripciones.

«En la mañana del martes, Octubre 16, 1962, poco después de las nueve de la mañana, el Presidente Kennedy me llamó y me pidió que fuera a la Casa Blanca». Así comienza la dramática narración ofrecida por Robert Kennedy en su obra «Los Trece Días» en que describe, en los términos más encomiásticos y laudatorios, la actuación del Presidente Kennedy y la propia durante esas tensas horas de la Crisis de los Cohetes. Su obra es una glorificación de su hermano. Los datos que surgen de documentos recientemente desclasificados ofrecen una imagen totalmente distinta.

Afirmaba el joven Fiscal General, al describir la reunión en la que, en la mañana de Octubre 16 se informó de las fotos tomadas a los emplazamientos de cohetes, que

> *«el sentimiento dominante en la reunión era de una sorpresa anonadante. Nadie hubiera esperado o anticipado que los rusos fueran a colocar en Cuba proyectiles balísticos de superficie a superficie».*

Para muchos de los asistentes que, intencionalmente eran marginados de las deliberaciones y las tomas de decisiones importantes, pudo haber sido una «anonadante sorpresa». No para el Presidente ni para su hermano, el Fiscal General. Por más de 30 años, no hubo acceso a los documentos que antes hemos mencionado en los que aparece que, con harta frecuencia, el Presidente era informado, paso a paso, del desarrollo de esos emplazamientos. Quedaba informado. No actuaba. Y exigía el más absoluto secreto sobre la grave información recibida.

Así, el 31 de Agosto de 1962 el Presidente dió estrictas instrucciones al Gral. M. Carter de no dar a conocer a nadie («put it back in a box and nailed tight») la revelación, conseguida por el U-2, del emplazamiento de cohetes SA-2 en Cuba.[392] Vuelve el Presidente a congelar en Septiembre 6 el resultado de un estudio más detallado de las fotografías que mostraba la probable presencia de cohetes de largo alcance.[393] Ya antes, informado de la existencia de emplazamientos de proyectiles el Presidente había ordenado que «no se diseminara» esto.[394] Es comprensible entonces, que, para algunos de los reunidos esa mañana, fuera esto una verdadera sorpresa.

Confiado en que la información que podría desvirtuar sus declaraciones permanecería en secreto, sigue tejiendo su historia el hermano del Presidente:

> *«Ningún funcionario del gobierno le había nunca sugerido al Presidente Kennedy que el creciente armamento ruso en Cuba incluiría proyectiles».*

---

[392] Memo de Lyman B. Kirkpatrick a John McCone. Documento 12. Brassey's.

[393] Memo de Lyman B. Kirkpatrick a John McCone.

[394] Memorándum de Septiembre primero 1962 de William A. Tidwell, Asistente del Director de Planeación de la Agencia Central de Inteligencia. Brassey's 1994.

Quería el hermano y asesor del Presidente ignorar el memorándum de Agosto 20 del Director de la Agencia Central de Inteligencia, John McCone, y el de Agosto 21, y el de Agosto 23 y tantos otros en los que se le advertía de la evidente presencia de cohetes en suelo cubano.

Su interesada narración de los hechos la pone aún más en evidencia el Fiscal y Ministro de Justicia al admitir que habían llegado infinidad de reportes, «muchos de ellos resultaron ciertos», que provenían de refugiados cubanos recién llegados de la isla pero

*«no fueron siquiera considerados suficientemente sustanciales como para pasarlos al Presidente o a otros altos funcionarios dentro del gobierno. Mirándolo retroactivamente, esto fue, **tal vez**, un error».*

Tal vez. Ni siquiera, «retrospectivamente», quiere admitir la grave responsabilidad contraída por el Presidente cuando éste se negaba a reconocer la innegable evidencia.

Vuelve Robert Kennedy a faltar a la verdad. Informes tras informes de la Agencia Central de Inteligencia describían el detallado estudio que se realizaba con estos informes, muchos de los cuales, por supuesto, eran desechados por carecer de valor, pero otros, luego de ser valorados adecuadamente, fueron confirmados por vuelos de los U-2.

HABLA KRUSCHEV

En sus notas autobiográficas «Kruschev Remembers» el Premier soviético ofrece su propia versión. Es otro cuento de hadas. Kruschev es el héroe.

«Cuando los norteamericanos descubrieron lo que estábamos haciendo en Cuba, organizaron una intensa campaña de prensa contra nosotros alegando que estábamos amenazando la seguridad de los Estados Unidos... y la hostilidad comenzó a aumentar... la crisis se estaba acercando a su punto de ebullición... entonces comenzó un intercambio de notas... con el Presidente Kennedy... El clímax llegó después de cinco o seis días, cuando nuestro embajador en Washington, Anatoli Dobrynin, informó que el hermano del Presidente, Robert Kennedy, había venido a verlo en una visita no oficial».

Según Kruschev, Robert Kennedy expresó a Dobrynin: «El Presidente está en una grave situación... estamos bajo una gran tensión... los militares quieren usar la fuerza contra Cuba... probablemente en este mismo momento el Presidente está escribiéndole un mensaje al Premier Kruschev. Nosotros deseamos que usted, señor Dobrynin, le envíe al Premier Kruschev el mensaje del Presidente a través de canales no oficiales...». Continúa Kruschev expresando que «escribimos una respuesta a Kennedy en la que decíamos que habíamos instalado cohetes sólo con el propósito de defender a Cuba y que no perseguíamos otro objetivo que impedir una invasión a Cuba...

Mientras conducíamos alguno de estos intercambios a través de canales oficiales diplomáticos, las cartas más confidenciales fueron entregadas a nosotros a través del hermano del Presidente. Él le dió a Dobrynin su número de teléfono y le pidió que lo llamara en cualquier momento ... enviamos a los norteamericanos una nota diciendo que estábamos de acuerdo en retirar nuestros cohetes y bombarderos con la condición de que el Presidente nos diera su seguridad de que no habría invasión a Cuba por fuerzas de los Estados Unidos o por alguien más. Finalmente Kennedy aceptó hacer una declaración dándonos esa seguridad.»

La situación se estabilizaba. «Casi inmediatamente que el Presidente Kennedy y yo comenzamos a intercambiar notas en el momento culminante de la crisis, nuestras relaciones con los Estados Unidos comenzaron a normalizarse. Nuestras relaciones con Cuba, sin embargo, de pronto empeoraron. Castro dejó, inclusive, de recibir a nuestro embajador. Parecía que al remover nuestros proyectiles nosotros habíamos sufrido ante los ojos de los cubanos una derrota moral. Nuestra imagen en Cuba en lugar de haberse elevado, había disminuido.»

«Decidimos enviar a Mikoyán a Cuba, y Castro planteó sus cinco puntos para normalizar las relaciones con los Estados Unidos. Nosotros lo respaldamos de todo corazón. Fue un triunfo de sentido común. Pero Castro no lo vió de esa manera. Él estaba molesto porque nosotros habíamos retirado los proyectiles. Muchos años han pasado y nosotros nos sentimos satisfechos de que el gobierno revolucionario de Fidel Castro aún se mantiene. Hasta hoy, *los Estados Unidos han cumplido su promesa de no interferir en Cuba ni dejar que nadie interfiera*»... «después de la muerte de Kennedy, su sucesor, Lyndon Johnson, nos aseguró que él mantendría la promesa de Kennedy de no invadir Cuba. Hasta hoy, los norteamericanos no han incumplido su palabra». ¡Si lo sabremos los cubanos!

Este libro, «Kruschev Recuerda», donde aparecen esas observaciones de Kruschev fue editado en 1970. Cuatro años después el mismo autor y el mismo traductor publicaron un nuevo volumen con un nombre similar «Kruschev Recuerda. Su Ultimo Testamento». Repite el Premier Soviético, como en el primer libro, que habían colocado fuerzas armadas en el suelo cubano para prevenir la invasión que los Estados Unidos estaba en este momento preparando. «No teníamos intención de comenzar nosotros una guerra... hubiera sido ridículo de parte nuestra iniciar una guerra contra los Estados Unidos desde Cuba... que estaba a 11,000 kilómetros de la Unión Soviética. Nuestras comunicaciones por mar y tierra con Cuba eran tan precarias que era impensable un ataque contra los Estados Unidos». Menciona, como antes, la visita y conversación con Robert Kennedy, la proposición de la retirada de los misiles a cambio del compromiso norteamericano de no invadir a Cuba, y, en este nuevo libro, habla del ofrecimiento del Presidente Kennedy de retirar los cohetes de Turquía e Italia.

HABLA CASTRO

En sus extensas intervenciones en la Conferencia de La Habana[395], resultan clarificadoras algunas de las públicas admi-

---

[395] Conferencia celebrada en La Habana de enero 9 al 12 de 1992 en la que tomaron parte dirigentes norteamericanos, soviéticos y cubanos que directamente participaron en la Crisis de Octubre:

Por la Unión Soviética: Alexander Aleksiev, embajador en Cuba; Gral. Anatoly Gribkov, que tuvo a su cargo el emplazamiento en Cuba de los cohetes nucleares; Gral. George M. Titov, Comandante de las fuerzas soviéticas (40 mil hombres) estacionadas en Cuba en 1962; y otros.

Por los Estados Unidos: Robert McNamara, Secretario de Defensa en 1962; Arthur M. Schlesinger, Asistente Especial de John F. Kennedy durante la Crisis de Octubre; Gral. William Y. Smith, Coordinador de las Actividades del Estado Mayor de las Fuerzas Armadas relacionadas con el estado de alerta nuclear; Ray S. Cline, Sub-Director de Inteligencia de la CIA durante la Crisis.

Por Cuba: Fidel Castro; Gral. Fabián Escalante Font, Jefe de la Contrainteligencia en aquel momento; Carlos Lechuga Hevia, designado embajador ante las Naciones Unidas durante la Crisis de Octubre; Jorge Risquet Valdés-Saldaña, comandaba en 1962 de las fuerzas militares estacionadas en Oriente.

En adición a estas personas, participaron otros dirigentes políticos y militares, y varios intelectuales y observadores.

siones de Castro. Sobre la llegada a Cuba de personal soviético luego de la firma del convenio dice el dictador cubano: «en unos pocos meses, los soviéticos comenzaron un gran movimiento de armas y tropas». Tropas. No técnicos como una y otra vez afirmaba Kennedy. Tropas.

Y viene una interesante afirmación: «Desde un punto de vista de logística, fue una operación perfecta. Nosotros podemos calibrar esto, no sólo desde una consideración teórica, sino porque nosotros también hemos enviado fuerzas armadas al exterior, como hicimos en Angola, por ejemplo».

Luego, despeja una incógnita que había permanecido sin respuesta por años. Habla, por primera vez, del acuerdo formal entre los dos gobiernos: «Después del acuerdo global, fue necesario formalizarlo, pero ya estaba de hecho en efecto. Se hizo un borrador en la Unión Soviética. Se envió a Cuba. Políticamente el borrador era errático, porque no establecía un claro fundamento sobre el tema. Yo lo modifiqué *le dí fundamentos políticos al acuerdo que, en mi opinión, eran inobjetables*».

En el convenio no se hacía mención del tipo de armas estratégicas y así, dice cínicamente Castro, «nadie podría objetar la legalidad y moralidad del acuerdo».

Le preocupaba el deterioro que sufriría su imagen en Latino América si se conocía su triste papel de lacayo. Lo admite[396] con total desparpajo: «Cuando hablo de la imagen de Cuba, estoy pensando *principalmente* en la América Latina... Convertirnos en una base militar implicaría un costo político muy alto». Por eso, –a pesar de entregar el suelo cubano como dantesco escenario de guerra– para mantener su imagen de líder nacionalista, Castro se preocupa de no mencionar «el tipo de armas estratégicas».

Admite Castro, el 11 de Enero de 1992, en aquella Conferencia, lo que treinta años antes afirmaban cientos y cientos de exiliados que llegaban a los Estados Unidos y cuyos relatos, verificados la mayor parte de las veces por las agencias de inteligencia del gobierno norteamericano, era negado reiteradamente por el Presidente y sus consejeros políticos:

«Cuando los cohetes iban a ser instalados habían personas viviendo en el lugar que se había escogido. Existían

---

[396] "Cuba on the Brink", Conferencia de La Habana, enero 11, 1992.

campesinos, edificios, cosas. Y eran grandes extensiones de terreno. No tengo ahora los datos frescos en mi memoria pero cientos de familias tuvieron que moverse». Y admite lo obvio: «Hubo muchas filtraciones de noticias... así que nosotros adoptamos el método que se usa en caso de epidemias serias que es la cuarentena de las personas infestadas. Toda persona que sabía algo estaba, para nosotros, infestada y fue colocada en una cuarentena».

Habla después, de la llegada de los cohetes y del gran movimiento de tropas. Se refiere también al viaje de Raúl a Moscú y al del Ché Guevara y Emilio Aragonés a la Unión Soviética cuando el Ché entregó el borrador final. Y dice con orgullo: «Nuestro borrador fue aceptado como estaba, sin agregarle ni eliminar una coma». Pero la decisión fue tomada por Kruschev, no por Castro. Y los términos impuestos a Castro, no discutidos.

Responde Castro con cierto tono despectivo a aquéllos que calificaban de ofensivas o defensivas las armas:

«Ustedes podrán ver que en ninguna de las declaraciones de nuestro gobierno –y hubo muchas– participamos en el juego de darle categorías a las armas. Nos negamos a entrar en ese juego... dijimos que Cuba tenía un derecho soberano a recibir cualquier tipo de armas que considerara apropiado. Nosotros nunca negamos la naturaleza estratégica de las armas... nosotros nunca negamos ni confirmamos la naturaleza de esos armamentos». Kruschev hablaba de armamentos defensivos. Kennedy aceptaba ese calificativo. Las figuras públicas, congresistas, senadores, militares, técnicos, las calificaron de ofensivas y el presidente norteamericano se mofaba de quienes tal cosa afirmaban.»

No. No tomó parte el dictador en el pasatiempo de calificar las armas de una u otra forma. Tal vez porque nadie se consideró obligado a preguntarle. Castro participó en otro juego más repugnante. Consentir en convertir a Cuba en escenario de una guerra nuclear por ser esto «beneficioso para la consolidación del poder defensivo de todo el bloque socialista».

Noviembre 1962. Los cohetes soviéticos comienzan a salir de Cuba. Seis meses después se desmantelarían los cohetes Júpiter norteamericanos instalados en Italia y Turquía en cumplimiento del acuerdo secreto.

CAPÍTULO XV

INTERPRETACIONES SOBRE LA CRISIS

La interpretación tradicional, idealizada por los escritos de Theodore C. Sorensen, Arthur Schlesinger y Ellie Abel, describe la existencia de cohetes en Cuba como una provocación intolerable. Sin embargo, la interpretación revisionista de izquierda, a la que están adscritos los escritores I.F. Stone, Ronald Steel, y Barton J. Bernstey, considera que Kennedy arriesgó sin necesidad una guerra por arrogancia para obtener ganancias políticas domésticas.

La interpretación revisionista, que muchos llaman derechista, presenta un claro contraste con las dos anteriores. Estos analistas acusan al Presidente Kennedy de haber contribuido al desarrollo de la crisis por su ineptitud y carencia de efectivo liderazgo[397]. Lo acusan, igualmente, de adoptar una política de conciliación durante la crisis, a pesar de la inmensa superioridad militar de los Estados Unidos.

La nueva evidencia que ahora está disponible lleva a una re-evaluación de estas tres posiciones divergentes.

Luego de dirigirse a la nación para admitir públicamente lo que, antes, tanto había silenciado, hemos visto como el Presidente empezó a recorrer un tortuoso camino de vacilaciones y concesiones.

El Presidente Kennedy y su Administración eran peculiarmente vulnerables en el tema cubano, ya que el Presidente no discutía ampliamente estos problemas en el Excomm sino con sus más estrechos colaboradores (Sorensen, Bundy, Rusk y su hermano).[398]

Para muchos intérpretes conservadores de la Crisis, Kennedy contribuyó, como hemos expuesto, al desarrollo de la confrontación por su incapacidad y falta de liderazgo decisivo en la crisis del Muro de Berlín, la neutralización de Laos y la Invasión de Bahía de Cochinos.

---

[397] David Lowenthal. "U.S. Cuban Policy: Illusion and Reality"

[398] Según expresa Roger Hillsman, Jefe de Inteligencia del Departamento de Estado, en la citada obra de Lowenthal.

La crisis de los cohetes mostró la incapacidad de los Estados Unidos para hacer apropiado uso de su poder; demostró falta de resolución para utilizar las distintas técnicas coercitivas disponibles y no logró cambiar la impresión de Kruschev sobre la incapacidad norteamericana.[399] Lo que el Presidente debió haber demandado, junto con la retirada de los cohetes nucleares, era «la salida de las tropas rusas y la celebración de elecciones libres en Cuba bajo la supervisión de las Naciones Unidas» afirma William J. Medland en su obra «La Crisis Cubana de los Cohetes de 1962». Richard Nixon en su artículo «Cuba, Castro y John F. Kennedy» de Reader Digest de noviembre del 64, afirma que «el compromiso de los Estados Unidos de no invadir sólo fortaleció la posición cubana».

Las críticas continúan. Daniel y Hubbell afirman que muchos analistas no consideran la crisis como una victoria del Presidente Kennedy porque no encuentran los frutos de esa victoria. La crisis había alentado altas esperanzas de liberación, pero la dictadura de Fidel Castro seguía en Cuba y miles de tropas rusas, al igual que apreciables cantidades de armamentos militares, se mantenían en la isla. Se preguntan estos autores: ¿Son éstos los frutos de una victoria?

Es obvio, de acuerdo a prácticamente todos los analistas, que el principal motivo soviético de colocar cohetes en Cuba era el de alterar el balance estratégico del poderío nuclear que, en esos momentos favorecía grandemente a los Estados Unidos. Cualquier cambio en el status nuclear produciría un cambio en el balance político del poder.

La otra razón, para muchos, era la de impedir el intento de una invasión norteamericana, levantar el prestigio de la Unión Soviética como dirigente del comunismo internacional, fortalecer la posición de negociación de la Unión Soviética para un acuerdo favorable sobre el tema de Berlín, y distraer la atención de un gran número de problemas rusos domésticos.

Cuando se descubrió la presencia de cohetes en Cuba, muchos de los miembros del ExComm –que discutían los posibles motivos soviéticos para la aventura cubana– consideraban que el primer motivo de los soviéticos era alterar la balanza estratégica del poder.

---

[399] David Lowenthal. Obra citada.

Para ciertos observadores liberales el Presidente vió la situación como un intento de los soviéticos de poner a prueba su voluntad y determinación. De esa forma Kennedy consideró que debía de actuar enérgicamente. Pero cuando el Presidente Kennedy declaró que los cohetes en Cuba eran ofensivos, estos analistas de izquierda consideraron esta declaración arbitraria y superficial.[400] Afirmaban que no había diferencia entre los cohetes ofensivos soviéticos en Cuba y los llamados cohetes defensivos norteamericanos en Turquía, Italia e Inglaterra, pero definiendo los cohetes en Cuba como ofensivos, el Presidente Kennedy podía acusar a Rusia de engaño porque Kruschev había afirmado, repetidamente, que no introduciría cohetes ofensivos en Cuba. Los que tal afirman consideran que Kennedy necesitaba eliminar los cohetes de Cuba a fin de lograr una victoria en política exterior antes de las elecciones de Noviembre, y esto exigía una respuesta inmediata. Aquí encontramos una coincidencia entre las interpretaciones de observadores que militan en los dos extremos del espectro político.

Obviamente ninguna crisis o confrontación existió públicamente hasta el lunes Octubre 22 cuando Kennedy fue a las cámaras de televisión para anunciar el descubrimiento de cohetes soviéticos en Cuba. Definiendo los cohetes como ofensivos y, por tanto una amenaza a la seguridad de los Estados Unidos, el Presidente elevó el episodio a nivel de crisis. Por supuesto, lo era. Aunque se ocultó, por años, que la crisis había surgido porque el mandatario norteamericano había antes ignorado los informes de las agencias de inteligencia y de los militares.

SOLO UNA APARIENCIA DE FIRMEZA

Pero el Presidente adoptó una política de concesiones antes de que la crisis terminara ya que, innecesariamente,[401] prometió no invadir a Cuba o derrocar por la fuerza a Castro y prometió retirar los cohetes de Italia, Turquía e Inglaterra. Para Malcon Smith el más grande error de su política de concesiones fue retirar su posición

---

[400] En la obra de William J. Medland, "The Cuban Missile Crisis of 1962", algunos analistas expresan esta opinión.

[401] Malcoln E. Smith. "Kennedy's Thirteen Greatest Mistakes in the White House".

original de demandar una inspección en el terreno, en Cuba, después que los cohetes, aparentemente, habían sido retirados.

Kennedy dió sólo la apariencia de firmeza en su respuesta a la crisis[402] ya que, considerando la extraordinaria superioridad militar de los Estados Unidos y la abierta provocación soviética, los Estados Unidos se inhibieron en el uso de su fuerza militar. Los Estados Unidos nunca amenazó con una acción más enérgica que, sencillamente, hacer más estricto el bloqueo o cuarentena. Por eso, de acuerdo a Crane, los soviéticos salieron de la crisis con no mayor respeto hacia la voluntad y determinación de los Estados Unidos que cuando comenzó esa crisis.

Hemos visto las conversaciones –con concretas proposiciones– que Robert Kennedy sostenía con Dobrynin a espaldas de los miembros del Comité Ejecutivo (Ex-Comm). No sólo dichos miembros ignoraban estas conversaciones; desconocían también, con el resto de la población norteamericana, las motivaciones políticas que movían al presidente durante toda esta etapa.

En los meses anteriores se había permitido el ingreso en Cuba no sólo de cohetes nucleares sino, también, de bombarderos IL-28 y MIG-21. Dándole a la ciudadanía la impresión de firmeza, se había negociado en secreto y a un alto precio, la retirada de los cohetes en Turquía e Italia, sugerida, nada menos, que por el propio presidente. Tan vergonzoso era el acuerdo que el Fiscal General exigió, a través del Embajador Soviético, la más absoluta reserva.[403]

LA FALSA CRISIS DE NOVIEMBRE

La nación –ignorante de las humillantes concesiones convenidas– aplaudió al joven presidente que, con su gallardía, había forzado a los soviéticos a retirar los misiles de Cuba. Terminaba octubre. Con tan impresionante victoria, tenía asegurado el triunfo en las elecciones que se celebrarán pocos días después, el 6 de noviembre.

---

[402] Robert D. Crane: "La Crisis Cubana. Un Análisis Estratégico de la Política Americana y Soviética".

[403] Mc George Bundy "Danger and Survival", 1988. También admitido por Ted Sorensen en la Conferencia de Moscú (1-28-89) y otros.

Aún había tiempo, aunque ya no era necesario, para montar otro teatro político. Para ello servirán los aviones IL-28 introducidos en Cuba desde muchos meses atrás y cuya verificación había costado la vida a algunos abnegados combatientes anticastristas y largos años de prisión a otros. Se exigiría, también con aparente firme carácter, el retiro de estos aviones.[404] Será otra función teatral. Se extenderá más allá de las elecciones pero le servirá al Presidente para engrandecer su imagen de «paladín de inquebrantable fortaleza y firmeza».

Durante los seis días de confrontación (o de negociación) de octubre 22 a octubre 28 no hubo referencia alguna a los IL-28. El domingo 28 ya se ha convenido el acuerdo de retirar los cohetes. Se da a conocer por la prensa el gran triunfo. El New York Times destaca en titular de primera plana que «los Estados Unidos han rechazado la pretensión soviética de que se retiren también los misiles norteamericanos en Turquía».

Como no se conocía el precio pagado la victoria del joven mandatario lucía impresionante. Ya tenía prácticamente asegurado el triunfo en las elecciones que van a celebrarse en apenas 9 días. Pero es conveniente mantener la atención de la nación en «las excepcionales cualidades de liderazgo» del Presidente. Para esto servirán los IL-28.

En octubre 20 –antes de anunciar el bloqueo o cuarentena– el Presidente Kennedy había admitido privadamente a Schlesinger y a Bob Kennedy[405] que los aviones IL-28 «no afectaban la balanza de poder» y que «no le preocupaban». No tenía por qué. Los anticuados Ilyushim 28 «habían sido prácticamente removidos de servicio activo de la Fuerza Aérea Soviética».[406] Pero el lunes 29 Kennedy da instrucciones a Stevenson de incluir estos viejos equipos en la lista de «armas ofensivas». Está montando una nueva obra de teatro. Aún los asesores del Presidente admiten hoy[407] que

---

[404] Raymond L. Garthoff, Asistente Especial del Departamento de Estado durante la Administración de Kennedy, autor de numerosos trabajos sobre las relaciones entre la Unión Soviética y los Estados Unidos, amplía esta información en su artículo "Reacción norteamericana...", Political Science Quarterly, Vol. 95 (Otoño 1980)

[405] A. Schlesinger "Robert Kennedy and His Time", también mencionado por Raymond L. Gartholff en "Reflexiones sobre la Crisis de los Cohetes en Cuba".

[406] Raymond L. Garthoff, obra citada.

[407] Raymond L. Garthoff. Conferencia de La Habana, enero 9, 1992.

«debido a su limitada capacidad (limited capabilities), Estados Unidos estaba dispuesto a aceptar la permanencia en Cuba de los IL-28». Pero es conveniente insistir –para el juicio de la Historia– en una demanda contra la que sabe que no había mayores objeciones. El primero de noviembre, Stevenson informa que los rusos retirarán los IL-28 (2); tomará varios días más retirarlos, pero ya éstos han cumplido su cometido.

En la Conferencia de Antigua, que habrá de celebrarse casi 30 años después, Robert McNamara confesará, cándidamente, la naturaleza política de todo este andamiaje:

> «La demanda de los Estados Unidos de la retirada de los IL-28 era de naturaleza política. El Presidente se estaba dirigiendo a un tema político, no a uno militar. Los aviones IL-28 eran obsoletos. Los MIG-21 en Cuba eran más peligrosos para los Estados Unidos que los IL-28».

No era solo el antiguo Secretario de Defensa quien 29 años después ponía al desnudo todo este artificio. Arthur Schlesinger, Asesor Especial del Presidente Kennedy, expresó el 5 de enero de 1991 en la Sexta Sesión de la mencionada Conferencia de Antigua que:

> «Hubo una fina ironía sobre los IL-28 porque el propio Kennedy no pensaba que eran muy importantes. Finalmente Kennedy dijo en una reunión del Excomm que no le preocupaban los bombarderos IL-28 que Moscú le había dado a Castro».

Se retiran de Cuba los bombarderos IL-28 como, días antes, se retiraron los misiles. Quedan en la isla el dictador y su régimen. Más estables que antes de la crisis por las seguridades que les ofrece el convenio recién acordado. Kennedy va a intentar darle, aún, una mayor estabilidad. Lo admitirá, 30 años después, su asesor legal, biógrafo y panegirista, Arthur Schlesinger:

> «La retirada de los cohetes hizo posible un movimiento hacia la eliminación de las tensiones entre los Estados Unidos y la Unión Soviética, y entre los Estados Unidos y Cuba... En relación a Cuba el resultado fue las discusiones en las Naciones Unidas entre el Embajador William Atwood y el Embajador (Carlos) Lechuga, en las que el Embajador Atwood, **siguiendo las instrucciones del Presidente**, trató de explorar las posibilidades de normalizar las relaciones

con Cuba. La iniciativa avanzaba hasta que fue interrumpida trágicamente por el asesinato de Kennedy».

Todo había sido una ficción. Los misiles soviéticos fueron retirados de Cuba pagando los Estados Unidos el alto precio de retirar los cohetes Júpiter de Turquía e Italia y garantizando la permanencia y estabilidad del régimen de Castro.

Fue una crisis artificialmente creada. Para los norteamericanos fue la celebración de una victoria que no se había alcanzado. Para Castro, la permanencia y estabilidad de su régimen. Para el cubano de la isla y del destierro la imposición de grandes limitaciones para seguir luchando por la libertad de su patria.

Anastas Mikoyan llega a La Habana para tratar de calmar los ánimos de Castro y explicarle los términos del acuerdo entre Estados y la Unión Soviética en el que se negoció la salida de los cohetes sin su participación.

LIBROS

Abel, Elie — "The Missile Crisis" (Philadelphia, Lippincott, 1966)

Allison, Graham T — "Essence of Decision" (Boston, Little Brown, 1971)

Allyson, Graham T — "The Secret Cuban Missile Crisis Documents. Central Intelligence Agency". (Washington, Brassey's, 994).

Aroca, Santiago — "Fidel Castro. El Final del Camino" (Barcelona Documento, 1992)

Beschloss, Michael R. — "The Crisis Years" (New York, Harper, 1991)

Bethel, Paul — "The Losers" (New Rochelle, N.Y., Arlington, 1969)

Blight, James G., — "The Shattered Crystal Ball" (Maryland Rowman, 1990)

Blight, James G., — "On the Brink", (New York, Hill, 1989)

Blight, James G., — "Back to the Brink" (Cambridge, Mass 1992)

Blight, James G., — "Cuba on the Brink" (New York, Pantheon, 1993)

Brugioni, Dino A. — "Eyeball to Eyeball"

Bundy, Mc George — "Danger and Survival" (New York Random, 1988)

Chang, Laurence — "The Cuban Missile Crisis, 1962",(New York, New Press 1992)

Corn, David — "Blond Ghost" (New York, Simon, 1994)

Crane, Robert A. — "La Crisis Cubana: Un Análisis Estratégico de la Política" (New York, Orbis, 1963)

Daniel, James — "Strike in the West" (New York, Holt, 1963)

Dinerstein, Herbert S. — "The Making of a Missile Crisis"(Baltimore, Johns Hopkins)

Duarte Oropesa, José — "Historiología Cubana IV (Miami, Universal, 1993)

Encinosa, Enrique G. — "Cuba, The Unfinished Revolution" (Austin, Eakin Press, 1988)

Garthoff, Raymond L. — "Reflections on the Cuban Missile Crisis" (Washington, Brookings)

González Lalondry, Luis	"Bahía de Cochinos" (Miami, Vanguardia, 1995)
Gross, Peter	"Gentleman Spy" (Boston, R. Todd, 1994)
Gromyko, Anatolii A.	"President Kennedy's 1036 Days" (Washington International Library, 1973)
Hilsman, Róger	"To Move a Nation" (New York, Double day, 1967)
Kahan, Jerome H,	"The Cuban Missile Crisis: A Study of its Strategic Context". (New York, World Law, 1972)
Kennedy, Robert	"Thirteen Days" (New York, Norton, 1969)
Krushev, Nikita S.	"Krushev Remembers", (Boston, Little, 1974)
Kurland, Gerald	"The Cuban Missile Crisis" (New York, Samhar, 1973)
Lane, Gral. Thomas A	"The Leadership of President Kennedy (Cadwell, Idaho, Caxton, 1964).
Larson, David L.	"The Cuban Crisis of 1962", (Boston, Houghton, 1963)
Lasker, Victor	"J.F.K., The Man and the Myth" (McMilland, 1974)
Lazo, Mario	"Daga en el Corazón" (New York, Minerva, 1972)
Lockwood, Lee	"Castro's Cuba and Cuba's Fidel"(New York, MacMillan, 1987)
Mallin, Jay	"Covering Castro" (New Brunswick, U.S.-Cuba Institute, 1994)
Manrara, Luis V.	"Betrayal.." (Miami, Truth About Cuba C., 1968)
Medland, William J.,	"The Cuban Missile Crisis of 1962: Needless or Necessary" (New York, Praeger, 1988)
Nathan, James A.	"The Cuban Missile Crisis Revisited". (New York, St. Martin Press, 1992)
Patcher, Henry M.	"Preparación para el Choque" (Buenos Aires, Plaza & Janes, 1966)
Paterson, Thomas G.	"November Electrions: The Cuban Missiles Crisis and American Politics, 1962" Journal of American History, #73, 1978)
Reeves, Richard	"Presidente Kennedy" (New York, Simon 1994)
Rodríguez, Félix I.	"Guerrero de las Sombras" (México, Lasser, 1991)

Ruiz, Leovigildo	"Historia de una Traición, 1961",(Miami Loire, 1972)
Schlesinger, Arthur M.	"Robert Kennedy and his Time" (Boston, Houghton Mifflin, 1978)
Schlesinger, Arthur M.	"A Thousand Days" (Boston, Diverside Press, 1965)
Smith, Malcolm E.	"Kennedy's 13 Great Mistakes" (New York, National Forum)
Sorensen, Theodore C.	"Kennedy" (New York, Hanper, 1965)
Szulc, Tad	"Fidel" (New York, Morron, 1986)
Ulam, Adam B.,	"The Rivals" (New York, Viking 1971)

En el Orange Bowl de Miami los prisioneros de la Brigada 2506, que acaban de
llegar de Cuba le entregan a Kennedy la bandera de la Brigada 2506. Kennedy
promete en ese acto que la devolverá en una "Habana libre". Trece años después
los veteranos de la Brigada exigieron y lograron su devolución.

ENTREVISTAS

Orlando (Bebo) Acosta
Miguel Alvarez
Lázaro Asencio

Carlos Bandín
Alberto Beguiristaín
Isidro (Chilo) Borja

Emilio Caballero
Amado Cantillo
Humberto Castellanos

José Enrique Dausá
Dora Delgado (Japón)
Miguel Díaz

Jesús Fernández
Leonor Ferreira

Miguel García Armengol

María de los Angeles Habache
José M. (Manolín) Hernández

Clemente Inclán

José Ignacio Lasaga
Octavio Ledón

Gabriel Marquez
Diego Medina
José Mercochini (Pepe Prince)
Alberto Muller

Jorge Navarro
Andrés Nazario Sargén

Pablo Palmieri
Carlos Pascual
José Pujals Mederos

Antonio (Malacara) Quesada
Rafael Quintero

Emilio Adolfo Rivero Caro
Carlos Rodríguez Quesada
Tito Rodríguez Oltomans
Harry Ruiz Williams

Manuel Salvat
Jorge Sánchez de Villalba
Salvador Subirats Turró

ÍNDICE ONOMÁSTICO

Azicri Levy, Max, 142

B

Babum, Santiago, 68
Babún Franco, Santiago, 114
Baeza, Danilo, 140
Baloyra, Enrique, 159
Bandín, Carlos, 61, 62, 63, 64, 65,
   66, 67, 68, 69, 70, 134, 135, 299
Baño, Angel del, 42
Baró, César, 63, 66, 120, 193
Barquín, Ramón, 45, 142
Barrera, Mario, 120
Barreto, Berta, 104
Barrientos Fernández, Alejandro, 60
Barroso, Enrique, 46
Barroso, Octavio, 64, 65, 66, 68, 70,
   72, 73, 74, 77, 79, 82, 83, 93
Bastion Pinto, Luis L., 132
Basulto Jover, Jorge, 60
Basulto Jover, Miguel, 60
Basulto, José, 160, 162
Batista Falla, Laureano, 92, 93, 119,
   123, 124
Beato, Virgilio I., 12
Bécquer, Napoleón, 40, 46
Beguiristaín, Alberto, 61, 62, 66, 140,
   299
Bergolla, Rafael, 123
Bermúdez, René, 130, 132
Berubides, Jesús E., 116
Betancourt, Carlos, 136, 139
Betancourt, Virginia, 103, 104, 116
Bien, Angel Manuel de, 122
Blanco Navarro, Manuel, 54, 55, 58
Blanco, Vicente, 138
Blight, James G., 76
Bloqueo, 210, 211, 216, 219, 223,
   225, 228
Borges, Rolando, 79
Borges, Segundo, 83, 93
Borjas, Isidro (Chilo), 86, 162, 167
Borrero Ferras, Luz María, 60
Bosch, Orlando, 50, 74, 127

Botifoll, Luis G., 122
Bowles, Chester, 203
Boza, Luis, 90
Bravo, Flavio, 32, 93, 107
Breznev, Leonid, 36
Bringuier, Ramón Medina (Mongo),
   87, 134
Brito, Jesús, 119, 121
Brophy, William J., 18
Brugioni, Dino A., 150, 175
Bundy, McGeorge, 11, 13, 23, 24,
   177, 179, 184, 194, 196, 201,
   203, 204, 214, 218, 249, 260,
   261, 262, 266, 277, 278, 287,
   290, 295
Bustillo, Carlos, 122
Buttari Crespo, Juan José, 116

C

Caballero, Conrado, 137, 138
Caballero, Emilio, 43, 127, 299
Cabezas, Rafael, 116
Cabrera, Angel, 95
Cacicedo, Luis, 48
Calatayud, Antonio, 123
Calcines, Ramón, 32, 93
Caldera, Rafael, 222
Calvani, Arístides, 222
Calviño Insúa, Ramón, 105
Calvo Lorenzo, José, 51
Calvo, Sixto, 93
Camejo Cabrera, Eduardo, 49
Campanería, Virgilio, 69, 86, 133
Campos, José Martín, (Campitos),
   61
Cañal, Mario del, 91
Cancio-Bello, Emilio, 118
Cano, Nelson, 121
Cantillo, Amadito, 136, 139, 232
Capehart, Homer, 20, 173, 227
Carbó, Sergio, 101, 106, 107, 120
Carbó, Ulises, 101, 114
Carbonell Vadía, Nelson, 120
Carrero, Pablo, 77

302

Carrillo, Francisco, 120, 142
Carrillo, Justo, 44, 141
Carter, Marshall S., 178, 214, 269
Casa Blanca, 16, 17, 19, 81, 178,
181, 184, 187, 204, 207, 214,
226, 227, 228, 230, 231, 232,
247, 250, 251, 252, 254, 255,
265, 267, 276, 277, 278, 279
Casanova, Gabriel, 127
Cascante, Gilberto, 116
Castellanos, Humberto, 61, 299
Castro García, Orlando, 47, 48, 75
Castro, Abelardo, 126
Castro, Fidel, 9, 10, 11, 15, 16, 17,
20, 21, 22, 25, 27, 28, 29, 30, 31,
32, 33, 34, 35, 36, 42, 47, 50, 55,
61, 63, 64, 65, 71, 74, 75, 76, 77,
78, 80, 82, 83, 88, 89, 99, 100,
101, 102, 103, 105, 108, 114,
116, 118, 120, 122, 125, 144,
146, 147, 148, 151, 152, 153,
154, 158, 159, 161, 163, 166,
167, 169, 170, 181, 183, 185,
187, 188, 194, 195, 196, 197,
203, 205, 206, 207, 208, 211,
216, 219, 221, 228, 235, 236,
237, 242, 243, 253, 254, 255,
257, 267, 270, 277, 282, 283,
284, 285, 288, 289, 292, 293,
295, 296
Castro, Fulgencio, 116
Castro, Raúl, 32, 33, 36, 37, 77, 84,
168, 169, 176, 208
Castroverde, Waldo de, 101
Casuso, Enrique (el Negro), 86, 87,
137
Cejas, Antonio, 106, 108
Ceñal, José, 119, 124
Cerro, Angel del, 143
Cervantes, Alfredo, 108
Chau, Enrique, 93
Chávez, Fidel, 222
Chávez, Ricardo (el Mejicano), 66,
134

Chibás, Raúl, 46
Chinea, Luis, 116
Chomón, Faure, 32
CIA, ver Agencia Central de
Inteligencia
Cienfuegos, Osmani, 32, 35, 107
Cisneros, Rogelio, 46, 49
Clark, Benito, 137
Cline, Ray S., 283
Cline, Thomas, 187
Clinton, Bill, 12
Cohetes defensivos
norteamericanos, 251, 289
Cohetes Júpiter en Turquía, 247,
249, 251, 252, 260, 293
Collazo, Mirto, 101, 103
Comandante Diego, 50, 74, 94
Comité Ejecutivo, ver EX-COM
Conferencia de Antigua, 292
Conferencia de Hawk's Cay, 249,
269
Consejo Revolucionario, 10, 30,
31, 40, 41, 44, 93, 101, 119, 120,
121, 122, 123, 127, 133, 140,
141, 142, 143, 144, 145, 146,
154, 230, 242
Conspiración del 30 de Agosto, 11,
189
Conte, José Ramón, 105
Contreras Masó, Braulio, 54, 56
Cordier, Andrew, 212, 249, 252, 262
Corrales, Bernardo, 47, 50, 69, 74,
94
Cortina, Humberto, 103, 116, 117
Crane, Robert D., 204, 290
Crespo, Francisco, 76, 77, 78
Cruz, Alberto, 91
Cruz, Tomás, 114
Cuarentena, ver Bloqueo
Cubas Fernández, Santiago, 106
Cubela, Rolando, 159
Cuéllar Alonso, Pedro, 54, 56, 59, 71
Curbelo, Raúl, 32, 107

D

Dana, Roberto, 56, 60
Dausá, José Enrique, 66, 67, 68, 137, 140, 299
DeGaulle, Charles, 217
Delgado, Dora (Japón), 49, 50, 299
Delgado, Luis Morse, 101
Departamento de Defensa, 194, 204, 265
Departamento de Estado, 154, 155, 168, 174, 184, 195, 198, 202, 204, 210, 211, 236, 237, 241, 242, 265
Departamento de Justicia, 255
Despaigne, Ernesto, 120, 142
Díaz Hanscom, Rafael, 68, 73, 86, 125
Díaz Masvidal, Alberto, 92
Díaz Padilla, Orlando, 43
Díaz Parets, Benito, 49
Díaz Pereira, José M., 93, 119
Díaz Pérez, Lomberto, 116
Díaz Pou, Antonino, 133, 134
Díaz Rodríguez, Ernesto, 42
Díaz, Lomberto, 91
Díaz, Nino, 120, 135, 142
Díaz, Oscar, 140
Díaz, Pedro Manuel, 42
Diez Arguelles, Ernesto, 114
Dillon, Douglas, 204, 218, 269
Dinerstein, Hubert S., 17, 18, 295
Directorio Magisterial, 30
Directorio Revolucionario, 10, 27, 36, 40, 72, 87, 88, 90, 120, 132, 159, 161, 166, 168, 195, 242
Directorio Revolucionario Estudiantil (DRE), 10, 30, 59, 71, 40, 72, 87, 88, 90, 120, 132, 159, 161, 166, 168, 195, 199, 242
Dobrynin, Anatoly, 11, 18, 79, 170, 203, 207, 212, 216, 226, 227, 231, 232, 233, 235, 238, 240, 242, 245, 246, 247, 248, 249, 251, 252, 261, 262, 275, 281,
282, 290
Doctrina Estrada, 223
Doctrina Monroe, 180, 181, 182, 206
Dodd, Thomas, 21
Domínguez, Gerardo, 49
Dorticós, Osvaldo, 29, 32, 33, 47, 89, 99, 148
Dr. Jiménez Malgrat, 126
Duarte Oropesa, José, 32
Duarte, Julio, 45, 145
Durán, Luis, 145

E

Echemendía, Santiago, 64, 74, 79
Eisenhower, Dwight D., 15, 17, 183, 184, 218, 221
Enrique, Mario Alberto, 138
Escala, Jorge, 124
Escalante, Aníbal, 27, 28, 32, 33, 34, 164, 197
Escalante, César, 32
Escalante, Fabián, 76, 90, 91, 164
Escandón, Humberto, 41
Escoto Aloy, Armando, 94
Estado Mayor Conjunto, 15, 24, 177, 184, 190, 193, 198, 204, 210, 218, 239, 267, 269, 278
Esteban, Ernesto, 137
Estévez, José M., 46
EX-COM, 11, 206, 212, 218, 221, 236, 238, 248, 250, 252, 269, 287, 288, 292

F

Facio, Gonzalo, 143
Fajardo, Alvaro, 116
Fajardo, Dionisio, 92
Falcón Briceño, Marcos, 29
Falcón, Juan, 63
Falcón, Prisciliano, 121
Fariñas, Lázaro, 162
Fernández Badué, José, 71, 93,

Gilpatrick, Roswell, 24, 177, 192, 201, 218
Godoy, Joaquín, 45
Gómez Rodríguez, José, 41
Gómez, César, 40
Gómez, Hiram, 116
González Corso, Rogelio (Francisco), 55, 60, 67, 71, 86, 125, 133
González de Mendoza, Adolfo, 63, 70
González Durán, Alfredo, 120
González Jerez, Raúl, 94
González Lanusa, José Antonio, 87
González Vidal, Carlos, 50, 51
González, Ada, 50, 51
González, Arturo, 41, 121
González, Diego L., 137
González, José, 138
González, Lito, 138
González Rebull, Julio, 70
González, Reinol, 45, 47, 48, 75
Gordillo, Willy, 132
Govin, Jorge, 120
Granados, Gerardo, 122
Gribkov, Anatoly I.General, 26, 214, 283
Gromyko, Anatoli A., 149, 245, 247
Gromyko, Andrei, 147, 149, 206, 207, 208, 210
Groso, Lilia, 92, 93
Grozny, 250
Grupo Especial, 184, 185, 188
Grupo Especial Aumentado (SGA), 184, 196, 199, 200, 232
Guevara, Ernesto (Ché), 32, 33, 37, 38, 130, 169, 208, 285
Guillot, Manolín, 61, 68, 87, 90, 133, 135
Gutiérrez Menoyo, Eloy, 42
Gutiérrez, Jorge (el Sheriff), 56, 137
Gutiérrez, Manolín, 63, 134
Gutiérrez, Nicolás, 92, 124
Guzmán, Hortensia, 41

H

Habache, María de los Angeles, 46, 47, 48, 299
Hart, Armando, 32, 89
Harvey, William, 187, 188, 189, 195, 196, 197, 199
Helms, Richard, 165, 187, 196, 198, 199
Helú, Rogelio, 158
Hernández Bousa, Arnaldo, 51
Hernández Hernández, Alberto M., 133
Hernández Medina, Juan, 138
Hernández Méndez, Nicolás, 105
Hernández Rojo, Julito, 87
Hernández, Anacleto, 95
Hernández, Angel, 138, 232
Hernández, Carlos (Batea), 137, 159, 160, 162
Hernández, Eusebio M., 104
Hernández, José Antonio, 92
Hernández, Julio (July), 92, 124
Hernández, Rodolfo, 138, 232
Herrera Téllez, Rafael, 146
Herrera, Dalia, 50, 51
Herrera, Hilda, 50, 51
Herrera, María Cristina, 45
Hevia, Carlos, 44, 120, 142
Hickenlooper, Bourke B., 15
Hilsman, Róger, 13, 168, 202
Huertas, Enrique, 120

I

Ibarra Pérez, Ramón, 77
Iglesias, Fidel, 40, 41
Iglesias, Joel, 93, 159
Iglesias, Nelson, 140
IL-28, 292
Illán, José M., 45
Inclán, Clemente, 92
IRBM, 231, 236, 276
Isa, Juanita, 132

Isa, Miguel, 132
Iser, Vicente, 130, 132
Italia, (Cohetes en), 12, 25, 72, 233,
    246, 249, 250, 260, 271, 283,
    289, 290, 293
Izaguirre, Alfredo, 63, 64, 74, 76, 77,
    79, 83, 93
Izquierdo Díaz, Juan Manuel, 46, 47,
    48, 75
Izquierdo, Néstor, 138, 232

J

Jiménez Caballero, José Antonio,
    47, 49
Jiménez, Amado, 121
Jiménez, Roberto, 49
Johnson, Lyndon B., 16, 184, 192,
    221, 282
Jorge Díaz, Dalia, 46, 47, 48
Juan, Raúl de, 142
Judicatura Cubana Democrática, 30
Junco, Alberto del, 93, 124
Junquera, Manuel, 122
Juventud Anticomunista
    Revolucionaria, 132, 140

K

Keating, Kenneth B., 19, 20, 23, 25,
    173, 201, 227
Kennedy, John F., 9, 10, 11, 12, 13,
    17, 19, 20, 22, 24, 26, 31, 44, 74,
    79, 85, 101, 102, 141, 146, 149,
    154, 170, 171, 173, 175, 177,
    180, 181, 182, 183, 184, 188,
    197, 198, 203, 207, 210, 214,
    217, 218, 225, 227, 229, 230,
    232, 236, 245, 247, 248, 249,
    250, 251, 252, 254, 255, 259,
    260, 261, 262, 269, 270, 273,
    275, 276, 278, 279, 280, 281,
    282, 283, 287, 288, 289, 291,
    292, 296

Kennedy, Robert, 9, 12, 13, 16, 18,
    79, 118, 165, 177, 184, 185, 188,
    192, 197, 199, 200, 203, 204,
    206, 210, 211, 212, 215, 216,
    226, 227, 232, 235, 238, 239,
    240, 245, 246, 247, 249, 250,
    251, 252, 261, 279, 281, 282,
    283, 290, 291, 297
King-Young, Jorge, 105
Kirkpatrick, Lyman B., 280
Koch, Juan, 158, 159
Kruschev, Nikita, 12, 16, 17, 18, 21,
    26, 35, 36, 37, 78, 147, 148, 149,
    150, 151, 152, 153, 163, 170,
    202, 203, 206, 207, 208, 211,
    220, 225, 227, 229, 230, 231,
    233, 235, 237, 238, 239, 240,
    241, 242, 243, 246, 247, 249,
    250, 251, 252, 253, 254, 261,
    266, 267, 269, 271, 278, 279,
    281, 282, 283, 285, 288, 289
Kuchilán, Mario, 99

L

Lamar Maza, Enrique de, 146
Lamar, René, 116, 117
Lambert, Juan Enrique, 116
Lane, Thomas A., 267, 271
Lansdale, Edward G. Gral., 10,
    165, 184, 186, 189, 192, 194,
    196, 198, 200, 231
Lasaga, José Ignacio, 68, 106, 120,
    142, 154, 193, 299
Lebroc, Reiner, 88
Lechuga Hevia, Carlos, 29, 254,
    283, 292
Ledesme Barbosa, Ramón, 60
Ledón, Octavio, 63, 299
Lefrant Echevarría, José L., 60
León, Clara de, 93
León, Francisco, 49
Lescano, Manuel, 121
Lesnick, Max, 42

Villarreal, Enrique, 124
Villaverde, Rafael, 114
Villaverde, Raúl, 133
Villeda Morales, Ramón, 143
Vinson, Carl, 15
Vizcaíno, Roberto, 158

W

Whitmarsh, Carlos, 140
Will, George, 263
Winston, Henry, 102

Y

Yabor, Michael, 69

Z

Zabala, Domingo, 49
Zorín, Valerian, 206, 219

COLECCIÓN CUBA Y SUS JUECES
(libros de historia y política publicados por EDICIONES UNIVERSAL):